문화콘텐츠학 총서 004

글로컬문화콘텐츠, 어떻게 그리고 왜?

✣ 국립중앙도서관 출판시도서목록(CIP) ✣

글로컬문화콘텐츠, 어떻게 그리고 왜? / 박치완, 김성수, 조소연 외. -- 서울 : 한국외국어대학교출판부, 2009
p. ; cm. -- (문화콘텐츠학총서 ; 04)

색인수록
ISBN 978-89-7464-567-0 14000 : ₩13000
ISBN 978-89-7464-566-3(세트)

글로컬라이제이션[glocalization]
문화 콘텐츠[文化--]

331.5-KDC4
306.4-DDC21 CIP2009002825

이 도서의 국립중앙도서관 출판시도서목록(CIP)은 e-CIP 홈페이지(http://www.nl.go.kr/ecip)에서 이용하실 수 있습니다.(CIP제어번호: CIP2009002825)

문화콘텐츠학 총서 004

글로컬문화콘텐츠, 어떻게 그리고 왜?

박치완 · 김성수 · 조소연 외

한국외국어대학교 지식출판콘텐츠원

키워드

개혁개방(改革開放) 중국의 덩샤오핑(鄧小平)의 지도 체제 하에 1978년 12월에 개최된 중국공산당 제 11기 중앙위원회 제 3회 전체회의에서 제안되었고, 그 후 시작된 중국 국내 체제의 개혁 및 대외 개방정책을 가리킨다. 일반적으로 이는 중국의 정치 · 경제 · 문화 · 사회 등 모든 면의 변화가 나타나는 분수령으로 이해되고 있다.

글로컬 에너지(glocal energy) 글로벌과 로컬을 합성하여 세계적인 것과 지역적인 것을 동시에 함축하고 있는 에너지로, 특히 시너지 효과를 낸 경우를 의미한다.

글로컬(glocal) 글로벌(global)과 로컬(local)의 합성어로 세계적인 것과 지역적인 것을 동시에 함축하고 있다는 의미의 용어. 종래에는 '글로벌-로컬'이라는 표현으로 많이 사용되었으나 최근에는 '글로컬'로 사용되고 있다.

글로컬라이제이션(glocalisation) 토착화 혹은 세계의 지역화로 이해될 수 있는 용어. 하지만 실제로는 '국제적 회사의 상품이나 전략이 지역에 맞도록 어떻게 변모하고 적응하느냐'라는 면과 '지역적인 것이 세계성을 갖도록 어떻게 변모되고 맞추어 지느냐'라는 면, 두 가지 모두가 융해되어 있다.

라벨(label) 상품의 정보와 함께 색상, 일러스트레이션 등의 시각적인 요소가 표현되어 상품의 특성 및 상품가치를 알려주는 전달매체.

로컬 히어로(local heroes) 각 지역의 전설이나 신화에 등장하는 영웅 또는 지역적 특수성을 가진 모티브를 소재로 삼은 보편적인 영웅 이야기를 바탕으로 탄생한 영웅 캐릭터를 가리킨다. 그 지역의 문화, 관습 등에 많은 영향을 받으므로 그 지역의 개성이 나타나는 영웅이라 할 수 있다.

맥도날드화(McDonaldization) 맥도날드로 대표되는 패스트푸드점의 규격화, 편리성, 효율성 등의 원리가 각 지역과 사회에 부정적인 결과를 초래하는 현상을 말한다. 한때는 표준화를 통한 글로벌 브랜드의 세계시장 공략을 대표하는 사례로 인용되기도 했지만, 인간을 기계처럼 취급하고 착취하는 병폐를 낳게 되면서 오히려 세계화에 반대하는 측에서는 냉소적인 의미로 쓰인다.

맥월드(Mcworld) 미국의 맥도날드 회사가 전 세계에 퍼뜨린 패스트푸드 문화를 가리키는 것이다. 이 개념은 두 가지 의미를 가지고 있다. 상업적인 면에서 맥도날드의 매장은 세계 시장에서 높은 점유율을 차지하면서 패스트푸드의 제국을 만들었다는 점이고, 문화적인 면에서 맥도날드는 음식으로부터 사람들의 생활양식, 가치관념, 사유방식 등에까지 영향을 끼치면서 맥도날드의 문화를 세웠다는 점이다.

맥주 보리를 싹틔워 만든 맥아(麥芽)로 맥아즙을 만들고 여과한 후 홉(hop)을 첨가하여 맥주효모균으로 발효시켜 만든 알코올 함유 음료로, 한국의 주세법에서는 알코올분 함유량을 2도 이상 6도 이내로 규제하고 있다.(네이버 백과사전 참조)

몽타주(montage) 원래 '조립(組立)하는 것'을 의미하는 프랑스어이다. 영화는 촬영되는 것이 아니라 조립되는 것, 즉 원래 따로따로 촬영된 필름의 단편(斷片)을 창조적으로 접합(接合)해서 현실과는 다른 영화적 시간과 영화적 공간을 만들어 거기에 새로운 현실을 구축하여 시각적 리듬과 심리적 감동을 자아내게 하는 데서 영화의 예술성이 성립된다고 보고 그 방법을 명확하게 하려는 이론이 몽타주이론이다.

문장(coat of arms) 집안(家門)이나 단체의 계보(系譜)와 권위 등을 드러내기 위해 사용하는 장식적인 상징물.

문화제국주의(cultural imperialism) 강대국 또는 선진국의 문화, 정치, 사회조류가 약소국 또는 후진국의 생활양식과 가치관에 영향을 미치는 현상을 뜻한다. 자본적 제국주의처럼 양국 간에 지배-피지배의 관계가 성립하기 때문에 피지배 국가는 고유의 문화와 사회성을 잃어버릴 위험이 있다. 언어, 영화, 풍습, 유행 등을 강요하거나 맹목적으로 따라하는 현상을 지적할 때도 사용된다.

문화혼종화(cultural hybridization) 혼종성 문제의 가장 기본적 구성요소는 단순 혼합 요소인 얽힘, 섞임, 융해다. 계속적으로 증가하는 문화들 사이의 교류에 의해서 야기된 서로 다른 영토·지역 문화의 뒤섞임이다. 또한 초문화화—문화 간에 쌍방향적으로 빌려주고 빌리는—의 지속적 과정으로 인해, 어떤 순수성의 지대도 갖고 있지 않는 모든 인간 문화의 진행 중인 조건으로 이해될 수 있다. 존 톰린슨,『세계화와 문화』김승현·정역희 공역, 나남출판, 2004. 204~205쪽 참조.

반문화(counter culture) 사회의 지배적인 문화에 반대하고 적극적으로 도전하는 문화로서 대항문화라고도 한다. 기성 사회의 가치관을 타파하려는 1960~1970년대 젊은이들의 문화와 1960년대의 미국의 히피, 동성애 옹호론자, 여성해방운동가 등이 이에 속한다.

볼리우드(Bollywood) 볼리우드는 인도 영화의 중심도시인 뭄바이의 옛 이름인 봄베이(Bombay)와 미국의 할리우드(Hollywood)를 합성한 용어이다. 1920년대에 25편 이상의 영화를 제작해 온 볼리우드는 매년 800 내지 1000여 편의 영화들이 만들고 있다. 볼리우드에서 만들어지고 있는 영화는 대부분 '마살라(Masala) 영화'로 인도의 전통 음악극과 춤, 노래, 멜로 드라마 그리고 폭력까지 어우러져있는 인도 영화만의 독특한 장르이다. 영화의 스토리는 대부분 남녀 간의 애절하면서도 격정적인 사랑, 악인에 대한 철저한 응징, 주인공이 난관을 극복하고 성공하는 해피엔딩 등 다소 진부한 내용이라 할 수 있지만, 영화 중간 중간 들어가는 등장인물들의 노래와 춤이 영화의 흥을 더하고 관객의 몰입을 유도한다. 인도인들의 사랑을 꾸준하게 받으며 인도 영화시장에서 견고한 입지를 다지고 있는 메이드 인 볼리우드(Made in Bollywood) 작품들은 기존의 마살라 영화 형식에서 벗어나 최근 여러 가지 시도를 하고 있다.

비보잉(B-Boying) 힙합의 구성요소 중 하나로서 힙합 댄스 중에서도 가장 고난도의 기술을 요구하는 브레이크 댄스(break-dance)를 추는 남자를 비보이(B-boy)라고 하고 그 행위는 비보잉(B-boying)이라고 한다.

세계화(globalisation) 그동안 지역화 되어있던 각 사회국가들이 전 세계적으로 서로 밀접한 관계를 갖게 되는 과정을 총칭하는 말이나, 일반적으로 시사·학술적 맥락에서는 경제적인 면에서의 세계단일화(mondialisation)로 이해되며, 신자유주의적 맥락에서는 세계 자본논리화라는 의미로 보통 사용된다. 한편 국내에서는 흔히 세계적 경쟁력을 갖추게 함이란 의미로 사용되는 경향이 많다.

신자유주의(new liberalism) 신자유주의는 과거 애덤 스미스의 고전자유주의(classical liberalism)와 맥을 같이하는 자유방임적경제주의의 새 버전이다. 1980년대 대처-레이건의 경제마인드에서 비롯되었으며, 다른 나라와의 관세나 무역장벽을 철폐하고 자유로운 경제활동을 추구함에 의해 국가, 더 나아가 세계 모두가 부강해질 수 있다고 믿는 이념이다.

야후!(Yahoo! Inc.) 야후는 미국의 인터넷 서비스 업체로, 디렉터리, 전자우편, 개인 홈페이지를 비롯한 서비스들이 통합된 포털 사이트를 운영하고 있다. 야후의 전신인 디렉터리 사이트는 1994년 1월에 스탠퍼드 대학교 출신의 제리 양과 데이비드 파일로가 자신들이 배우는 교과과정별로 홈페이지를 분류한 웹 목록을 만든 것으로부터 시작되었고, 회사는 1995년 3월 2일에 설립되었다.

에일(ale) 영어권 국가에서 일반적으로 맥주를 뜻하는 말로 비어(beer)는 특별한 구분 없이 보리를 원료로 한 모든 음료를 지칭함.

영웅(hero) 지혜와 재능이 뛰어나고 용맹하여 보통 사람이 하기 어려운 일을 해내는 사람을 일컫는 말로, 예로부터 전해 내려오는 신화나 설화 속에 등장한다. 전설 속 영웅은 보통 신의 자손으로 설정되어 있는 경우가 많으며, 어릴 때부터 영웅으로서의 자질을 가지고 있으나 보통사람으로서의 삶을 살다가 어떠한 계기로 각성하게 되는 경우가 대부분이다. 하나의 소명을 가지고 여행을 떠나 목적을 달성하는 영웅의 이야기는 호메로스의 《영웅서사시》 이전의 미케네 시대까지 거슬러 올라가는 것으로 짐작된다. 이러한 영웅 신화와 전설은 국가나 민족을 초월한 보편성을 가지고 있는데, 이것을 융의 '원형' 개념으로 이해하면서 주목한 사람이 미국의 신화 종교학자이자 비교신화학자인 조셉 캠벨(Joseph Campbell) 이다. 캠벨은 신화의 원형과 신화적 인물을 연구하였고 세계의 신화와 민담에서 동일한 모티프가 등장한다는 것을 발견하여 그 모티프들로 구성된 공통의 이야기 구조를 '영웅의 여정'이라고 불렀다. 한편 크리스토퍼 보글러(Christopher Vogler)는 학자들의 이야기 연구를 바탕으로 영웅의 여정을 열두 개 단계로 압축한 모형을 제시하여 모든 사람들에게 매력적이고 효과적인 내러티브를 만들어 내기 위해 신화 구조를 어떻게 활용해야 하는지를 이야기 하였다. 현대 사회에서 각광받고 있는 '스토리텔링' 등, 영웅은 인간의 심리는 물론 이야기의 전개에도 많은 영향을 미치면서 계속해서 주목받고 있다. 영화에서는 '슈퍼히어로' 영화와 연결되기도 한다.

오리엔탈리즘(Orientalism) 원래 유럽의 문화와 예술에서 나타난 동양에 대한 동경이 드러나는 경향을 나타냈던 말이지만 오늘날에는 동양과 서양을 이분법적으로 구분하여 동양에 대한 서양의 우월성이나 동양에 대한 서양의 지배를 정당화하는, 서양의 동양에 대한 고정되고 왜곡된 인식과 태도 등을 총체적으로 나타내는 말로 쓰인다. 오리엔탈리즘에 대한 반작용으로 동양의 관점에서 서양(Occident)을 적대시하거나 비하하는 인식과 태도가 나타나기도 하는데, 이를 옥시덴탈리즘(Occidentalism)이라고 한다. 옥시덴탈리즘은 오리엔탈리즘과는 반대로 서양은 비인간적이고 천박하며 물질적이지만, 동양은 인간적이며 고상하고 정신적이라는 식의 이분법적인 구별을 통해 서양에 대한 왜곡된 이미지와 편견을 형성한다. 옥시덴탈리즘은 오리엔탈리즘의 뒤집힌 형태에 지나지 않으며, 동양과 서양을 구별 짓고 대립시킨다는 점에서 동일한 특징을 지닌다.

웹 디자인(web design) 인터넷에서 사용자에게 보여질 World Wide Web의 화면을 디자인하는 작업이다. 홈페이지에서 제공될 페이지들의 그래픽적인 요소와 화면 레이아웃 등 시각적인 면을 기획, 제작하는 것을 의미한다.

웹 페이지(web page) 월드 와이드 웹 상에 있는 개개의 문서로, 책에서의 페이지와는 달리 두 개 이상의 웹 페이지들을 서로 하이퍼링크로 연결시킬 수 있다는 점이 특징이다. 대부분의 웹 페이지는 웹 서버에 저장되며 HTML(또는 XHTML), CSS, 자바스크립트, 그림, 플래시와 같은 동영상으로 구성되어 있다.

전 세계적 슈퍼히어로(universal superhero) 지역의 경계를 뛰어넘어

전 세계적으로 통용되는 영웅 캐릭터를 말한다. 다른 지역의 영웅과 그 모티브를 차용하여 새롭게 재창조 시킨 영웅 캐릭터도 이에 해당된다. 유니버설 영웅이 탄생하기 위해서는 문화적이고 학술적인 이해, 즉 다른 문화에 대한 깊은 이해와 편견 없는 태도가 선행되어야 한다.

의미생성모델(generative trajectory of signification) A.J. 그레마스(Greimas)가 텍스트의 의미를 분석하기 위해 제안한 모델이다. 텍스트 가장 깊은 층위에 담긴 의미가 서사의 형태를 갖추면서 결국 담화로 만들어지기까지의 경로를 추적할 수 있다. 의미생성모델은 텍스트를 '기호'가 아니라 '담화' 분석 대상으로 삼고 서사에 관심을 기울이며 최고의 보편성과 효율성을 보여주는 모델로 알려져 있다. 텍스트를 통사부문과 의미부문으로 양분하고 의미를 변형 가능성 있는 생성의 관점에서 해석한다. 콘텐츠에 있어서 제작자의 의도가 가장 안쪽의 심층 차원에 존재한다면, 이것이 가장 바깥쪽 표층에 위치한 소비자들에게 전달되기 위해 어떠한 내부적 서사 구조가 필요한지를 제시하고 있다. 역으로 소비자가 어떠한 경로로 제작자의 의도를 받아들이는지를 추적할 수도 있다.

정보 구조(information architecture) 설계 정보구조의 설계 과정은 웹사이트 전체의 뼈대와 구조를 설계하는 작업이다. 즉, 정보 구조설계는 수많은 데이터와 기능으로 구성되어 있는 웹사이트를 효과적으로 분류하고 구성하여 사용자에게 좀 더 쉬운 내비게이션을 제공하는 과정이다.

중국화(中國化) 중국적 혹은 중국적인 특색을 가지게 되었다는 뜻이다. 맥도날드와 관련해서는, 외국기업으로서의 맥도날드가 중국의 경제·문화·사회적 상황에 맞추어 특히 중국 문화를 흡수하여 중국적인 요소를 가지게 되면서 중국인들에게 외래나 타자의 것이 아닌 자기 것으로 인식하게 되어지는 것을 가리킨다.

지역서사(local narrative) 특정 지역이 겪어온 고유한 기억과 역사적 경험이 이야기나 지역성의 형태로 서사화되는 것을 말한다. 또는 민족이나 집단 등 특정 계층이 반복해온 행동이 정체성으로 자리잡는 경우를 뜻하기도 한다. 프랑스 만화 〈아스테릭스〉는 각 민족과 국가가 겪은 피지배의 스토리가 지역서사로 자리잡았기 때문에 서사적 공감을 통해 성공을 이룰 수 있다.

진(jean) 현상 이것은 질 리포베츠키가 그의 책 『패션의 제국』에서 이야기한 것으로 어느 사회계층이든, 연령층이든 진(jean)에 열광하고 있다는 의미로 사용된 말이다. 그는 블루진을 20세기 후반 패션에서 가장 특징적으로 나타난 취향의 상징으로 보았다. 과거 유행을 이끄는 옷들은 언제나 계급의 기호였고 유혹의 도구였으나, 이제 사람들은 사회적으로 존경을 받으려 하기보다는 미적 취향에 더 관심이 있으며 젊어 보이고 여유 있어 보이게 하는데 더 관심을 갖는다고 말한다. 더 나아가 그는 데님(denim), 즉 진(jean)은 컴백하고 있으며, 진의 여행은 결코 끝나지 않았다고 말한다.

프랑크푸르트학파(Frankfurt school) 1930년대 M. 호르크하이머, T. W. 아도르노, H. 마르쿠제, W. 벤야민, E. 프롬, F. 폴록 등이 만든 사회연구소 및 2차 세계대전 이후 이 연구소가 배출된 J. 하버마스, A. 슈미트 등을 총칭하는 말이다. 그들은 마르크스주의를 재해석하고 여기에 프로이트의 정신분석학과 미국 사회학의 방법을 결합시켜 현대산업사회

(문화산업까지 포함)에 대한 비판이론을 전개했다.

프래그메그레이션(fragmegration) 글로컬리제이션의 와중에 넓은 범위의 정체성으로 통합되는 과정(integration)과 좁은 범위의 공동체로 분화되는 과정(fragmentation)이 동시에 일어나는 상황.

하위문화(subculture) 문화를 놓고 수준을 논하거나 우열을 가릴 수는 없다. 그렇지만 특정한 문화를 생산하고 향유하는 집단 또는 특정한 문화가 영향력을 미치는 범위에 대한 논의는 충분히 가능하다. 사회적 엘리트에게는 그들 나름의 문화가 있고, 노동자에게는 노동자 특유의 문화가 있게 마련이다. 이렇게 한 사회의 전반적이고 지배적인 문화와 별노로, 소집단만이 지니고 있는 문화를 하위문화라고 부른다. 남경태, 『개념어 사전』, 들녘, 2006. 415쪽 참조.

하이브리드(hybride) 특정 목표를 달성하기 위해 두 개 이상의 요소가 합쳐진 것을 말하며, 혼혈이나 잡종을 뜻하는 개념이다. 다양성과 다원성을 특징으로 하는 현대 사회는 하이브리드의 시대다. 기계와 장치, 제도와 문화는 말할 것도 없고, 생물의 영역에서도 마찬가지다. 자연스러움을 기준으로 할 때 우주의 역사와 인간의 역사에서 더 자연스러운 것은 늘 순종이 아니라 잡종이었다. 순종은 언제나 일시적으로만 존재했을 뿐 결국은 자연선택으로 사라졌고 진화는 언제나 하이브리드를 통해 진행되어 왔다. 남경태, 『개념어 사전』, 들녘, 2006. 418~419쪽 참조.

하이퍼링크(hyperlink) 웹 페이지 안의 이미지나 텍스트 등을 통해 다른 웹 페이지로 이동할 수 있게 연결해주는 방식으로 웹 문서의 가장 핵심적인 개념이다. 웹 브라우저의 주소 입력 창에 다른 홈페이지의 URL을 직접 입력하지 않더라도 문자나 그림을 클릭하면 다른 웹문서로 쉽고 빠르게 이동할 수 있도록 해주는 역할을 한다.

할리우드(Hollywood) 미국의 캘리포니아 주 로스앤젤레스의 지역. 1920년대 영화촬영소가 설립되면서 영화와 관련된 사무실들이 미국 각지에서 모여들어 영화 제작을 대표하는 지역으로 발전하였다. 미국의 주요 영화회사에 대한 중앙배역사무소와 영화박물관 등이 있어 미국 영화계의 총본산 구실을 한다. 통상 '할리우드'는 지명이라기보다는 미국의 상업적 영화와 영화 산업의 시스템까지 포함하는 보다 넓은 의미로 사용된다.

힙합(hip hop) 과거 아프리카에서 미국으로 팔려온 흑인 노예들이 주 향유계층으로 그들의 향수를 노래하는 연가(戀歌), 혹은 노동의 고통을 노래로 극복하고자 하는 일종의 노동요라는 설이 있다.

프롤로그

스타벅스는 어떻게 전 세계에 커피를 팔고 있을까? 맥도날드는 왜 한국에 불고기버거를 개발해서 팔고 있을까? 스타벅스가 자사 고유의 커피 맛으로 세계인들의 입맛을 길들이는데 주력하는 반면, 영악한 맥도날드는 한국인들의 입맛에 맞는 불고기버거를 만들어 한국 시장 공략에 나서고 있다.—맥도날드에게도 스타벅스와 같은 입장인 '맥도날드화' 전략이 물론있다. 소비자의 관점에서는 단순히 커피 한 잔과 햄버거 한 개에 불과하겠지만, 판매자의 관점에서는, 또 세계 시장이란 면을 감안해 본다면, 이는 커피 한 잔과 햄버거 한 개의 문제가 아니다. 판매자의 입장에서 보면, 이 모두는 전 세계인들 모두를 소비자로 하는 세계 공룡 기업들의 소리 없는 전쟁에서 나온 결과물들이다. 그리고 전자인 스타벅스의 전략을 세계화의 일환으로, 후자인 맥도날드의 전략을 글로컬라이제이션이라고 말할 수 있지 않을까? 전자와 후자의 상황을 이렇게 구분할 수 있는 기준은 무엇이며, 어떤 차이가 나는 걸까? 어떤 것이 대다수 사람들에게 더 도움이 될까? 스타벅스의 전략과 맥도날드의 불고기버거 전략 중 어떤 것이 더 소비자를 위하는 '어진' 행위라고 말할 수 있을까?

공자는 『논어』 이인(里仁)편에서 "오직 어진 이여야만 능히 사람을 좋아할 수 있고 사람을 미워할 수 있다(唯仁者 能好人 能惡人)"고 말했다. 물론 안연(顔淵)편에 기술되어 있듯이 공자에게 어진 이는 자기를 억제하고 예를 회복(克己復禮)하는 사람이다. 그러면서 공자는 극기복례하는 사람을 온 세상 사람들이 어진 이라고 '칭할 것'이란 말을 덧붙였다. 이 유교적 사고방식은 지난 수백여 년간 동양인 및 한국인의 정신을 지배하는 사회의 문화적 밈(Meme)으로 작동되어 왔으며, 아직까지도 한국 사회에 알게 모르게 여전히 영향력을 행사하고 있다. 21세기에 들어서면서 유교적 분위기가 많이 사라졌다고는 하나, 군신의 예, 상하의 예, 부자의 예, 부부의 예, 친우의 예 등은 사회 저변에 새벽안개처럼 짙게 깔려있다.

그런데 사실 공자의 위 견해는 현재 우리 사회에서도 자연스럽게 통용된다. 예나 지금이나 좋은 인품을 갖고 있는 어진 이는 사람을 제대로 좋아할 수도 미워할 수도 있기 때문이다. 비로소 어진 사람이어야만 선과 악의 시비를 제대로 가릴 수 있는 법이다. 다만 여기서 피할 수 없는 문제는 '어진 이'에 대한 정의와 기준이 사람에 따라 문화권에 따라 달라서 모호하다는 것이다.

예를 들면, 불가나 도가에서는 어진 이를 소유욕이 없는 사람이라 할 것이고, 아리스토텔레스는 규범을 잘 따르는 사람이라 할 것이며, 토마스 아퀴나스는 성경에 기록된 예수의 가르침을 잘 따르는 사람이라 할 것이며, 임마뉴엘 칸트는 자기 양심에 비추어 어긋나지 않는 사람이라 할 것이며, 미셸 푸코는 자기만큼이나 남을 잘 배려하는 사람이라 할 것이며, 존 스튜어트 밀은 남에게 상처를 주려 하지 않는 사람이라 할 것이며, 또한 리차드 로티는 자신만의 삶을 계발하는 자유를 추구하지만 자신만이 옳다고 주장하지 않는 아이러니스트라 할 것이다. 그뿐만이 아니다. 한국인들에게는 한국인으로서의 자존심을 지키면서 집단 논리에 잘 따르는 사람이며, 프랑스인들에게는 똘레랑스의 관용을 잘 알고 실천하는 사람이며, 영미인들에게는 돈을 잘 벌어 적재적소에 쓰며 기부도 잘하는 사람이다.

결국 세계가 하나의 지구촌이 되어 계속해서 서로 영향을 주고받는 상황인 까닭에 지역의 사상과 문화는 서로 교차하며 복잡해진다. 현대는 '어떤 것이 선한가?', '어떤 것이 예인가?' 등의 가치 판단적 주제들이 무력해질 수밖에 없는 시기다. 상대주의 문제도 여기서 제기될 수 있다. 문화에 따라, 시대에 따라, 나라에 따라, 사람에 따라 옳고 그른 것이 다 달라진다면 정치, 사회, 유리 등에 대한 기준은 모두 애매해질 수밖에 없으며, 심지어는 범죄자들을 단죄할 수 없게 될 수도 있다. 따라서 이는 국제 사회의 문제로까지 쉽게 비화될 수 있을 것이다. 이에 대한 하나의 해결책이 세계 단일화를 꿈꾸는 세계화(globalisation)다. 세계화를 옹호하는 사람들은 세계 여러 지역 사회 및 그 사회 내 각 부분이 범세계적으로 보편적인 규칙에 의해 연결될 수 있으리라는 장밋빛 환상을 갖고 있다. 이는 마치 스타벅스의 커피맛 전략과 유사한 셈이다.

그렇지만 세계화는 이처럼 단순한 정의나 기준 통일의 문제가 아니다. 세계화는 여러 온갖 문제들이 복잡다단하게 얽힌 현상이다. 더욱이 문제는 세계화라는 이념 아래 각 나라의 경제는 물론 문화까지 자본과 권력과 국제정치 헤게모니 논리에 따라 획일적으로 통일이 되어간다는 면이다. 특히 신자유주의라는 현대식 자유방임주의 원리가 정치 · 경제 · 외교 모든 면에 포괄적으로 작용하면서 전 세계가 미국 중심의 자본 논리로 재편되어 가고 있는 현실이다.—세계화와 관련, 이는 단순히 미국의 문제가 아니라 미국이 현재 세계 최강대국인 탓에 생기는 문제임을 분명하게 구별해서 인지해야 할 필요가 있다. 스타벅스의 영향력이 현재보다 더욱

강해지면, 세계 각 군소 커피판매 회사들과 커피숍들의 입지는 지금보다 더욱 축소될 것이다.

이러한 방식의 세계화는 단호하게 거부해야 한다. 특히 어떤 형태로든 스스로 어진 사람임을 자처한다면 획일적인 세계화에 마땅히 응전해야 한다. 자본의 논리에 입각한 세계화는 온 세계를 미국화라는 획일화되고 보편화된 규격으로 자의반 타의반 계속 통일시켜 갈 것이고, 각 나라의 지역 문화를 서서히 사장시키는 방향으로 진전시켜 갈 것이기 때문이다. 이것은 곧 경제 지표의 문제만이 아닌 각 나라와 지역 문화의 정체성에 대한 문제며, 더 나아가 인간의 역사와 삶 자체에 대한 문제다.

세계화에 대한 대안으로 생각해 볼 수 있는 것이 글로컬라이제이션(glocalisation)이다. 세방화, 세계지역화라고 흔히 번역되는 글로컬라이제이션은 세계적인 면과 지역적인 면이 동시에 고려되면서 각 나라들의 문화가 보존·개발되어야 한다는 의미다. 이것이 바로 진정한 의미의 세계 개방화라고 우리는 생각한다. 예를 들어, 글로컬라이제이션의 관점을 택하면 미국의 할리우드 영화가 세계적인 영화가 되는 것에도, 프랑스의 와인이 세계적인 술이 되는 것에도, 일본의 스시가 세계적인 음식이 되는 것에도, 한국의 태권도가 세계적인 무술이 되는 것에도 세계화의 논리와 같은 맹목적 획일화의 문제가 발생하지 않는다고 볼 수 있다. 더욱이 지역의 문화가 고유한 특질을 유지하면서 세계적인 문화가 되었으므로, 이 세계적인 문화는 다른 지역의 문화와 충돌을 일으키지 않을 것이다.

결국 글로컬라이제이션은 퓨전 문화—문화혼종(hybridity, 이종교배)이라고 정의할 수 있는데, 주변부의 대중과 중심부의 대중은 서로 영향력을 주고받으면서 새로운 형태의 문화를 만들어낼 것이며, 세계적인 트랜드에 일상의 의미들을 넣어 주변부의 것을 세계적 트랜드로 바꾸려고 시도할 것이기 때문—의 생산으로 연결될 것이 분명하다. 또한 이는 각 나라의 전통 문화가 보존되는 동시에 새로운 문화를 창출하는 양상으로 전개될 것이다.

그러므로 글로컬라이제이션은 보존, 전파, 생산이라는 문화 자체의 고유 속성들과 아주 잘 부합되는 개념이 될 수 있다. 글로컬라이제이션을 통해 문화 상호간 소통이 증대되며, 서로 간 이해의 폭도 넓어지게 되고, 문화의 다양화라는 면에서도 충분히 긍정적인 영향을 미칠 것이기 때문이다.

경제 · 경영의 논리에서 시작된 글로컬라이제이션은 실제 현장에서 여러 시행착오를 거치면서 이제 문화나 문화상품의 교환원리가 된 것 같다. 다른 나라 혹은 지역의 문화를 소개하고 자신의 문화를 알리는 교환의 장에서 한 쪽의 관점만으로는 설명할 수 없는 것들이 발생하는 경우가 다반사이기 때문이다. 그래서 교환을 위해 서로를 상대에 맞추어 가는 과정 자체 또한 의미를 가지게 되었다.

글로컬라이제이션은 무엇이고 글로컬문화콘텐츠가 왜 · 어떻게 진행되는지가 본서에 내포되어 있는 핵심 화두며, 그 내용은 모두 8장으로 구성되어 있다. 1장에서는 영화 소재의 다문화 현상에 대한 「영화 속 슈퍼히어로에 나타난 글로컬문화」(조소연), 2장에서는 세계적 패션 브랜드 디젤의 전략을 다루는 「패션 브랜드 디젤의 퓨전 문화화」(최준홍), 3장에서는 지역 맥주의 세계 상품화 전략과 관련된 「맥주 라벨의 글로컬라이제이션 전략」(김기수), 4장에서는 맥도날드와 현 중국 사회의 관계를 말하는 「맥도날드의 중국화와 광고의 변화」(언규), 5장에서는 지역에 따라 변화하고 있는 「인터넷 야후 사이트의 국가별 웹 디자인 차별화」(원지영), 6장에서는 대중음악에서도 글로컬 현상이 있음을 밝힌 「비보이 콘텐츠의 글로컬 에너지」(김현정), 7장에서는 마케팅과 글로컬 사이의 관계를 설명한 「글로컬 마케팅의 두 얼굴」(임동욱)을 살펴본다. 그리고 마지막 장에서는 문화콘텐츠학과 글로컬라이제이션이 어떤 이론적 내용을 함축하는지, 또 지향해야 할 방향은 무엇인지를 「문화콘텐츠학과 글로컬문화」(박치완 · 김성수)에서 종합적으로 제시할 것이다.

문화콘텐츠나 원소스멀티유스(OSMU) 등의 용어에 비하면, '글로컬'이란 단어는 일반인들은 물론 학계에까지 아직은 생소한 개념이다. 이 책이 문화콘텐츠학계는 물론, 문화콘텐츠와 연결되는 여러 학과의 연구자들, 문화콘텐츠 각 영역에서 일하고 있는 실무자들, 문화콘텐츠에 관심을 갖고 있는 학생들 및 일반인들에게 도움이 될 수 있는 좋은 자료가 되기를 겸허한 마음으로 기대해 본다.

끝으로 감사의 마음을 표하고 싶다. 이 책은 한국외국어대학교 출판부에서 기획한 총서의 일환이다. 총서를 기획한 문화콘텐츠학과 커미티 교수님들과 실무를 진행한 대학원 박사과정생들의 노력에 먼저 진심으로 감사드린다. 그리고 한국외국어대학교 문화콘텐츠학과 학생들 모두에게도 고마움을 표하고 싶다. 이 책은 2007년 한국학술진흥재단의 대학교육과정개발 과제(인지과학과 문화콘텐츠)를 수행하기 위해 과목을 개설하고 진행하는 과정에서 나왔다. 이를 위해 2008년 2학기 한국외국어대학교 대학원 문화콘텐츠학과의 〈비주얼텍스트와 글로컬문화〉를 개설했다. 또 내용을 좀 더 알차게 보충하기 위해 2009년 1학기에 기존의 과목인 〈문화콘텐츠와 문화이론〉을 진행했다. 이 책은 위 두 수업에서 모두가 머리를 맞대고 함께 고민했던 결과물인 것이다. 글로벌 인재 양성의 요람인 한국외국어대학교가 일구어낸 하나의 작은 성과다.

차례

1

영화 속 슈퍼히어로에 나타난 글로컬 문화

글로컬 문화콘텐츠

1

영화 속 슈퍼히어로에 나타난 글로컬 문화

이 장에서는 우리가 가장 손쉽게 접할 수 있는 예술이자 여가시간 활용 수단인 '영화' 속에 등장하는 슈퍼히어로의 변화를 통해 글로컬 문화가 영화에 어떻게 반영되는지를 살펴볼 것이다. 우선 '글로벌'의 대표적 사례라 할 수 있는 할리우드의 대표적인 슈퍼히어로 영화 속 세계관의 변화를 살펴보고, '글로컬'의 사례로 인도의 볼리우드에서 만든 슈퍼히어로 영화를 통해 '일방적인 제작과 소비'의 형태로는 설명되지 않는 이 시대 영화의 새로운 변화의 양상을 살펴보고자 한다.

1. 수요일 오후 11시 개봉의 의미

2003년 11월 5일 수요일 오후 11시. 평일 밤 늦은 시간에 극장 앞은 인산인해를 이루었다. 이 날은 워쇼스키 감독(Wachowski Brothers)의 영화 〈매트릭스3 - 레볼루션 (The Matrix Revolutions, 2003)〉이 개봉하는 날이었다. 1999년 전 세계적으로 반향을 일으킨 작품인 1편 〈매트릭스(The Matrix)〉의 완결편이라 할 수 있는 3편의 개봉은 '전 세계 동시개봉' 이라는 방식으로 진행되어 평일 밤 시간대에 한국에서 개봉하게 된 것이다.

21세기를 맞이한 2000년대는 기술과 감성, 이미지와 체험을 기반으로 가치 있는 상품을 창출해내는 문화기반 경제로 대표되는 사회이다. 하버드 대학 케네디스쿨의 조셉 나이(Joseph Nye) 교수는 국가의 수노권 경쟁에서 경제력이나 군사력만큼 큰 힘을 지니고 있는 것이 바로 '소프트 파워(Soft Power)'라고 주장했다. 그가 말하는 소프트 파워는 곧 문화산업을 가리키는 것으로, 문화산업은 지구상에 살고 있는 모든 인류에 관계되는 이미지, 상징, 사고 등을 반영해 문화상품으로 제작한 후 그 이미지와 신념이 반영된 상품을 다른 문화권에 판매해 외국인이 이국적인 문화 상품을 즐기도록 하는 전도사 역할을 한다.[1] 조셉 나이 교수의 말대로 각 나라에서 생산되는 문화상품은 이제 그 나라뿐만 아니라 전 세계적으로 소비되고 있다. 〈매트릭스3〉편의 국내 개봉의 해프닝은 바로 이런 점을 보여주는 하나의 사례라 할 수 있다.[2]

1 앙트완 반 아그마엘, 『이머징 마켓의 시대: 21세기의 새로운 경제지배자, 25개 신흥기업의 성장전략』, 김민주 역, 김영사, 2007, 446-447쪽.

2 영화사에서 '전 세계 동시개봉'을 선택하는 이유는 필자가 들어가는 말에서 지적한 바와 같이 문화상품의 시장 확대로 인한 소비자의 평등권 추구라는 이유도 있지만, 그 외에도 '불법 동영상' 유포 속도에 대응하기 위한 제작사의 선택 등이 있음을 밝혀둔다. 전 세계 동시개봉 전략은 그 흥행이 어느 정도 보장받는 영화에만 주로 이루어지고 있는데, 영화사의 개봉 지역별 '홍보·마케팅 전략 차별화의 어려움' 등의 위험과 '비용의 문제'가 가장 큰 이유라 할 수 있다.

'전 세계 동시개봉'은 문화산업의 시대와 더불어 글로벌 시장의 시대에서 보인 단적인 예이지만 변화하는 시장에 맞춰 변화하는 기업들의 움직임이 어느 때보다 숨 가쁘다. 소위 글로벌 기업이라 일컬어지는 세계 시장을 무대로 활동하고 있는 기업들은 앞을 다투어 새로운 시장으로 진출하기 위해 경쟁을 거듭하고 있다. 세계 시장 중 특히 주목을 끌고 있는 곳은 바로 중국과 인도이다. 친디아(Chindia)라는 신조어는 세계 경제무대에서 중국과 인도가 고도 성장으로 관심을 받고 있는 두 주역임을 나타내고 있다. 중국과 인도는 '인구 대국'과 '고도 성장'이라는 시장적인 매력을 한껏 발산하고 있다. 이제 중국과 인도를 위시한 신 소비자 개척지인 아시아로 글로벌 기업들이 몰리면서 '동부개척의 시대'가 열리게 되었다.

이러한 시장의 변화와 함께 문화상품들도 변화를 거듭하고 있다. 앙트완 반 아그마엘(Antoine van Agtmael)의 표현을 빌리자면, 오늘날 매스미디어보다 더 세계화와 현지 문화 및 취향 사이의 갈등을 노골적으로 드러내고 있는 산업 분야도 없으며, 그런 점에서 서로 양극화한 문화 사이에서 얼마나 적절한 균형을 유지할 수 있는가가 문화산업의 성패를 결정하는 요인이라고 볼 수 있다고 한다.[3]

이러한 '균형 유지를 위한 변화'의 시각에서 볼 수 있는 것이 바로 '문화상품의 세계화'이다. 필자는 이러한 배경을 바탕으로 이 글의 문제의식을 갖게 되었으며, 문화 상품의 변화 축을 '세계화'로 보고 세계화의 방향에 따라 내용을 전개하고자 한다.

문화 상품의 세계화를 명확히 설명할 수 있도록 세계 시장 진출이 활발한 할리우드 영화의 변화를 예로 들었으며, 이와는 반대 방향으로 세계화의 변화가 일어나는 볼리우드 영화를 또 다른 예로 들었다. 두

3 앙트완 반 아그마엘, 앞의 책, 447쪽.

영화 시장에서 공통적으로 접할 수 있는 '슈퍼히어로'를 소재로 한 영화를 중심으로 글로벌 상품이 로컬에 맞춰 변화하고, 로컬상품이 글로벌에 맞춰 변화하는 양방향적인 글로벌라이제이션을 살펴보면서, 현 시대의 시장 변화에 걸맞도록 세계화(globalization)에서 한 단계 더 변화한 '진정한 세계화' 곧 글로컬라이제이션(glocalization)에 대한 이야기를 전개해 나갈 것이며 그 의의에 대해서도 생각해 보도록 하겠다. 단, 동양을 다룬 서양의 영화는 '슈퍼히어로물' 이외에도 많지만, 일관된 논지의 전개를 위해 다른 영화들은 논외로 할 것이다.

2. 인간 존엄성 획득을 위한 투쟁의 역사와 현대

할리우드는 전 세계 영화시장을 석권하고 있다고 해도 과언이 아닐 만큼의 전 세계 영화시장에 큰 영향력을 가지고 있다. 우리는 자국의 영화와 마찬가지로 할리우드의 영화를 쉽게 접하고 있다. 할리우드의 영화는 그 주제나 소재 면에서 다양성을 띄고 있지만, 이면에 흐르고 있는 일관된 세계관을 발견할 수 있다. 그것은 바로 에드워드 사이드(Edward W. Said)가 그의 저서 『오리엔탈리즘』에서 역설한 서구 중심의 지식과 시각이 응축된 세계관이라 할 수 있다.

> "동양에 대한 서양의 지식은 왜곡과 허구에 근거하며 이를 통해서 서구 중심의 지식과 시각이 비서구, 즉 '타자'를 구성함에 있어 불평등하게 작동된다"
>
> 에드워드 W. 사이드, 『오리엔탈리즘』

할리우드 영화는 그것이 속한 다문화 세계를 반영하는 작품들을 비롯하여 다른 나라를 배경으로 한 작품들이 많이 있다. 다문화의 세계 중

특히 '동양'에 대해 다룰 때 왜곡과 뒤틀림이 발생하는 것을 볼 수 있다.

영화나 텔레비전에 등장하는 아랍인은 호색한이거나 피에 굶주린 악한을 연상시킨다. 아랍인은 성욕 과다의 변태적 성향을 보이고 부정한 음모에 능란하며, 본질적으로 사디스트이고, 믿을 수가 없는 하등 인간으로서 나타난다. 노예상인, 낙타를 타는 사람, 환전상, 화려한 불한당이 영화에서 나타나는 전통적인 아랍인의 역할이다.[4]

할리우드 영화에는 이와 같은 사고방식이 존재한다. 동양과 서양, 안과 밖, 아(我)와 타(他)와 같은 오리엔탈리즘의 이분법적인 사고와 시각이 그대로 존재하고 있다.

에드워드 사이드는 또한 오리엔탈리즘에서 소비이데올로기의 침투에 의한 문화적 지배에 대한 우려를 표명하기도 하였다. 동양(동양 중 아랍과 이슬람)이 서양의 시장체계에 완벽하게 포함됨으로써 발생하게 된 일련의 문제에 대해 사이드는 다음과 같이 서술하였다.

> 아랍과 이슬람 체계는 전체적으로 서양의 시장체계에 완벽하게 포함되어 있다. (중략) 이는 여러 가지 결과를 낳았다. 이 지역에는 광범한 기호의 획일화가 생겨났다. 그 상징으로는 트랜지스터, 블루진, 코카콜라만이 아니라 미국의 매스 미디어가 제공하고 대량의 텔레비전 시청자가 아무 생각도 없이 소비하는, 동양에 관한 수많은 문화적인 이미지도 들 수 있다. 아랍인이 자신의 모습을 할리우드가 만들어 내는 '아랍'으로 인식한다는 역설은 가장 단순한 결말에 불과하다. 또 하나의 다른 결말로서는, 서양의 시장경제와 그 소비지향으로 인하여 시장의 수요를 만족시키도록 교육된 하나의 지식인 계급이 산출되어 왔다는 점을 지적할 수 있다. (중략) 요컨대 현대의 동양은 스스로를 동양화시키는 것에 참여하고 있다.[5]

4 에드워드 W. 사이드, 『오리엔탈리즘』, 박홍규 역, 교보문고, 2007, 491-492쪽.
5 위의 책, 555-557쪽.

이러한 왜곡과 뒤틀림이 발생하는 데에는 지리적인 '거리'에 의한 지식의 부족과 제국주의 식민지 통치 시대에서 기인해 서양인의 정신 속에 깊게 뿌리내린 동양에 대한 인식의 '고정관념'이 작용하고 있다. (실제로 동양학의 대부분의 시작은 서양의 주도로 이루어졌으며, 대부분의 동양 지역학은 미국과 영국을 비롯한 서양의 유수의 대학에 개설된 강좌가 역사와 전통이 있으며 권위가 더 높다.)

그러나 거의 역설적으로, 19세기를 통하여 동양과 서양의 거리는 계속 축소되었다. 동쪽과 서쪽사이에서 상업상, 정치상, 또는 기타의 실존적인 접촉이 증대됨에 따라, '고전적인' 동양연구에 기반을 둔 잠재적인 오리엔탈리즘의 고정관념과 왜곡 등이 난무한 도그마(教義)와 여행자, 순례자, 정치가 등에 의해 분명히 나타난 오늘의 명백한 동양의 묘사 사이에는 긴장관계가 높아졌다.[6]

할리우드 영화 속 동양의 모습도 물리적인 거리가 교통이나 기술의 발달로 인해 점차 변화하는 동양에 대한 지식과 인식에 맞물려 그 모습이 변화하고 있다. 거기에 앞서 지적하였듯 시장의 확대와 그로 인한 소비자층의 확대가 할리우드에게 더 많은 변화를 요구하고 있는 것이다.

1) 할리우드 영화 속 동양

과거 할리우드 영화 속 동양의 모습은 '서양과는 다른 세계', 야만, 적(敵) 등의 이미지로 나타났다. 이는 '냉전'등과 관련된 국제정세의 영향을 받은 것으로 풀이된다.

미국의 대표적 히어로 영화인 〈람보(Rambo)〉시리즈는 1980년대 강한 미국을 캐치프레이즈로 내건 레이건 대통령 재임 시절(1980-1989) 3편이 1982년에서 1988년에 걸쳐 개봉되어 큰 인기를 얻었다. 주인공

6 위의 책, 383쪽.

© 카를로 픽처스(1982)

[그림 1-1] 람보의 포스터

람보는 베트남 전쟁 퇴역군인 출신으로 설정되어 있고, 람보 1편은 미국, 람보 2편은 베트남, 람보 3편은 중동(아프가니스탄)을 배경으로 하여 주인공과 악의 세력의 이분법적인 구성과 그 대결이 주요 내용이다. 당시 미국은 '베트남'과 '중동'에 대한 민감한 문제를 안고 있었고, 영화에서 묘사된 베트남과 중동의 모습은 미국의 대 아시아 정책 노선에 당위성을 부과해줄 수 있는 해석을 덧붙였다.

냉전이 종식되고 1990년대에 들어서면서 경제적인 이권으로 인한 미묘한 경쟁과 갈등의 축을 '대립'으로 구성하면서 현실적인 대립의 형질을 영화에 반영한 작품들이 눈에 띄게 된다. 1990년대에는 일본의 급격한 경제 성장으로 인해 '경제침략'이라는 위기감을 느끼게 되고 이에 대한 반일감정이 드러나는 할리우드의 영화들이 만들어진다. 〈쥬라기 공원〉의 작가로 유명한 마이클 크라이튼(Michael Crichton)의 원작을 영화화한 〈라이징 선(Rising Sun, 1993)〉은 형사 액션, 오락 영화지만 일본을 지나치게 비판하는 내용

© 워너브라더스, 실버픽쳐스(1993)

[그림 1-2] 데몰리션맨의 장면

을 담고 있어 개봉 영화관 앞에서 항의 데모가 일어나기도 했다. 미래사회를 지배하고 있는 악의 세력이 일본으로 묘사되어 있는 〈데몰리션맨(1993)〉에서는 등장인물들이 일본의 전통의상인 기모노를 변형시킨 의상을 입고 나오는 모습이 여러 번 등장한다.

© Film Par Film (1991)

[그림 1-3] 라 또딸의 포스터

이러한 예는 원작이 있는 영화를 할리우드에서 각색하는 과정에서도 나타난다. 1994년 작 〈트루라이즈(True Lies)〉에서는 아랍의 테러리스트들과 맞서 싸우는 비밀요원과 그의 부인에 대한 이야기를 코믹하게 다루고 있다. 〈트루라이즈〉는 1991년 프랑스에서 개봉한 〈라 또딸(La Totale!)〉(국내에서는 〈토탈 라이즈〉라는 제목으로 출시되었다)을 원작으로 하였는데 영화 〈아스테릭스(Asterix)〉로 유명한 끌로드 지디(Claude Zidi) 감독의 작품인 이 영화는 한 비밀요원과 마피아와 대적하는 내용을 유머와 재치가 가득한 내용으로 담고 있다. 이렇게 원작과는 전혀 다른 내용으로 각색하면서 현실을 비틀어 당시 불편한 관계에 있던 중동을 등장시키고, 중동인들을 무자비한 테러리스트로 등장 시키는 등 1990년대의 할리우드는 미국과 대립노선을 가진 동양을 등장시켜 현실의 갈등을 반영한 영화들을 제작하였다.

2) 할리우드 영화 속 세계관의 변화

2000년대에 접어들면서 1990년대까지 전적으로 서양의 해석에 의존하여 만들어지던 할리우드 영화의 세계관에도 변화가 오기 시작한다. 변화의 가장 큰 이유는 앞서 설명한 시장의 변화에서 찾을 수 있을 것이다. 불편한 대립관계를 묘사하는 작품들이 여전히 있지만, 세계시장 배급을 처음부터 기획하는 대다수의 영화들은 세계시장 전략을 위해 영화에 나오는 다른 나라를 우호적 시각으로 다루거나 특정 시장을 겨냥하여 배경을 동양으로 설정하고 동양배우를 주인공 혹은 주인공의 동료로 출연시켜왔다. 또한 영화 내에서 사용된 음악들이 수록된 앨범(OST)의 스핀오프 버전(Spin-off Version) 제작을 위해, 각 지역의 지명도 높은 가수들을 섭외하기도 한다.

최근 개봉한 영화에서 이러한 예를 찾아 볼 수 있다. 〈미이라3(The Mummy: Tomb Of The Dragon Emperor, 2008)〉에서는 전 편에서 미이라와 관련된 사건에 얽혀 이집트를 헤매던 일행들이 중국으로 그 무대를 바꿔 진시황릉의 병사들을 깨운다. 이 영화에는 홍콩의 액션배우로 유명한 이연걸이 부활한 황제의 역을 맡기도 하였다. 그러나 역사를 왜곡하여 한 나라의 황제를 오락거리로 취급하였다는 비평을 받기도 하였다. 그러한 점에서는 개선의 여지가 있지만, 기존의 할리우드 영화에서는 볼 수 없었던 비중으로 중국을 다루었다.

2008년 한 해 비평가들로부터 호평을 받아 온 〈다크나이트(The Dark Knight, 2008)〉에서는 홍콩의 도회적인 야경과 스캔들로 물의를 일으켜 중화권 매체에서 그 모습을 볼 수 없었던 배우 진관희가 단역으로 잠깐 출연하기도 해서 화제를 모으기도 했다.

이러한 부분적인 참여를 적극적으로 하는 영화는 바로 〈스파이더맨2

© 콜럼비아 픽쳐스 (2004)

[그림 1-4] 〈스파이더맨2〉에 출연한 인도계 배우 아시프 맨드비의 모습

(Spider-Man2, 2004)〉이다. 스파이더맨의 원작 만화가 인도 시장으로 활발하게 진출하던 때와 맞물려 개봉하게 된 〈스파이더맨2〉는 인도계 배우 아시프 맨드비(Aasif Mandvi)가 주인공이 아르바이트하는 가게의 주인인 '미스터 아지즈'로 출연하였으며, 〈스파이더맨2〉의 OST는 인도어 판(Pakistani Version)을 따로 제작하여 현지 인기밴드 스트링스(Strings)를 참여시켰다. 이렇게 제작된 OST는 현지에서 상영하는 영화에 그대로 삽입되어 할리우드 영화의 음악을 현지 가수가 맡고 있다는 친근감을 관객들에게 줄 수 있었다.

기존에 적대적이며 철저하게 타자의 관점에서 영화 속 동양을 묘사하던 할리우드의 영화는 이제 점차 변화하고 있다. 그 변화의 중점에는 자국에서 생산된 문화상품이 이제 더 이상 자국에서만 소비되지 않으며, 전 세계적으로 소비되기 위하여 기존의 구태의연한 고정관념과 잘못된 인식을 버리려는 시도를 하는 진정한 세계화로서의 글로컬라이제이션을 시도하려는 움직임이 있다.

3. 스파이더맨, 할리우드 대표 슈퍼히어로의 변화

앞서 우리는 세계 시장의 변화에 따라 과거 할리우드의 영화 속 세계관이 점차 변화하고 있음을 여러 영화들의 사례를 통해 알아보았다. 이번 장에서는 영화 〈스파이더맨〉의 사례를 통해 할리우드의 전형적인 미국의 슈퍼히어로가 글로컬적인 슈퍼히어로로 변화하는 과정을 살펴보도록 할 것이다.

1) 슈퍼히어로의 새로운 시장 개척기

할리우드에서 슈퍼히어로를 소재로 한 영화 중 대부분은 만화가 원작이다. 특히 이런 소재의 만화는 양대 산맥이라 불리는 '마블 코믹스'와 'DC 코믹스'라는 두 회사의 작품이 대부분을 차지한다.

미국출판만화시장은 독특한 만화제작 시스템을 갖추고 있다. 캐릭터 저작권은 '회사'가 가지고 있으며, 코믹스 회사에 '기획자'가 있고 '작가'가 있는 시스템으로 이루어진다. 즉, 기획자는 기획을 하고 원하는 작가에게 맡겨서 만화 제작이 이뤄지면서 기획별로 만화가는 다를 수 있다.

〈표 1〉 미국의 양대 출판만화 회사와 그 작품

MARVEL 마블 코믹스	THE WORLD'S GREATEST SUPER HEROES DC UNIVERSE DC코믹스
스파이더맨 X 맨 데어데블 판타스틱4 헐크 아이언맨	슈퍼맨 원더우먼 배트맨 그린랜턴 플래시

또 하나의 특징은 출판 회사 만화 속 세계관을 구축하여 각 만화들이 공유한다는 점이다. 하나의 예로, DC코믹스에는 'DC 유니버스'라는 세계가 있고 마블코믹스에는 '마블 유니버스'라는 세계가 있어 '마블 코믹스' 에 등장하는 슈퍼히어로들은 전부 같은 시대에 살고 있으며, 같은 세계의 다른 지방에 활약하고 있는 것이다.

이러한 만화 속 세계관의 구축은 독자들을 자회사의 다른 만화 시리즈에 끌어들이기 충분한 매력이었으며, 기획에 따라 회사가 보유하고 있는 캐릭터를 총출동시킨 작품 또한 기획할 수 있었다. 그러나 1930년대 〈슈퍼맨(Superman, 1938)〉으로부터 출발하여 미국 내에서 절대적인 지지를 받아오던 슈퍼히어로 소재의 만화는 반복되는 소재와 주제로 인해 매출감소의 위기를 맞이하게 된다. 이에 대한 자신책으로 미국 출판업계가 선택한 것은 일본의 '망가'를 수입하는 것이었다. 망가는 기존의 미국 만화에 비해 다양한 소재를 다루고 있어 새로운 이윤이 창출될 수 있는 선택이었다. 이러한 움직임으로 도쿄팝(Tokyopop), 비즈미디어(VizMedia), 우동엔터테인먼트(UDON Entertainment) 등의 출판 회사가 새롭게 부각되었다. 그러나 망가의 폭력성과 선정성 문제 대두되면서 한국의 '만화'를 수입하는 회사들이 늘어나고 있다.

이제 출판 만화 시장에서 한 발 물러난 슈퍼히어로들은 새로운 변신을 꾀하게 된다. 출판 만화시장에서 물러난 슈퍼히어로들은 세계 시장을 개척하기 시작했다. 미국의 출판 만화는 다른 나라의 시장에 진출하기 위해 여러 가지 준비를 시작한 것이다.

미국의 출판 만화업계에서 가장 주목한 동양의 최대 시장은 바로 인도였다. 인도는 앞서 말한 바와 같이 '친디아'라는 신조어까지 만들어내며 급부상하고 있는 아시아 최대 시장 중 하나다. 인도인들은 '친디아'보다는 '인디나'(Indina)라는 용어를 사용한다. 인도가 중국에 비해 더 큰

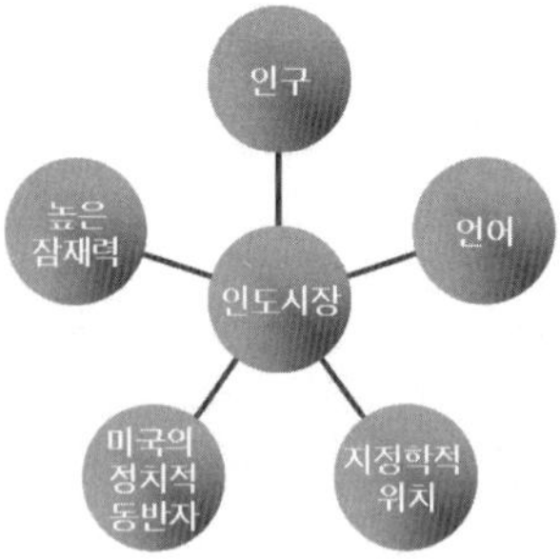

[그림 1-5] 주목받는 인도시장

성장 잠재력을 가지고 있고, 인도가 중국을 앞설 수 있다는 자신감의 표현인 것이다. 인도는 연평균 8% 내외의 고도성장의 길을 질주하고 있어 '달리는 코끼리'라고도 불린다.[7]

인도가 출판 만화 시장에서 주목을 받게 된 것은 시장의 크기와 관련된 거대한 인구와 과거 식민지 시절이 배경이 된 영어 의무교육으로 인해 영어가 소통될 수 있다는 점, 그리고 동·서아시아로 나아가기 위한 테스트 시장이 될 수 있음은 물론, 교두보 역할을 할 수 있는 지정학적 위치와 정치적 이념이 첨예하게 대립하는 중국과는 달리 이념의 노선이 미국과 같다는 점, 마지막으로 앞서 말한 연 8%이상의 높은 성장을 보이며 잠재력 있는 시장이라는 점이다.

이러한 배경을 바탕으로 만화 〈스파이더맨〉은 인도 시장에 진출하게 된다. 그러나 우리가 알고 있는 스파이더맨의 모습과는 다르게 〈스파이더맨: 인디아(Spider-Man: India, 2004)〉 시리즈가 출판된다. 고담 엔터테

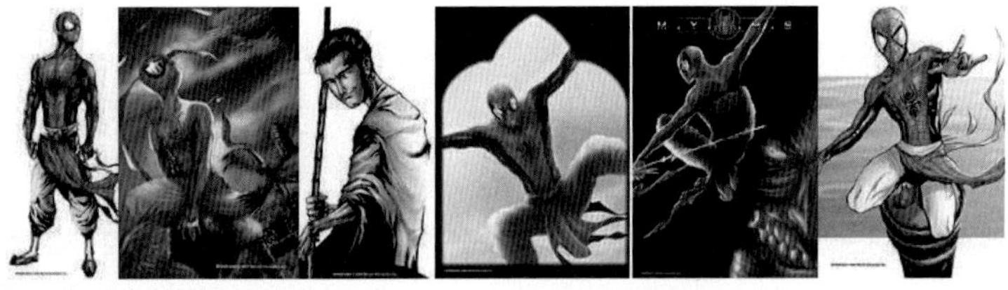

[그림 1-6] Spider-Man: India

7 박형기, 『세계경제의 뉴리더 친디아』, 미래에셋투자교육연구소, 2008, 재구성.

인먼트(Gotham Entertainment Group)는 스파이더맨의 인도 진출에 맞춰 그들이 저작권을 가지고 있는 캐릭터를 인도 작가에게 맡겨 재탄생시켰다.

그리하여 스파이더맨이면서도 인도적인 새로운 시리즈의 스파이더맨이 탄생하게 된 것이다. 이러한 '인도화' 전략은 기존의 글로벌 슈퍼히어로가 로컬 슈퍼히어로로 탈바꿈되는, 즉 기존의 캐릭터를 글로벌에서 글로컬로 변화된 사례의 하나라고 여겨진다.

2) 만화에서 영화로

미국 내 출판 시장에서 더 이상 인정받지 못하는 슈퍼히어로는 또 다른 변화를 통해 대중들에게 찾아갔다. '슈퍼히어로'는 영화화하기 좋은 소재이고, 제작이 활발한 영화시장에서는 그 무엇보다 영화를 만들 소재가 필요했다. 이러한 시대적 상황에 맞춰 슈퍼히어로는 만화에서 영화로 옮겨갔다.

만화의 비주얼적 텍스트는 스크린으로 옮기기에 무리가 없었으며, 슈퍼히어로들의 움직임을 직접 보고 싶은 왕년의 만화 팬들에게 만화의 영화화는 희소식이었다. 대부분의 슈퍼히어로 만화가 가지고 있는 보편적 소재와 주제라 할 수 있는 '강한 힘에는 그만큼의 책임이 따른다', '선과 악의 대결구도에서 언제나 정의는 승리한다' 등은 영화에도 잘 맞아 떨어졌다.

슈퍼히어로의 세계진출은 이제 영화를 통해서도 이루어지고 있다. 앞서 보았듯이, 영화 〈스파이더맨 2〉의 경우에도 만화의 인도 진출과 더불어 개봉하게 된 영화의 현지화 전략을 위해 아시프 맨드비라는 인도계 배우가 출연했으며 인도어 사운드 트랙이 제작되었다. 이와 같은 전략에 힘입어 꾸준한 현지화 전략에 성공한 스파이더맨은 2007년 〈스파이더맨

3 (Spider-Man 3, 2007)〉이 개봉할 때 그 인기를 다시 한 번 실감할 수 있었다.

인도의 영화 산업은 볼리우드(Bollywood)라 불리는 인도의 영화 산업계에서 만들어낸 자국 영화들이 독식하고 있는 실정이었다. 그러나 2007년 〈스파이더맨 3〉이 개봉하면서 펼친 현지화 전략 중 하나인 힌디어(Hindi), 보즈푸리(Bhojpuri)어 등 인도 현지어로 더빙된 영화는 볼리우드를 위협하기에 충분한 기록을 세웠다.

"인도에서 절대적인 영향력을 행사해오던 볼리우드 영화가 할리우드 블록버스터의 도전을 받기 시작했다."

미국 일간 크리스천사이언스모니터(CSM) 2007. 5. 17일 보도

"현지어로 더빙된 할리우드 영화의 성공은 볼리우드에 엄청난 위협"

인도영화제작자협회의 아닐 나그라스 사무국장

2007년 5월 1일 전 세계 동시 개봉을 한 〈스파이더맨3〉은 개봉 3일째인 2007년 5월 4일 외국어 영화 하루 최다 관객인 160만 명 동원기록을 세웠으며 개봉 이틀 만에 1억 루피(240만 달러)의 입장수입을 올리는 등 기존 할리우드 영화의 기록을 잇달아 갈아치웠다.[8]

〈스파이더맨 3〉의 인도 시장에서의 성공은 할리우드 영화가 인도시장에서 향후 지속적으로 성공을 거둘 수 있는 현지화 전략을 완전히 습득하여 활용할 수 있다는 점을 시사하고 있다.

8 「〈스파이더맨3〉 인도 볼리우드 뚫다」, 『연합뉴스』, 2007.05.17.

3) 전 세계적 슈퍼히어로(universal superhero)의 조건

앞의 1장과 2장에서 살펴봤듯이 내리막길에 접어든 미국의 출판 만화(특히 슈퍼히어로를 소재로 한 만화)는 세계 시장 개척과 영화화라는 두 가지의 자구책을 모색하였다.

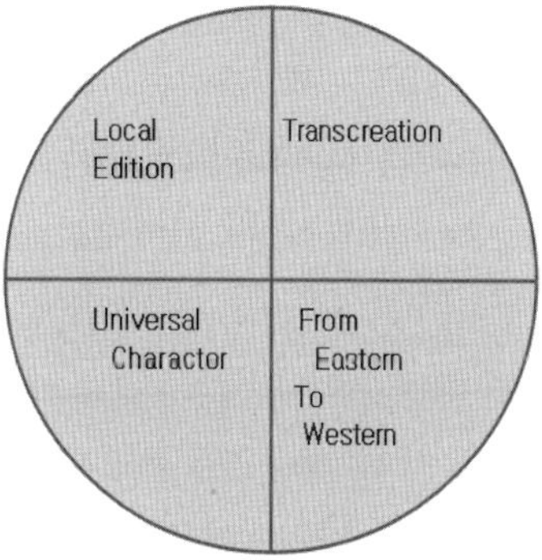

[그림 1-7] 슈퍼히어로 캐릭터의 세계화 전략을 위한 요소

2004년 스파이더맨의 인도 진출이 이슈가 되던 당시 고담 엔터테인먼트의 CEO인 샤라드 데바라잔 (현 Virgin Comics CEO)은 한 인터뷰에서 스파이더맨이 인도 시장에 진출하기 위해서는 [그림 1-7]과 같은 전략이 필요하다고 말했다.[9]

그 지역에 맞는 다른 이야기를 만들어 낼 것, 그 지역의 설화나 전설 민담 등과 같은 이야기를 바꾸어 재창조할 것, 세계가 공감할 수 있는 캐릭터를 이용할 것, 그리고 마지막으로는 이렇게 새로이 탄생한 동양의 캐릭터를 다시 서양에서 즐길 수 있도록 해야 할 것이었다. 그의 말대로 전 세계적으로 통용될 수 있는 슈퍼히어로가 갖추어야 할 요소들은 앞의 〈스파이더맨〉 사례에 잘 반영되어 있다고 볼 수 있다. 만화의 시장 진출과 더불어 영화의 진출까지 살펴볼 수 있는 〈스파이더맨〉의 예는 미국의 출판 만화로 전 세계적으로 유명해진 캐릭터가 어떻게 현지화 전략을 거쳐서 진정한 글로벌 슈퍼히어로로 거듭나는지를 잘 보여주고 있다.

9 Arune Singh, "Eastern Swing: Sharad Devarajan talks Indian Spider-Man", June 23rd, 2004.

이 프로젝트는 세계적 히어로를 지역적 히어로로 만들 수 있는 매우 독특한 방법을 제공한다고 생각됩니다.

샤라드 데바라잔
(고담엔터테인먼트 대표)

이처럼 데바라잔은 한 인터뷰에서 그가 진행하고 있는 스파이더맨의 인도 진출을 두고 국제적인 슈퍼히어로인 동시에 지역적인 슈퍼히어로 또한 만들어내는 일을 하고 있다고 말하고 있다. 그가 말하는 이러한 현상은 바로 새로운 글로벌인 글로컬로 거듭나는 슈퍼히어로에 대한 이야기라 할 수 있을 것이다.

4. 볼리우드 슈퍼히어로의 반격

이제 글의 방향을 반대 방향으로 돌려 로컬의 문화상품이 글로벌이 되는 현상을 살펴보기로 한다. 이 장에서는 위에서 글로컬의 사례로 주로 등장한 인도의 사례를 계속해서 보며 두 방향의 변화를 비교해보도록 할 것이다.

1) 볼리우드(Bollywood)의 변화

인도영화의 저력을 느낄 수 있는 볼리우드는 인도 영화의 중심도시인 뭄바이의 옛 이름인 봄베이(Bombay)와 미국의 할리우드(Hollywood)를 합성한 용어이다.

1920년대에 25편 이상의 영화를 제작해 온 볼리우드는 1930년대에는 연간 약 200편씩 영화를 제작하였다. 이러한 역사는 전국적으로 영화팬을 확보하는 동력이 되었고 실제로 2001년 할리우드 영화를 본 사람은

26억 명인데 반해, 볼리우드 영화를 본 사람은 36억 명이나 된다. 물론, 이 수치는 총 수입대비로 비교한다면 할리우드가 500억 달러인데 비해 볼리우드는 15억 달러로 아직 미약한 시장이라 볼 수 있다. 그러나 현재 영화 관람료의 수준과 꾸준한 관람료의 상승, 거기에 DVD와 텔레비전을 통한 판매 수입과 시장의 변화라는 변수까지 고려한다면 할리우드와 볼리우드를 비교할만하다.[10]

볼리우드에서는 매년 800 내지 1000여 편의 영화들이 만들어진다. 그 성장세도 두드러져 2005년 영화산업의 총수입이 360억 인도 루피(한화 9000여억 원)에 달해 전년 대비 18%나 성장했다.

이렇듯 인도인들의 사랑을 꾸준하게 받으며 인도 영화시장에서 견고한 입지를 다지고 있는 '메이드 인 볼리우드' 작품들이 변화의 바람을 맞이하고 있다.

볼리우드에서 만들어지고 있는 영화는 대부분 '마살라(Masala) 영화'이다. 마살라 영화는 인도의 전통 음악극과 춤, 노래, 멜로 드라마 그리고 폭력까지 어우러져있는 인도 영화만의 독특한 장르로 인도인들의 절대적인 인기를 얻고 있다. 영화의 스토리는 대부분 남녀 간의 애절하면서도 격정적인 사랑, 악인에 대한 철저한 응징, 주인공이 난관을 극복하고 성공하는 해피엔딩 등 다소 진부한 내용이라 할 수 있지만, 영화 중간중간 들어가는 등장인물들의 노래와 춤이 영화의 흥을 더하고 관객의 몰입을 유도한다.

이렇게 볼리우드만의 전형적인 장르의 파괴가 시도되고 있다. 대표적 성공작 〈3페이지(Page 3, 2005)〉는 사회적 동물로 가장한 상류 엘리트들의 삶을 풍자하였으며, 같은 해 개봉한 코미디, 로맨스 영화인 살람

10 앙트완 반 아그마엘, 『이머징 마켓의 시대: 21세기의 새로운 경제지배자, 25개 신흥기업의 성장전략』, 김민주 역, 김영사, 2007, 449쪽.

나마스테(Salam Namaste, 2005)〉는 사회통념상 금기시 해온 자유연애, 혼외임신 문제를 다루고 있다. 정치 스릴러물인 〈가문의 법칙(Sarkar Raj, 2008)〉, 신체부자유자의 성공적인 삶을 묘사한 〈블랙(Black, 2005)〉등 기존의 마살라 영화의 형식에서 벗어나 색다른 영화들이 제작되고 있다.

볼리우드에 부는 변화의 바람은 격식 파괴의 바람뿐만 아니다. 새로운 상영관의 건설이 진행되면서 1만2000개의 단일 상영관과 73개의 멀티플렉스(복합상영관의 전체 스크린 수는 275개, 좌석 수는 9만 여석) 상영관을 보유하게 되었다.

또한, 티켓 가격의 상승 역시 인도 영화시장을 변화시키고 있다. 2005년 기준으로 일반 상영관의 배 이상인 75~85루피(한화 1800~2000원)로 상승하면서 전체 영화수익의 29%를 차지하며 인도 영화산업 성장의 견인차 역할을 하고 있다.[11]

장르의 파괴, 상영관의 현대화와 그에 따른 티켓 가격의 상승은 볼리우드를 세계적으로 더욱 영향력 있는 시장으로 키우는데 각각의 역할을 담당하고 있다. 이러한 변화의 바람은 볼리우드의 고질적인 문제인 열악한 시설, 폭력조직의 개입, 배우의 높은 출연료 등을 개선시키려는 노력으로 이어지고 있다. 과거 폭력 조직이 영화 제작의 자금을 조달하였다면, 현재는 인도의 은행과 벤처 캐피털 기업이 영화 산업에 자금 지원을 하기 시작하였다.[12]

볼리우드 시장의 변화와 성숙은 국내 수요에서 눈을 돌려 세계적인 시장을 향해 뛰어들 수 있는 준비 단계라고 할 수 있을 것이다.

---

11 김승호, 「'볼리우드'를 아시나요?—인도 영화시장의 자신감과 무한한 잠재력」, 대한민국 정책포털, 2006.03.24. 참고.

12 앙트완 반 아그마엘, 앞의 책. 450쪽.

2) 할리우드로 진출하는 로컬 슈퍼히어로

2006년 인도에서 기록적인 흥행 성적을 올린 영화 〈크리쉬(Krrish, 2006)〉는 마살라 영화가 아닌 새로운 장르의 볼리우드 영화이다.

인도의 산골마을에서 할머니와 살고 있는 크리쉬나는 아버지 로히트가 물려준 초능력을 가지고 있다. 어느 날 그는 싱가포르에서 휴가 온 프리야를 만나 사랑에 빠지게 된다. 프리야를 따라 싱가포르에 온 그는 자신의 아버지를 납치하여 미래를 내다보는 컴퓨터를 만들려던 아리야 박사의 음모를 알게 된다. 그는 초능력을 발휘하여 아버지를 구하고 사랑도 쟁취한다.

할리우드 슈퍼히어로 영화의 컨벤션(관습화된 영화적 요소)에 볼리우드 영화의 형식과 홍콩 액션영화의 스타일을 입혀 만들어낸 인도 오락영화로 평가받는[13] 이 영화는 할리우드의 슈퍼히어로 영화 공식을 따르면서도 볼리우드식 영화에 나오는 노래하고 춤추는 슈퍼히어로가 등장하는 영화이다.

> 〈크리쉬〉를 향한 관심은 단지 볼리우드 최초의 슈퍼히어로 영화라는 점 때문만은 아니다. 1천만 달러라는 거액의 제작비, 공들인 특수효과, 싱가포르 올 로케, 영어 대사, 힌디어뿐 아니라 타밀어와 텔루구어로 더빙하여 인도 전역에서 동시 개봉을 시도한다는 점 등이 전형적인 볼리우드 영화와는 여러모로 다를 것으로 보인다.
>
> 〈씨네21 2006.6.28〉

크리쉬는 기존의 볼리우드 영화가 시도하지 않은 다양한 시도를 하였다. 100% 영어 대사처리, 싱가포르라는 제3국을 무대로 로케 촬영을 한

13 「수퍼 히어로 끄리쉬」, 부산국제영화제 인터넷 소식지, 2006.

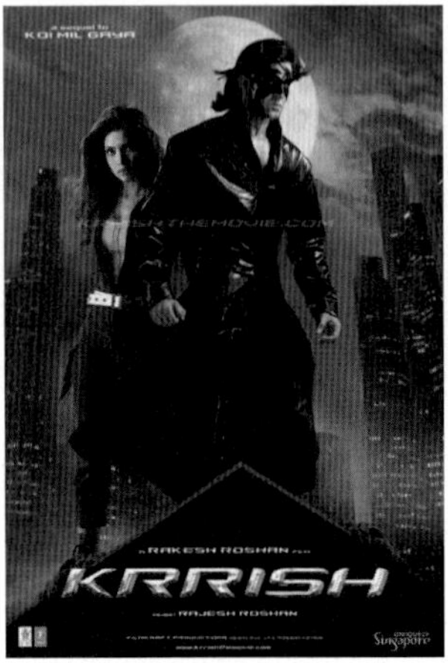

© Film Krafe (2006)
[그림 1-8] 크리쉬의 포스터

점, 할리우드의 슈퍼히어로 영화를 답습하면서도 인도의 전통설화에서 차용한 주인공의 이름, 마살라 영화 형식의 차용, 그리고 미국에 배급을 하여 볼리우드 영화가 본격적으로 글로벌 시장으로 진입하려는 사전 준비를 마친 영화를 만들게 된 점 등이 바로 그 시도라 할 수 있다.

씨네21의 기사(2006.8.24)에 따르면 인도 최대의 영화 제작자이자 배급업자인 야쉬 라즈는 미국시장에서 볼리우드가 벌어들이는 수익은 연간 10억 달러로 이는 미국 전체 영화시장에서 볼 때 미미한 것이지만 미국에서의 인기상승은 볼리우드 영화 전반에 발전적인 영향을 끼칠 것이라고 평가했다. 남아시아, 동남아시아, 아프리카 등지에서 굳건한 입지를 다진 볼리우드 영화의 미국시장 진출에 대해서 볼리우드 마케팅 담당자인 기테쉬 판드야는 “마케팅과 배급에 좀 더 관심을 기울인다면 볼리우드의 흥행수익은 지금과는 완전히 다를 것이다”라며 자신감을 내보였다고 한다.

LA타임스는 인도 토종 영화 〈크리쉬〉가 〈슈퍼맨 리턴즈(Superman Returns, 2006)〉와 함께 미국 75개 상영관에서 개봉하여 첫 3일 동안 64만 달러의 흥행수익을 올렸다는 점에 주목했다. 특히 〈크리쉬〉를 본 관객의 절반 이상이 비(非)아시아계 사람들이었는데 이는 볼리우드영화의 관객층이 인도계 2세들만은 아니라는 것을 입증한다.

〈크리쉬〉는 세계시장 진출을 염두하고 만들어진 슈퍼히어로 영화이다. 인도에서 만들었지만, 할리우드의 공식을 따랐으며 그렇다고 인도 영화의 형식을 져버리지 않았다. 로컬의 문화상품이 글로벌에 진출하기 위한 공식을 잘 따라서 만들어진 영화이다. 볼리우드의 시도는 여기에 그치지 않을 것이다. 제2, 제3의 〈크리쉬〉가 제작되어 세계 시장의 문을 두드릴 것이고 인도의 로컬 히어로는 할리우드뿐만 아니라 세계적인 슈퍼히어로로 자리매김될 것이다.

3) 세계로 진출하는 로컬 슈퍼히어로

앞서 예로 든 〈크리쉬〉와 같이 새롭게 세계 시장에 나온 슈퍼히어로 영화들이 2008년 부산국제영화제 '아시아의 슈퍼히어로' 특별 기획전에서 선보였다. 초인적인 능력을 지닌 슈퍼 인간들이 등장하는 아시아 영화들로 인도의 〈크리쉬〉를 비롯하여 말레이시아의 〈치착맨(Cicakman2 -Planet Hitam, 2008)〉, 필리핀의 〈라스틱맨(Lastikman, 2004)〉등 11편의 슈퍼 히어로 영화가 국제 영화제에서 상영되었다.

〈치착맨〉은 동남아에서 흔히 볼 수 있는 도마뱀을 모티브로 만들어진 말레이시아 영화이다. 〈다르나(Darna)〉는 1951년 필리핀에서 큰 인기를 얻은 원작을 인도네시아에서 리메이크한 영화로 유일하게 여자 슈퍼히어로를 다루고 있다. 미국의 TV시리즈 〈원더우먼〉과 닮은 듯한 모습을 엿볼 수 있다. 원작은 1947년 필리핀에서 발행된 잡지의 만화 캐릭터로, 원더우먼보다 더 오랜 역사를 지니고 있다. 가난하지만 착한 소녀 다르나가 우연히 초능력을 얻는다는 내용이다. 필리핀 영화 〈라스틱맨〉은 필리핀 특산품인 고무나무 이야기다. 유난히 나무를 좋아하는 착한 청년 아드리안이 악당들에게 두들겨 맞고 죽기 일보 직전, 고무나무 덕분에 소생하면서 고무처럼 몸이 늘어나는 슈퍼히어로가 된다는 이야기다.

위의 영화들은 각 지역의 특수성을 가진 모티브를 소재로 삼아 보편

© Film Krafe (2006)

[그림 1-9] 부산 국제영화제에서 상영된 아시아 각 국의 슈퍼 히어로 영화
(※좌측부터 말레이시아 〈치착맨〉, 태국 〈머큐리맨〉, 인도네시아 〈다르나〉, 필리핀 〈라스틱맨〉)

적인 슈퍼히어로 영화의 컨벤션으로 풀어냈다. 이러한 영화들이 국제적인 영화제에서 소개되었다는 사실은 로컬 슈퍼히어로의 세계 시장진출에 상당히 고무적인 일이다. 위에서 소개된 영화가 아니더라도, 앞으로도 계속해서 로컬 슈퍼히어로 영화가 제작되고 글로컬적인 공식에 맞춰 변화한다면 앞으로 우리는 전 세계의 극장에서 이들을 쉽게 만날 수 있는 날이 계속 올 거라 생각된다.

5. 이 시대 진정한 슈퍼히어로의 모습

영화시장의 확장은 할리우드 영화의 세계관과 아시아 지역의 영화에도 많은 영향을 끼쳤다. 할리우드에서는 새로운 소재를 찾아 단순히 '동양'을 소재로 한 많은 영화들이 나오고 있다. 그중 극적 재미를 위해 특정 부분이나 특정 인물이 강조된 사례는 지금까지 할리우드 영화를 통해 볼 수 있었을 것이다. 액션영화를 위한 중국의 쿵푸, 일본의 야쿠자, 일본의 닌자, 로맨스 영화를 위한 일본의 게이샤 등이 바로 그 예라 할 수 있다.

2008년도는 베이징 올림픽과 맞물려 중국을 소재로 한 영화들이 특히 눈에 띄었다. 그러나 중국을 소재로 한 〈미이라3〉에 나오는 설인과 삼두용은 중국과는 거리가 먼 설정이다. 설인 이야기는 히말라야 일대 네팔 지역이 뿌리다. 머리가 셋 달린 용 또한 중국에서 전해 내려오는 용의 모습과는 다르다. 〈쿵푸팬더〉는 국적 불명의 녹색 눈동자를 가진 판다를 주인공으로 등장시켜 한 중국인에 의해 고소를 당한 일까지 벌어졌다.

할리우드 영화의 동양에 대한 오해(오리엔탈리즘)는 2006년 개봉한 〈게이샤의 추억〉에도 그대로 반영되었다. 당시 제작진은 LA근교에 '가상의 교토'를 만들고 건축사적 고증 대신 벚나무를 채워 게이샤의 신비감을 강조했다. 기모노도 배우들의 몸매가 잘 드러나도록 현대화시켰다. 영화 속 게이샤는 춤과 음악, 미술과 서예에 뛰어난 예술인이 아닌 묘한 조명 아래 은밀하면서도 매력적인 존재로 그려졌나. 주인공 지요(장쯔이 분)의 눈동자는 〈쿵푸팬더〉의 녹색눈동자와 마찬가지로 푸른 회색빛을 띠어 국적 불명의 인물이 되었다.[14]

신비스러운 이미지를 위해 발생된 이러한 오류들은 동양에 대한 막연한 동경과 오해, 오리엔탈리즘의 반영이라 할 수 있다. 이와 같이 왜곡된 이미지로 인해 동양에 대한 잘못된 '고정관념'이 생기게 된다면, 그것은 19세기 제국주의 시대의 식민지 연구의 오류와 그로 인해 굳어진 고정관념들과 다를 바 없다.

한편으로는 할리우드 영화의 영향을 받아 할리우드와 자국의 스타일이 병합된 새로운 글로컬 캐릭터가 탄생하고 있다.

세계 각국 미디어 재벌은 할리우드 유사판을 만들되, 자국 국민의 눈과 귀가 쏠릴 수 있는 그리고 기꺼이 지갑을 열 수 있는 신화와 상징을 반영하여 그들만의 버전과 비전을 창조해내고 있다.[15]

---

14 동양을 소재로 한 영화들의 오류와 관련된 내용은—박종진, 「팬더도 게이샤도 황제도...할리우드 '동양 짜깁기'—국내 개봉한 '미이라3'의 진시황이 악당으로 그려져 씁쓸하다」, 『스타뉴스』, 2008. 08.02. 를 참고.

본론에서 언급한 글로벌 슈퍼히어로의 글로컬과 로컬 슈퍼히어로의 글로컬에는 위와 같은 비판이 항상 뒤따라야 한다. 꼭 비판할 점만 있는 것은 아니다. 글로컬 캐릭터가 등장하는 영화의 세계진출로 인해 문화적 다양성을 가진 다양한 캐릭터를 접할 수 있게 되고, 그만큼 한 가지 편향된 시각으로 만들어진 영화를 일방적으로 수용해야 했던 과거와는 달리 선택의 기회가 많아졌다 할 수 있다.

> 사이드는 『오리엔탈리즘』의 마지막 장에서 "우리는 다른 문화를 어떻게 표상할 수 있을까?"라고 물었다. 이런 물음은 사실 새로운 것이 아니다. 왜냐하면 인류학자들은 이미 그런 문제를 제기했기 때문이다. 그들은 "타문화의 이해는 어떻게 가능한가?" 라든가 "타문화에 대한 공감적 이해는 어떻게 얻을 수 있는가?"라고 물어왔기 때문이다. 그러나 사이드의 물음은 다르다. 왜냐하면 사이드는 권력과 타문화에 대한 지식의 유착이라는 문제를 던지고 나서 그런 물음을 제기하기 때문이다. (중략) 권력과 유착된 지식은 타문화를 사는 사람들을 억압한다. 그러나 사이드는 그렇지 않은 지식도 있으리라고 생각한다. 즉 타자를 억압하거나 조작하는 것이 아니라, 자유 옹호의 입장에 서서 타문화나 다른 인종을 연구하는 것이 가능하다고 말한다.[16]

영화 시장의 확대는 막을 수 없는 사실이다. 세계 각지에서 다른 나라를 소재로 한 다양한 영화들이 나오게 될 것이다. 막연한 호기심에, 새로운 소재를 발굴하기 위해 충분한 문화적이고 학술적인 이해가 선행되지 않는 영화화는 자칫 새로운 오리엔탈리즘을 탄생시킬 수도 있다. 이미 에드워드 사이드가 지적한대로 영상매체를 통해 전달되는 강력한 이미지는 그 당사자인 동양인에게조차 동양인의 '고정관념'을 형성하게 된다.

15 앙트완 반 아그마엘, 앞의 책, 447쪽.

16 에드워드 W. 사이드, 앞의 책, 583쪽. 역자각주 8번.

가벼운 오락영화라 할지라도 이 점을 간과해서는 안 될 것이다. 영화는 감독의 철학과 영상의 미학 등이 종합적으로 녹아든 '예술'이라 불린다. 세계 시장에서 활발하게 제작되고 있는 많은 예술 작품들이 훗날 단 하나의 잘못된 시각으로 인해 저평가 받는 일이 없도록 해야겠다.

이 시대는 한복을 입은 원더우먼도, 포크와 나이프로 밥을 먹는 심청이도 환영한다. 단지 그들이 그에 걸맞는 외모로 탈바꿈 되었으며, 새롭게 바뀐 나라에 대한 충분한 이해를 바탕으로 제작되었을 때 그 새로운 시도는 정당한 평가를 받을 것이다. 세계 시장을 무대로 활동하는 진정한 세계화로서의 글로컬라이제이션은 서로에 대한 깊은 이해와 편견 없는 태도에서 출발하는 것이다. 이러한 관점에서 탄생되는 새로운 전 세계적 슈퍼히어로(universal superhero)의 탄생을 기다려 본다.

Check Points

✓ 할리우드 영화 속 동양의 모습은 어떠한가?
✓ 할리우드 영화 속 슈퍼히어로는 어떻게 변화하고 있는가?
✓ 변화된 슈퍼히어로의 조건은 무엇인가?
✓ 로컬의 변화와 로컬 슈퍼히어로 영화의 변화는 어떤 상관관계가 있는가?
✓ 영화에서의 진정한 세계화는 어떤 형태로 드러나는가?

더 읽어야 할 책 소개

김성곤, 『영화 속의 문화』, 서울대학교출판부, 2004. 이 책은 영화 속에 드러난 문화 읽기를 통한 문화연구를 시도하고 있다. 미국, 유럽, 그리고 한국영화 속에 숨겨져 있는 시대정신과 문화 코드를 찾아내고, SF영화의 주요 소재로 사용되고 있는 유전공학이나 생체윤리를 다룬 최근 영화들을 분석하여 과학발전에 수반되는 문제들을 다시 한 번 생각하게 할 수 있도록 하는 책이기도 하다.

이평래 외, 『영화 속의 동서양 문화』, 집문당, 2002. 칭기스칸과 간디, 링시리즈, 양철북, 중앙역, 그리고 언더그라운드 등의 해외 명화 속에 담긴 주제의식과 문제의식, 상징 등의 문화적 코드를 읽어내기 위해, 영화가 제작된 국가의 인문학자들이 쓴 것으로, 영화를 새로운 각도에서 바라볼 수 있도록 도와주는 안내서이다.

김성곤,『영화로 보는 미국 : 할리우드 영화의 문화적 의미』, 살림 , 2003. 미국 영화를 통해 우리는 미국의 문화와 사회를 읽어낼 수 있다. 이러한 작업이 어떤 문예이론에 근거해 있으며 미국의 문화와 사회는 미국 영화 속에서 어떻게 재현되고 있는지를 밝힌 책이다.

김하림・황병하,『국제 문화와 영화』, 조선대학교출판부, 2007. 중국과 일본, 이슬람 영화 속에서 각각의 문화를 발견할 수 있도록, 각 문화권의 개관과 특징을 설명하였다. 그리고 영화를 통해 본 각 문화에 대한 해설을 곁들여 친숙하지 않은 나라의 문화와 영화를 이해하는데 도움을 준다.

토머스 L. 프리드만,『렉서스와 올리브나무』, 신동욱 역, 창해, 2003. '세계화'로 인해 변해가는 세계에 대한 작가의 고찰이 잘 드러나 있다. 제목 '렉서스와 올리브나무'는 세계화 체제와 각국 나름의 문화적 전통 사이의 긴장을 상징하고 있다. 작가는 세계 각국에서 세계화로 인해 박탈감을 느끼는 사람들 사이에서 반격을 도모하는 현상이 일고 있음을 지적하면서, 세계화 체제가 균형감 있게 발전되어야 함을 역설하고 있다.

이언 바루마・아비샤이 마갤릿,『옥시덴탈리즘 (반서양주의의 기원을 찾아서)』, 송충기 역, 민음사, 2007. 에드워드 사이드의『오리엔탈리즘』이 서양이 동양을 식민지화하고 지배하는 과정에서 오랫동안 동양의 이미지가 왜곡되었다는 문제를 제기한 책이라면,『옥시덴탈리즘』은 그 반대 방향의 시선을 다루고 있다. 동양에서 서양을 바라보는 왜곡된 이미지를 지적하고 서양에 대한 거부감에 대해 해명하고 있다.

2

패션브랜드 디젤의 퓨전 문화화

글로컬 문화콘텐츠

2

패션브랜드 디젤의 퓨전 문화화

질 리포베츠키의 말을 빌자면, 소비주의와 대중적인 의사소통의 길을 따라 시작한 민주주의 안에서 패션은 현대사회에서 전례 없는 위치를 차지하며, 유혹과 덧없음은 반세기도 안 되어 현대 집단생활의 조직원리가 되었다. 이러한 패션의 시대를 아우르는 상징물이 바로 청바지다. 이 장에서는 패션아이콘을 만들어 내는 세계적 브랜드인 리바이스와 디젤의 광고캠페인—대중매체문화, 광고 이데올로기, 커뮤니케이션 기술—에서 두 브랜드가 바라보는 세계 문화에 대한 시선 분석을 통해 이 장에서는 패션에서의 글로컬라이제이션이란 무엇인가에 대한 해답을 찾고자 한다.

1. 청바지의 시대

쉽게 더러워지지도 않고, 입을 수 있는 영역이 넓으며, 다림질할 필요나 세심하게 빨래를 해야 할 필요가 없고, 낡거나 철이 지나도, 심지어 찢어져도 입을 수 있는 것. 그것은 바로 진(jean) 또는 데님(denim)이라고 불리는 청바지이다.—데님은 소재나 컬러와는 무관하게 원단을 어떻게 직조했느냐를 의미한다. 데님은 굵은 무명실로 빽빽하게 짠 능직의 면직물이다. 능직은 경사와 위사를 두올씩 직조한 것으로서 원단표면을 보면 사선 방향으로 능선이 나타난다. 능직은 두꺼우면서도 부드러워 청바지 원단으로 적합하다. 반면 진은 데님보다 얇은 중간 두께의 능직으로 짠 옷감이다. 둘 다 청바지라는 의미로 사용되며 혼용되고 있다.[17]

요즘에는 많은 사람들이 청바지를 입고 거리를 활보한다. 각각의 디자인과 청색 바탕의 다양한 색상으로 제작된 청바지는 이제 남녀노소할 것 없이 소비자의 개성에 따라 구매되고 있다. 영국의 〈저스트 스타일〉이 발간한 '전 세계 데님과 진 의류산업'은 청바지 마켓 규모를 미국 16조원, 일본 6조원으로, 한국은 2조 800억원 규모로 파악하고 있다. 매년 전 세계 인구 중 3명당 1명꼴이 청바지를 구매하고 있다는 수치다.

청바지는 '골드 러시' 이후 캘리포니아에 몰려든 뜨내기 노동자들을 위한 작업복으로 1850년 리바이 스트라우스(Levi Strauss)에 의해 탄생되었다. 이것은 짐 운반용 동물을 위한 옷감이 짐 끄는 사람들의 필요에 맞게 변형된, 고된 노동을 하는 사람들의 의복이었다. 헐렁하고 잘 맞지도 않는 이 작업용 바지는 가정에서 보통 만들어 입던 옷과 멀어져 버린 이들을 위해 대량으로 생산되었지만, 노동을 위해 옷을 입는 사람들 외

17 『패션비즈』, 2008년 7월호, 108-109쪽 참조. 본 장에서는 이를 통합하여 '진(jean)' 또는 '청바지'라고 표기하겠다.

에는 별다른 감흥을 주지 못했다.[18] 그러나 2차 대전 이후에 말론 브란도, 제임스 딘이 청바지를 입고 출연한 영화가 유럽에 소개되면서부터는 상황이 달라졌다. 청바지는 유럽에서도 수요가 늘어났으며, 1960년대 반문화 폭발과 전반적인 저항 운동의 상징으로까지 간주되었다. 그러다가 1970년대 중반부터 이 청바지는 미국과 유럽에서 사회적인 지위를 높이게 되었다.—1978년 "나와 캘빈 사이에는 아무것도 없다"는 15세 소녀 브룩 실즈의 도발적 속삭임과 더불어 '섹슈얼'의 작위를 얻게 되었기 때문이다.[19] 이후, 다양한 캐릭터 청바지 브랜드들이 나타나고, 1994년에는 패션 컬렉션[20]의 메인 아이템으로까지 등장한다. 최근 유명 패션 브랜드들은 자신들의 청바지를 다양한 형태로 시장에 내놓으며, 인간의 욕망—자신을 위장하고, 변형시키고, 젊어지기를 원하며, 재미를 위해 바뀌기를 좋아하는—을 자극하는 다양한 형태의 마케팅 활동을 전개하고 있다.[21] 하위문화에서 탄생한 청바지가 현재는 다양한 연령층이 입을 수 있는 평상복이 되었으며, 심지어 세계 최고의 회사 CEO인 스티브 잡스가 신제품 발표회 때 즐겨 입는 비즈니스 룩이 된 것이다.[22] 점점 더 많은 세계인들이, 아프리카 오지의 사람들도, 아시아 변방의 사람들도, 아랍 세계의 청년들도, 심지어 북한의 젊은이들도 청바지에 열광하게 될 것이라는 낙관적인 견해가 지배적이다. 몸에 꽉 끼는 푸른색 바지를 앞다투어 소유하고 입으면서 타인으로부터 관심을 받으려 할 것이기

18 스튜어트 · 엘리자베스 유웬, 「블루진 패션 자본주의」, 성무량 역, 『문화과학』 3권, 1993, 210쪽 참조.

19 그리고 이제 와서는 '현대판 코르셋'이 되어 여성들의 몸매와 욕심을 압박한다. 「21세기가 궁금해? 청바지에게 물어봐」, 『조선일보』, 2009년 6월20-21일자, 위클리비즈 면.

20 세계 5대 컬렉션은 파리, 밀라노, 뉴욕, 런던, 동경 컬렉션으로서, 유명 디자이너들이 참가하여 트랜드를 제시하고 브랜드 이미지 및 홍보를 통해 해외 시장 진출의 교두보 역할을 한다.

21 『패션비즈』, 2008년 7월호, 108-109쪽.

22 「21세기가 궁금해? 청바지에게 물어봐」, 『조선일보』, 2009년 6월20-21일자, 위클리비즈 면.

때문이다.

'청바지의 유혹은 물리칠 수 없다. 어떤 소련학생이 『콤소몰스카야 프라우다지』에 글을 기고했다. 그는 러시아 가게에서 파는 옷을 입고 춤추러 가면 '아무 일도 일어나지 않았다.'고 말했다. 그는 계속해서 다음과 같이 쓰고 있다. '다음날 밤, 나는 완전히 외제 옷으로 갈아입고 몇 개의 서방 레코드판을 가지고 갔다. 어떤 일이 벌어졌는지 모를 거다. 초대와 전화번호가 나에게 쇄도했다. 이제 나는 청바지, 멋진 정장, 레코드 같은 온갖 것들을 가지고 있다. 내가 원하는 것을 무엇이든 주는 친구들을 많이 갖고 있다. 나는 홍정을 한 적도 있지만 지금은 내가 조건들을 정한다.'[23]

왜 사람들은 청바지 캐주얼에 열광하는 것일까? 어째서 남성들의 슈트와 같은 품목을 뛰어넘어 단일 품목으로 최대의 판매 규모를 차지하고 있는 것일까? 질 리포베츠키는 이것을 '진(jean) 현상'이라고 지칭한다. "어느 연령층이든 진을 열광하고, 지난 30년간 진이 거둔 성공은 대단한 것이기 때문에 블루진을 20세기 후반 패션에서 가장 특징적으로 나타난 취향의 상징으로 보는 것은 전혀 무리가 아니다"라고 지적하며, "옷은 이제 사회의 위계질서 안에서 차지하던 자리보다는 개성에 대한 욕망, 문화적 지향점, 라이프스타일, 미적인 지분을 표시한다"[24]고 말한다. 곧 '진(jean) 현상'은 사회적 지위를 위한 '옷 입음' 이 아니고, 미적 취향과 젊어 보이고 여유있어 보이게 하는데 더욱 관심을 갖는다는 것이며, 그런 욕망을 채우려는 소비에 의한 '옷 입음'이다. 세계 소비자들은 필요의 단계를 넘어 '욕망'[25]을 추구하게 되었으며, 다른 사람들과 다르고 특별

23 스튜어트· 엘리자베스 유웬, 앞의 글, 214-215쪽 참조.

24 이에 대해서는 질 리포베츠키,『패션의 제국』, 이득재 역, 문예 출판사, 1999, 205쪽 참조.

25 이것을 스티브는 '소비의 사회'에서 "현대적 사물의 진짜 모습은 무엇에 쓰이는 것이 아니라 어떤 의미를 지니는 것이며, 도구로서가 아니라 기호로서 조작되는 것이다." 라고

하게 표현하고 느끼고자 하는 감성적인 가치까지 옷으로 구매하려는 욕구를 점점 더 심화시키고 있다.[26]

청바지는 지난 반세기를 거치는 동안 패션 아이템들 중에서 절대로 없어서는 안 될 중요한 아이템으로 자리 잡았으며, 전 세계적으로 가장 사랑 받는 캐주얼 패션의 아이콘이 되었다. 각 패션 브랜드들은 세계 3분의 1의 인구가 입는 거대 시장을 자신들만의 청색으로 물들이기 위해 모두 저마다 독특한 마케팅 기법으로 판촉 활동을 펼치고 있다. 세대를 이어 존속하는 문화로 자리 잡은 거대 패션 아이콘의 세계화를 진행시키고 있는 것이다. 본 장에서는 거대한 청바지의 캐주얼 마켓에서 글로벌 패션브랜드들이 사용하는 대중매체문화, 광고 이데올로기, 커뮤니케이션 기술을 통해 세계와 소통하는 그들의 이미지는 과연 무엇이며 진정한 의미의 글로컬라이제이션은 어떤 형태인지를 알아보도록 하겠다.

2. 청바지가 바라보는 각각의 세계

현재의 '진(jean) 현상'을 지구상에 낳은 리바이스는 2008년 8월, 'Live Unbuttoned' 라는 이름의 글로벌 캠페인을 진행했다. 세계 최초의 진(jean) 리바이스 501의 새로운 재탄생을 알리는 것에 목적을 둔 이 캠페인에는 "자유로운 개성 표현 그리고 폭로라는 상징적인 움직임의 의미인 'Live Unbuttoned'는 곧 리바이스 501의 정신이며, 1873년의 리바이스 501은 다시 태어나 시공간을 초월한 하나의 패션 아이콘이자 전설로서의 자리를 다시 한 번 굳건히 하는 계기가 될 것이다"[27]라는 의미가 담겨 있었다. 리바이스 코리아의 보도

이야기하고 있다. 이에 대해서는, 장 보드리야르, 『소비의 사회, 그 신화와 구조』, 이상률 역, 문예출판사, 1991, 187쪽 참조.

26 마크 턴게이트, 『스타일 중독자들』, 노지양 옮김, 애플트리태일즈, 2009, 10쪽.

자료는 다음과 같이 설명한다.

'2008년 새로워진 501은 'Live Unbuttoned' 캠페인을 통해 데님 스타일을 재정립할 것이고, 세계적으로 스타일 아이콘으로서의 자리를 다시 한 번 굳건히 하는 계기가 될 것이다. 누군가 자신을 언버튼 한다는 것은 관습과 금지에서 자유로워지는 순간을 말한다. 리바이스 501의 언버튼은 우리의 자유로운 개성 표현과 폭로라는 상징적인 움직임이라 설명할 수 있다. 리바이스 마케팅 팀 담당자는 '현실사회의 무거운 관념에 가려져 있는 진실과 우리의 진심에 호소하는 이번 'Live Unbuttoned' 캠페인은 리바이스 501을 재미있게 희화시키며 가끔은 장난기 어린 표현을 통한 묘사로 너무 무겁지도 가볍지도 않은 솔직함으로 소통하게 될 것 이다.' 라고 한다 'Live Unbuttoned' 캠페인은 여러 가지 방식으로 소비자들에게 커뮤니케이션 한다. 그중 TV광고 시리즈물은 억압되지 않고 자기 자신을 솔직하게 표현한다는 주제로 파격적 영상의 4가지 테마로 꾸며지며 지면광고 또한 리바이스만의 독특한 색으로 8월 말 소비자들에게 찾아갈 예정이다. 이는 리바이스 501 정신과 태도의 생생한 표현이며, 리바이스 501의 언버튼된 특징을 물리적이고 감정적으로 표현한다.'

먼저 리바이스 501의 'Live Unbuttoned' 캠페인에 사용된 TV 광고 시리즈물을 살펴보자. 백인남녀가 등장해서 서로의 바지를—지퍼부분이 풀리기 쉽게 버튼으로 되어 있는—벗으며, 사랑을 나눈다는 섹스어필이 주 내용이다. 어떤 시리즈에서는 빈집에서 남녀가 서로의 바지를 벗고 사랑을 나누려 하는 장면이 연출되고, 다른 시리즈에서는 청바지를 벗고 바다로 뛰어내리는 장면이 연출된다.

"관습적인 규범을 거부하고 자유롭고 새로운 쾌락주의와 함께 리바이스 501의 전설에 동참하라"는 메시지는 미국적 배경의 피상적 이미지와

27 「리바이스 'LIVE UNBUTTONED' New 501® 글로벌 캠페인」 〈http://www.levi.co.kr/〉.

© 리바이스

[그림 1] 2008년 Live Unbuttoned 광고사진

함께 더욱 분명하게 나타나고 있다. 리바이스의 광고 사진은 청바지의 탄생국이 바로 미국임을 각인시키듯 패션의 중심 도시 뉴욕을 그 배경으로 하면서 가볍고 장난기 어린 자유로운 성 관념을 표현하고 있다. 광고 사진은 엠파이어스테이트 빌딩을 사진의 중앙에 배치하며 "여기는 바로 미국의 뉴욕입니다"라고 직접화법으로 말하며, 근육질의 남자 모델은 리바이스 501을 입고 높은 곳에서 뉴욕을 내려다보고 있다.

이 메시지는 거대 자본을 통해, 즉 전 지구적 미디어네트워크를 통해 전 세계에 전파되었다. 곧 최초의 제조 청바지인 리바이스 501 재탄생의 정신인 것이다. 그러나 2008년 리바이스의 글로벌 캠페인에는 1960년대의 저항과 반전운동, 지배 문화의 유니폼과는 상반되는 반유니폼적인 해방의 상징[28]으로서의 청바지는 없다. 너무나도 미국적인 배경에서의 남녀들 간의 가볍고 경박스러운 이미지만 있을 뿐이다.[29] 뉴욕의 마천루

28 스튜어트 · 엘리자베스유웬, 앞의 글, 209쪽.

29 질 리포베츠키는 앞의 책 '패션의 제국'에서 이것을 경박스런 개인주의, 네오나르시시즘적인 개인주의, 쾌락주의적인 개인주의라고 부른다. 이에 대해서는 질 리포베츠키, 앞

를 굽어보는 건장한 모델은 곧 미국의 상징이며, 이는 곧 성조기와도 같은 느낌을 준다.

'리바이스 501을 입으세요! 그것이 곧 미국을 입는 것입니다.'

리바이스 501은 소통의 의미보다는 일방적인 메시지 전파의 방식으로 지구촌을 향해 자신의 스타일을 이야기하고 있는 것처럼 보인다. 원조 청바지의 가치는 이제 그들이 일방적으로 만들어낸 미국적 이미지로 화장한 얼굴로 전 세계의 매장에서 구매자들을 기다리고 있다. 세계의 구매자들은 리바이스가 던진 일방적이고 피상적인 메시지를 어떻게 받아들일까? 그것을 선택하는 것은 이제 그 메시지를 본 구매자들의 몫이다.

한편 세계 구매자들과의 소통 측면에 있어서 리바이스와는 다른 방법을 취하는 캐주얼 브랜드가 있다. 바로 이탈리아의 북동부 시골도시인 몰베나(Molvena)에 본사로 둔 '디젤(Diesel)'이라는 브랜드이다. 파격적인 광고 홍보로 유명한 회사인 디젤은 재기 넘치는 광고로 세계 유수의 광고상을 휩쓸었으며, 이것을 발판 삼아 글로벌 브랜드로 성장할 수 있었다. 그들이 만들어 내는 광고 컷을 들여다보면, [그림 2-2]에서처럼 지구 온난화가 그리 슬픈 것만은 아니라며 열대 정글로 뒤덮인 에펠 탑과 베니스의 산마르코 광장에 비둘기를 대신하여 열대 앵무새가 날아다니는 이미지를 보여준다.

[그림 2-3]에서처럼 하루에 담배 145개피 피우는 법을 알려주면서 금연하라는 메시지를 던지기도 한다. 심지어는 [그림 2-4]에서처럼 권총을 들고 있는 남자 모델 밑에 미국의 총기문화에 대한 코멘트를 담은 포스터를 만들어 서구사회를 신랄하게 비판하기도 한다.[30] '우리는 당신네

의 책, 339쪽 참조.

30 마크 턴게이트, 앞의 책, 79쪽.

© 디젤/신세계 인터내셔날 마케팅팀

[그림 2-2] 디젤의 광고사진 1

© 디젤/신세계 인터내셔날 마케팅팀

[그림 2-3] 디젤의 광고사진 2

© 디젤/신세계 인터내셔날 마케팅팀

[그림 2-4] 디젤의 광고사진 3

나라를 잘 알고 있으며, 우리의 창조적 영감은 당신이 있는 바로 그 거리에서부터 얻었다'는 메시지를 읽을 수 있다.

그들의 광고 이미지와 컨셉들을 보면 일방적으로 자국의 이미지를 세계의 각 지역에 쏟아내고 있지는 않는 것 같다. 그들의 광고 컷은 세계를 상대로 무엇인가를 말하고 있다. 역설적이고 아이러니함을 전제로 한 이러한 디젤의 메시지는 분명히 소통을 전제로 하고 있으며 자신들의 이야기보다는 다양한 지역의 사회와 문화를 자신들의 목소리 톤으로 담아내고 있다.

3. 안티패션의 패션과 문화혼종화

디젤의 창립자인 렌조 로소는 마크 턴게이트와의 인터뷰[31]에서 '디젤은 맹목적인 시장의 유행을 거부하며 온전히 우리만의 무언가를 창조하는 걸 선호한다'고 말한 적이 있다. 더 나아가 '자신들은 패션에 관심이 없다', '디젤은 안티패션의 패션'이라고까지 당당하게 이야기한다. 디젤 측은 '디젤의 고객들은 여러 가지 선택에 마음을 열어놓고 있는 자유로운 정신의 소유자들이며, 그들이 우리 브랜드를 구입하여 다른 브랜드와 다른 빈티지 옷이나 본인이 좋아하는 옷과 잘 섞어서 입어주었으면 좋겠다'고 말하기도 한다.

대부분의 패션브랜드들은 의상을 디자인할 때 상의와 어울리는 하의, 상의와 어울리는 또 다른 무엇인가를 생각하면서 코디네이션을 하려고 한다. 그러나 특이하게도 디젤의 창업자들은 다른 브랜드와의 코디네이션을 이야기한다. 토털코디네이션[32]을 통해 더 많은 이윤을 추구하려는 여타의 다른 패션브랜드와는 달리 다른 브랜드와의 어울림을 이야기하고 있다. "우리는 패션을 하지 않는다"라는 렌조 로소의 이야기는 역설적인 내용으로서 패션과 관련된 다른 상황에 더 많은 관심이 있다는 말일 것이다. 그의 말을 부연하듯 디젤의 한국 유통을 담당하고 있는 회사인 신세계인터내셔날의 디젤 브랜드 홍보 문건에는 다음과 같은 내용이 있다.

> '디젤은 진과 캐주얼 의류와 함께 액세서리까지 생산하는 혁신적인 국제적 디자인 회사이며, 새로운 스타일, 원단, 가공법, 그리고, 뛰어난

---

31 마크 턴게이트는 미디어, 마케팅, 커뮤니케이션 전문 저널리스트이다. 인터뷰는 마크 턴게이트, 앞의 책, 76-77쪽을 참조.

32 의류 매장에서 블레이저(캐주얼 정장)를 하나 고르고 나면, 매장 직원은 기다렸다는 듯이 그와 어울리는 셔츠를 추천하며 입어보라고 말한다. 그리고는 바지를 추천하고, 그러고 나면 그와 어울리는 양말, 넥타이들을 추천한다. 결국 이미 기획된 토털 코디네이션 상품들은 블레이저를 사려고 하는 구매자를 매장에서 기다리고 있는 것이다.

제품을 보장하는 품질 관리 등을 개척하는데 있어 패션계의 선두주자이다. 디젤은 세계 80여개국의 직접 관리 대상의 400개 매장을 포함, 5000개가 넘는 매장에서 판매되는 글로벌 의류 브랜드이다. 디젤의 디자인팀은 패션계 권위자들과 소비자 분석가들로부터 등을 돌리고, 그들만의 개인적인 취향들만을 추구하고 있는데, 디젤은 '세계를 하나의 경계 없는 거대한 문화'로 보며, 지구촌 곳곳에서 온 여러 다양한 사람들과 독특한 개성들로 구성된 디젤의 스태프들은 예측할 수 없는 다이내믹한 생활력과 에너지를 회사 내에 만들어낸다. 디젤 디자인은 미리 성립된 트랜드를 따르지 않으며, 패션의 일시적인 유행의 영향을 받지 않는다. 디젤 컬렉션은 효과적으로 유행을 앞서가지만, 품질에 대한 지속적인 강조로 유행을 따라가지 않는다. 이러한 독립적 진행 방식은 디젤의 라이프스타일에 반영된다. 스타일과 그래픽 부서는 하나의 공통된 크리에이티브 그룹으로서 함께 일한다. 광범위하고 다양한 배경과 문화들을 가진 디젤의 스타일리스트들은 그들의 경험을 토대로, 글로벌한 상품을 창조 해낸다. 모든 라인들은 전혀 예상하지 못했던 곳에서 영감을 얻는 열성적인 그룹에 의해 디자인된다. 디젤의 디자이너들은 자신들이 계획한 전 세계 곳곳으로의 별난 리서치 여행을 떠나는 것으로도 유명하다. 바로 평균 나이 25세정도의 젊은 디자이너 30명으로 구성된 다문화분석팀(multicultural team)이 그들이며, 그들은 세계 곳곳을 여행하며 얻은 영감과 광범위한 문화수집과 심층적인 토론을 거쳐, 작품의 테마와 아이디어 소스를 만들고 기발한 문화적 믹스를 통해 자신만의 브랜드를 만들어 낸다.'[33]

내부의 홍보 문건인 탓에 조금은 미화된 부분이 없지 않겠지만, 세계를 경계가 없는 하나의 거대한 문화로 보는 시선과 다문화분석팀의 문화탐험 여행을 통한 해당 지역의 광범위한 문화수집과 문화혼합에 대한 이야기는 놀라운 일이 아닐 수 없다. 문화혼종화를 통한 디자인 작업은 '세계만이 아니라 지역 역시 중심이 되며, 맹목적인 표준화와 보편화 논

33 신세계인터내셔날, 「Diesel Company Profile 2008」, 신세계인터내셔날 마케팅실, 2008.

리를 거부할 수 있도록 하는 원동력, 즉 세계적 차원과 지역적 차원이 다양한 가치 아래 서로 소통하는데 중점을 두고 있는 글로컬라이제이션[34]의 창조적 형태'가 아닌가 생각된다.

이것은 Live Unbuttoned 캠페인, 즉 시공간을 초월한 하나의 패션 아이콘이자 전설이라는 리바이스의 캐치프레이즈—마치 청바지로 세계를 정복하려는 듯한—와는 분명 다른 형태다. 물론 두 브랜드 모두 거대한 글로벌 패션시장에서 저마다의 우위를 확보하며, 청바지라는 단순한 상품의 광고—자신들이 만든 이미지를 입혀 인간의 욕망에 호소하는—를 통해 세계 곳곳의 매장에서 많은 매출을 올리고 있는 공통점을 가지고 있다. 그러나 자사 브랜드의 이미지 포장을 위해 문화다양성을 인정하고 창조를 위해 문화탐험 여행을 떠나는 쪽이 가지는 세계관과 자사의 메시지를 거대 자본의 시스템과 이미지를 통해 상대방에게 일방적으로 주입하려는 쪽이 가지는 세계관은 분명 큰 차이점을 가진다.

이 맥락에서 이제부터는 디젤의 다문화 탐험여행과 광범위한 문화수집과 문화혼합은 과연 어떠한 것을 만들어 냈는지, 또한 그러한 결과물은 어떤 이미지로 가공되어 그들의 청바지로 대표되는 그들의 캐주얼 브랜드 속으로 들어왔는지, 반문화적 형태의 표현인 '안티 패션의 패션'은 무엇을 의미하며, 세계를 하나의 경계 없는 거대한 문화로 보는 그들의 시각은 패션의 글로컬라이제이션과 어떤 관계가 있는지를 알아보도록 하겠다.

34 이에 대해서는 이 책의 8장인 '문화콘텐츠학과 글로컬문화' 참조.

4. 디젤의 글로컬라이제이션

1) 미국과 러시아 문화혼종화: 2005년 가을 · 겨울 디젤 컬렉션, 와일드 와일드 이스트(Wild Wild East)

[그림 2-5] 2005년 디젤포스터

2005년 가을 · 겨울의 컨셉 제작을 위해 디젤의 디자이너들은 미국과 러시아를 여행했다. 이후 그들은 익숙하면서도 생소하게 들리는 와일드 와일드 이스트(Wild Wild East)라는 컨셉 타이틀을 만들었다.

와일드 와일드 이스트는 남북 전쟁 이후의 미국을 배경으로 하는 '와일드 와일드 웨스트(Wild Wild West)'—1997년 워너브라더스의 개봉작으로 배리 소넨필드 감독, 윌 스미스, 캐빈 클라인 주연의 SF 서부 액션 코미디 영화지만, 1960년대 말 미국의 인기 TV 시리즈였으므로 '스타워즈'나 '슈퍼맨'만큼 미국인들에게 친숙하다[35]—라는 영화 제목의 패러디다. '와일드 와일드 웨스트'라는 영화 제목에 익숙한 사람들은 짐짓 당황하게 되지만, 곧 이 컨셉의 의도를 파악할 수 있게 된다. 동쪽(east)의 의미는 바로 러시아이며, 미국의 서부 시대와 러시아의 만남이라는 코드다. 자신들의 이데올로기 정체성을 위해 서로 대립했던 냉전시대 미국과 소련이 2005년 디젤에 의해 혼합되어 잡종이 되어버린 것이다. 디젤은 미국 중심의 세계화를 비꼬듯 미국의 문화를 러시아의 문양으로 도배했다. 이 상상력은 이질적인 문화들의 혼합으로 새로운 형태의 문화적 다양성을 가져오는 것이며

35 씨네21 홈페이지 http://www.cine21.com/Movies/Mov_Movie/movie_detail.php?s=base&id=3451

창조적이다.[36]

와일드 와일드 이스트는 4가지의 소주제로 나뉜다. 첫 번째는 트럭키스탄(Truckistan)이다. 이것은 전형적인 미국의 화물운송트럭인 맥(Mack) 트럭들과 시베리아를 횡단하는 열차와의 혼합으로 트럭과 우즈베키스탄의 합성어다. 미국의 전형적인 맥 트럭은 러시아의 전통문양으로 장식되어 디자인되고 캐주얼 의상의 곳곳에 프린트되어 나타난다.[그림 2-6] 이 트럭은 디젤의 패션쇼에 실제로 등장하여 관객들을 놀라게 하는 패션쇼의 스펙터클적인 요소가 되기도 했다.[그림 2-7]

두 번째로 실크러쉬(The Silk Rush)는 동양과 서양의 소통의 길이었던 비단길과 미국의 '골드러시'를 혼합한 소주제이다. 청바지의 탄생과 밀접하게 연결되어 있는 '골드러시'란 단어는 역사성과 문화의 혼종을 가져오게 한 '실크로드'와 만난다. 인간의 모험과 탐험을 동양과 서양의 역사적 사건을 통해 묶어버린 것이다. 세 번째 볼쇼이 밴디트(Bolshoi Bandits) 근육질의 미국과 러시아의 악당들의 문신에 영향을 받아 혼합된 주제이며, 그들의 팔뚝에 새겨진 문신은 역시 의상에 자수, 프린트의 형태로 나타난다. 네 번째 러시안 룰렛(Russian Roulette)은 러시아 마피아들에 의해 운영되는 라스베거스를 상징한다. 러시아에 정복된 미국을 상징하는 듯한 이 주제는 여러 가지 형태의 그래픽으로 제작되어 의상의 장식적인 부분으로 나타난다. 러시아와 미국의 만남에 대한 그들의 상상력의 조합은 독창적인 작업이었다.

이러한 문화의 만남과 혼합은 광고사진에서도 나타나고 있다. [그림 2-8]의 2005년 가을 · 겨울의 광고 사진처럼 러시아를 상징하는 소파에 누워서 쉬고 있는 서부 사나이와 그 뒤쪽을 장식하고 있는 러시아 전통

36 장희권, 「글로벌 세계의 혼종성과 민족주의 —복합문화 속의 문화적 정체성에 대해」, 『독일어문학』, 한국독일어문학학회 39집, 2007, 376쪽.

© 디젤

[그림 2-6] 맥트럭과 트럭키스탄의 문양

© 디젤

[그림 2-7] 패션쇼에 등장한 맥트럭

인형인 바부슈카(babushka)가 조화로운 구도로 장식되어 있다. 두 문화가 크로스오버된 형태로 러시아도 미국도 아닌 새로운 이미지를 만들어내고 있다.

이제 [그림 2-8]과 [그림 2-1]을 비교해 보면 위에서 말한 것들을 한눈으로 확인할 수 있게 된다. 이제 좀 더 명백해 졌다. 청바지만을 입고 있는 건장한 모델은 비슷한 근육미를 자랑하며 포즈를 취하고 있다. 그러나 그들이 있는 배경은 너무나도 다르다. 한 곳은 정확하게 미국이다.

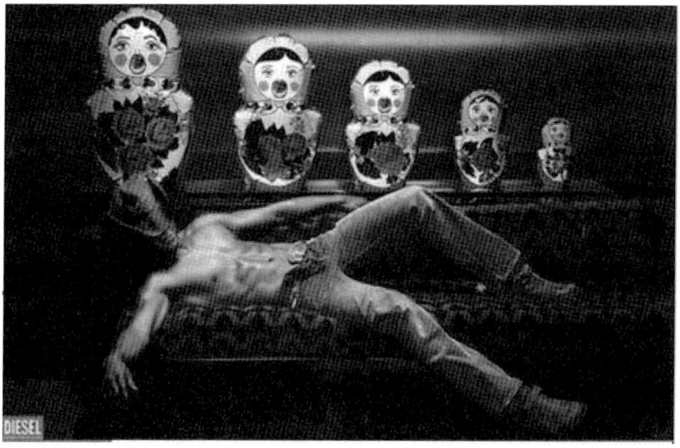

© 디젤

[그림 2-8] 2005년 디젤의 광고사진4

그러나 다른 한 곳은 어디인가? 러시아인가 미국인가? 어느 곳이 미국이고 또 어느 곳이 러시아인가? 바로 그것은 두 나라의 문화가 공존하는 제3의 장소이다. 바로 두 사진의 비교는 세계화와 글로컬라이제이션을 시각적으로 설명하는 것으로 간주될 수 있겠다.

2) 러시아를 떠나 동쪽으로, 일본과 미국의 만남: 2006년 봄 · 여름 컬렉션, 자펑크(japunk)

2006년 봄 · 여름 시즌에는 미국이 일본과 혼종화로 쌍을 이룬다. 디젤의 아트디렉터인 윌버트 다스는 각국의 디젤 매장 직원들의 교육용 비디오를 통해 일본의 하라주쿠와 신주쿠에서 보았던 일본의 패션에 대해 이야기하고, 동경 골목골목의 이국적 느낌과 다른 문화에서 디자인적 요소를 찾으며 기뻤던 일을 이야기하고 있었다. "우리는 1940년대 미국의 할리우드 글래머 스타일과 일본의 전통적인 스타일을 가미하여 자펑크(japunk)[37]라는 컨셉을 만들어 냈다"고 말하며, 각국에 비디오 자료를 보내어 친절하게 디자인의 의도를 설명하고 있다. 1940년대의 역사는 오늘날 그들의 만남을 너무나 역설적인 것으로 만들어 낸다. 진주만을 공격하고 아시아를 쑥대밭으로 만들며 싸웠던 두 나라가 이제 2006년 디젤 컨셉을 위해 다시 만난 것이다.

디젤은 인류 평화의 메시지를 전달하듯 제2차 세계대전의 적국이었던 이들 두 국가의 문화를 혼합해서 자신들만의 창조적 감각으로 새로운 디자인을 만들어낸다. 그들은 심지어 이 주제로 2005년 처음으로 세계 4대 컬렉션인 뉴욕컬렉션에 참가하기까지 한다.[38] 패션의 이단아인 그들은 뉴욕 패션계의 주목을 받으며 많은 사람들을 긴장하게 만들었다. 그들은 패션쇼의 오프닝을 일본의 대북 퍼포먼스로 장식했다. 마치 1945년 제2차 세계대전의 종전 60주년을 기념하며 화합의 메시지를 전하는 듯 일본의 전통 대북들이 적국이었던 미국에서 연타당하며 울려 퍼진 것이다. 이후 패션쇼의 무대는 1940년대 미국의 실루엣과 일본의 전통 문양으로 치장된 남녀 모델들이 역동적인 모습으로 채워진다. 디젤은 자국의 리그(밀라노 컬렉션)에 참가하지 않았으며, 미국시장(뉴욕 컬렉션)에 진출하면서도 미국적인 것을 택하지 않고 미국의 것을 일본의 문화와 혼합시켜 버렸다. 그리고 그들은 또 다른 문화 혼종을 만들기 위해 전쟁의 역사를 사용하고 있었다. 화해의 의미를 상징하듯 1940년대 미국적 실루엣에 기모노의 문양들이 장식된다.

그들에게는 전쟁조차도 세계 문화의 경계를 그을 수 없는 것이고, 비극적인 기억들조차도 소통을 통한 창조적인 재료가 된다. 이러한 디젤의 컬렉션 참가는 글로컬라이제이션의 개념으로 보았을 때 또 다른 의미를 지닌다. 기존의 경계를 허물어 버리는 것이다. 안티패션의 패션은 미국

37 Japunk는 Japan과 Punk의 합성어이다.
38 2006년 봄여름 컬렉션은 2005년 가을에 열렸다.

식의 세계화와는 다른 안티세계화의 세계화인 것이며 포스트모던시대 퓨전 문화의 전형으로 해석될 수 있겠다.

5. 포스트모던 시대의 패션디자인, 그리고 퓨전문화

포스트모던 시대의 문화 환경을 고급문화와 대중문화의 경계모호성, 스타일의 절충성, 상품에 인간성 부여, 혼성 모방화, 다원성, 탈중심화, 의미성 부여와 불확정성, 파편화[39] 등으로 이야기할 수 있다. 패션에서도 마찬가지로 그러한 환경은 이미 다양한 브랜드에서도 이미 전개되고 있다. 1990년대의 젠 스타일과 문화의 퓨전을 통해 다양한 패션트랜드가 그것을 설명할 수 있으며 문학에서와 마찬가지로 패션에서도 디자이너의 권위는 사라져 가고 있다. 그것은 디자이너의 작품 발표회와 같은 패션쇼와 그 이후에 나타나는 현상을 통해 잘 알 수가 있다.

패션쇼의 마지막 장면은 모델에 의한 의상의 소개가 다 끝난 후 디자이너가 나와 관객에게 인사를 하는 마지막 피날레를 통해 끝난다. 그 인사가 끝난 후 패션쇼 사진들은 한 시간이 지나지 않아 전 세계 사람들에게 소개된다. 심지어는 그 사진을 통해 발 빠른 의상 제조 회사들은 의상을 카피하여 만들어 내 해당 디자이너가 의상을 주문받기도 전에 비슷한 옷을 지역에서 팔기도 한다.

고가의 의상들이 럭셔리한 매장에서만 판매되던 시대는 이제 막을 내렸고, 유행 패션에 따라 한정판을 계속내는 패스트(fast) 패션의 등장으로 인해 그와 비슷한 옷을 우리는 H&M이나 망고, 자라와 같은 브랜드에서 구입할 수 있다. 이제 의상 구매자들은 더 이상 패션디자이너 브랜

39 이혜주 · 김계연, 「생활환경에 나타난 퓨전문화에 관한 연구」, 『생활과학논집』15집, 중앙대학교 생활과학연구소, 2002, 167쪽.

드를 숭배하지 않기 시작했다. 패스트 패션의 옷들은 브랜드와 비슷한 디자인을 만들어 내고, 또한 소비자들은 그것을 몇 번 입고 버린다. 상층 계급을 모방하는 것이 사회적 모방을 지배하는 하나의 법칙으로 받아들여졌던 100년 동안의 패션 법칙은 이제 사라지고 모방에 의한 감염이라는 세속적인 법칙을 철저하게 파괴했다. 사람들은 더 이상 더 나은 사람들을 모방하지 않으면서 주변 가까이에서 보는 것—곧 단순하고 즐거움을 주는 옷 등이나 잡지에서 점점 더 자주 나타나는 비싸지 않은 모델들을 모방한다.[40] 그렇게 옷은 새로운 패턴의 소비 형태를 보이고 있다. 즉 이제 개인들은 모두가 브랜드의 환상에서 벗어나 실질적인 스타일리스트와 같은 의상 소비를 하고 있다. 이것이 바로 포스트모던시대의 문화 환경에 기초하고 있는 패션 트랜드이다. 디젤의 문화혼종화에 근거한 디자인 발상은 문화퓨전화에 의한 포스트모던적인 창조 형태라고 할 수 있다.

포스트모던 사회의 키워드는 생활패턴의 유연성, 다양성, 흥미추구, 해체, 다양한 양식의 공존화, 반형식성, 전통성으로부터 해방, 반 고급예술의 자극성, 혼성모방, 다원주의적인 복수적 경향, 주체의 탈중심화, 소프트화 등으로 집약될 수 있다.[41] 이런 면에서 디젤의 광고는 위 [그림 2-9]와 같이 역사적 사실을 패러디하고 있기도 하다. 디젤의 예를 통해 이런 키워드를 다시 한 번 읽을 수 있다. 이것이 글로컬라이제이션에 있어서 패션의 중요 포인트가 아닌가 생각된다. 글로벌 하이브리드에 의한 패션 창조는 시대를 반영하며, 새로운 시대, 자유주의의 상징일 것이다. 디젤에 의한 새로운 형태의 패션디자인은 그래서 더욱 시대의 조류에 동참하는 시대성을 지니며, 진일보한 전개 방식이라 생각될 수

40 질 리포베츠키, 앞의 책, 210쪽.
41 이혜주 · 김계연, 앞의 글, 176쪽 참조.

© 디젤

[그림 2-9] 디젤의 광고사진5

있다. 청바지 캐주얼의 전통은 이러한 혁신과 함께 공존하며 발전하고 있다.[42]

6. 퓨전커뮤니케이션으로서의 글로컬라이제이션

디젤의 두 가지 사례 고찰을 통해 글로컬라이제이션이란 과연 무엇인가에 대한 해답을 찾을 수 있었던 것 같다. 타문화에 대한 경계가 없는 수용의 자세와 직접 여행을 통한 문화의 체험과 다양한 지역의 사람들이 모여 일하는 그들의 집단은 바스콘셀로스가 말한 '우주인종'[43]적 집단 본보기와도 같으며, 곧 그들의 집단이 글로컬의 시발점이 아닌가 생각된다. 그것을 의미하듯 '디젤'이란 그들 회사의 명칭은 전 세계에서 똑같이 발음된다고 한다. 이것을 알았던

42 김성곤, 『퓨전시대의 새로운 문화읽기』, 문화사상사, 2003, 7쪽.

43 그는 미국의 물질주의와 그들의 문화적, 정신적 빈곤을 비판하면서, 우수한 히스패닉의 취향이 결국은 라틴아메리카에서 제5의 인종을 탄생시킬 것이며, 그것은 다른 네 인종(흑인, 백인, 원주민, 아시아인)을 혼합하면서 그들의 현재 위치를 빼앗을 것이라고 지적한다. 송병선, 「카리브해의 혼종성과 정치적 의미」, 『외국문학연구』 제18호, 한국외국어대학교 외국문학연구소, 2004, 63쪽.

디젤의 공동창업자이자 렌조 로소의 사업파트너인 골드스미스는 창업 당시 디젤을 브랜드 이름으로 채택했다고 한다.[44] 그만큼 세계의 구매자들에게 쉽게 다가가기 위한 선택이었을 것이다.

그들의 글로컬라이제이션은 기존 거대기업의 지역 특성 맞추기와는 또 다른 형태의 것이다. 세계의 모든 문화를 우열과 상하가 없는 것으로 보고 그것을 소통시키며, 러시아, 일본, 미국, 남아메리카의 고산지대도, 심지어 북극의 오지[45]도 다 같은 지구상의 문화로 인식하고, 다양한 인종들에 의한 문화 횡단을 통해 그들의 창작에 활용하고 있는 것이다. 2007년 기준 약 1,320억 유로의 매출[46]을 올린 그들의 성공에는 패션브랜드에 있어서 문화다양성에 근거한 커뮤니케이션이 '옷, 즉 유행의 흐름에 동조하기 위해 무엇을 어떻게 만들어내는가' 라는 문제보다 훨씬 중요하다는 사실을 시사하고 있다. 여기서 커뮤니케이션이란 서로를 인정하고 알아가는 것, 그리고 존중할 줄 아는 문화적 글로벌 커뮤니케이션이다.

'패션을 하지 않는다'는 렌조 로소의 말은 이제 이렇게 이해될 수 있겠다. "우리에게 패션, 즉 유행을 따라가는 것보다 더 중요한 것은 바로 지구촌 모든 사람들과 같은 시선으로 소통하는 것이다."라고 말이다. 이것이 곧 포스트모던시대의 퓨전 커뮤니케이션이며, 진정한 의미의 글로컬라이제이션이 아닌가 한다.

---

44 마크 턴게이트, 앞의 책, 74쪽.

45 이 글에서 소개되지는 않았지만, 디젤은 2003년에는 남아메리카의 고산지대의 유적을, 2004년에는 갈리가스키만을, 2007년에는 북극의 이뉴잇들의 지역을 돌아보고 각각의 문화적 요소를 시즌 컨셉으로 사용하고 있다.

46 신세계인터내셔날, 「Diesel Company Profile new 2009」, 신세계인터내셔날 마케팅실, 2009.

Check Points

✓ 일방적 커뮤니케이션과 문화다양성을 인정한 커뮤니케이션은 어떻게 다른가?

✓ 안티패션의 패션 유행이란 무엇인가?

✓ 세계화에 대항한 반문화적 형태의 안티세계화는 무엇인가?

✓ 글로컬라이제이션의 창조적 패션디자인은 어떻게 만들어지는가?

✓ 하위문화와 반문화폭발의 상징인 청바지에 열광하는 현대인들의 사회심리는 무엇인가?

더 읽어야 할 책 소개

리처드 니스벳, 『생각의 지도』, 최인철 옮김, 김영사, 2004. 저자는 서문에서 '중국인들은 전체를 고려하지 않고 부분만을 떼어내 이해하는 것이 불가능하다고 생각하나, 그렇다고 생각하는 서양인들은 훨씬 단순하며 기계적인 세상에 살고 있다'는 중국인 제자의 말을 인용한다. 미시간대학교 심리학과 교수로 재직 중인 저자는 현대 과학을 토대로 다양한 심리 실험을 통해 동양의 종합적 사고와 서양의 분석적 사고를 객관적으로 밝혀내고 있다. 동·서양의 차이를 이해하는 좋은 길잡이가 될 것이다.

질 리포베츠키·엘리에트 루, 『사치의 문화』, 유재명 옮김, 문예출판사, 2004. 롤랑 바르트, 에드가 모랭의 뒤를 잇는 루마니아계 철학·사회학자인 질 리포베츠키와 LVMH 자문 교수인 엘리에트 루의 공저이다. 다양한 광고와 상품에서 기인되는 현대인들의 소비성향은 사치일까? 과연 사치란 무엇인가? 리포베츠키는 사치의 기원과 본질을, 엘리에트 루는 사치품이 산업화 과정에서 어떻게 진행되어 왔는지를 여러 상품들의 예를 들어 설명하고 있다. 과거에서 현재까지 사치가 개인과 그들이 속한 사회에 어떻게 수용되어왔는지를 역사 · 사회적 분석을 통해 알려주고 있다.

마이크 페더스톤, 『포스트모더니즘과 소비문화』, 정숙경 역, 현대미학사, 1999. 20세기 이후, 현재까지 가장 첨예하게 논쟁되었던 모더니즘과 포스트모더니즘에 대한 정의와 해석으로 시작하는 이 책은 포스트모더니즘이 가지고 있는 강력한 문화적 이미지와 영향력 그리고 문화의 변동에 대해 기술하고 있다. 또한 문화변동과 사회관행, 일생생활의 미학화, 도시문화와 포스트모던 생활양식 등을 소개하고 있다.

클로테르 라파이유, 『컬처코드』, 김상철 · 김정수 옮김, 리더스북, 2007. 문화가 다르면 코드도 다르다고 이 책은 말한다. 우리는 우리의 문화 안에서 우리 문화가 가져다주는 사물들의 의미를 가지고 살아가고 있다. 그것이 곧 컬처코드이다. 저자는 다양한 컬쳐코드를 알면 자신의 행동을 지배하는 동기를 깨닫게 됨으로써 새로운 자유를 얻는다고 설명하며, 사랑 · 아름다움 · 건강 · 직업 · 쇼핑 등 다양한 형태의 컬처코드에 대해 기술하고 있다. '컬처코드의 백과사전'과도 같은 광범위한 저작물이다.

조지프 히스 · 앤드류 포터, 『혁명을 팝니다』, 윤미경 역, 마티, 2006. 저자는 수십 년에 걸친 반문화 반란이 변화를 제대로 가져오지 못한 것은 반문화 사상이 기대는 사회이론이 허위이기 때문이라고 주장한다. 소비주의를 비판하는 또 다른 소비주의로서의 반문화를 히피족의 예를 들어 비판하고 있다. 자본을 거부하고 억압을 싫어하는 자유로운 사람들을 이상적으로 바라보았던 행동과 사고가 사실은 위선이며 또 다른 소비주의의 원동력이라고 과감히 주장한다. 스타벅스의 커피잔 속으로 들어간 체 게바라의 모습이 그려져 있는 책표지가 이채롭다.

3

맥주 라벨의 글로컬라이제이션 전략

글로컬 문화콘텐츠

3

맥주 라벨의 글로컬라이제이션 전략

이 장에서는 문화적 체계와 가치, 인간관계, 관습규범, 기대 등을 구축 · 묘사 · 조정 · 일체화하는 요소로 간주되는 술, 그중에서도 저렴한 가격과 낮은 알코올 농도에 의해 높은 대중성을 확보하고 있는 맥주에 표현된 국민적 정서와 이미지를 규명해보고자 한다. 각 나라마다 대표적 맥주 브랜드가 있으며, 그 역사가 오래된 만큼 그 종류와 가지 수도 방대하지만, 여기서는 정체성 표현이라는 목적에 맞춰 주요 제품을 선정하여 그 라벨에 표현된 디자인과 이미지를 중심으로 정체성을 살펴보았다.

1. 글로벌, 로컬, 맥주

"포도주는 신의 선물, 맥주는 인간의 전통"
- 마르틴 루터(M. Luther)[47]

세계화의 기원과 그 범주를 둘러싸고 많은 논자들은 이미 고대에서부터 시작되었다는 견해를 펼치기도 하고 일부는 1970년대 후반 혹은 80년대 초반부터 보아야 한다는 의견을 내세우기도 하는 등 현재까지도 합의를 이끌어 내지 못하고 있는 상황이다. 또한 세계화에 대한 평가 역시 국가 혹은 자본으로 대체될 수 있는 '있는 자' 들이 없는 자가 그나마 가지고 있던 것들까지 철저하게 착취하는 비열한 현상이라는 주장에서부터 세계화를 통해 자유와 인권, 평화의 이념이 확산되고 경제적 기회와 다양성이 증대되었다는 견해까지 매우 다양하게 전개되는 양상이라고 할 수 있다.

그렇지만 세계화를 둘러싼 다양한 견해들에도 불구하고 오늘날에 이르러 사람과 상품, 서비스, 자본의 자유로운 이동과 지역 간 상호연관성이 어느 때보다 증대되었다는 사실과 내용에는 대체로 합의가 이루어진 것으로 보인다. 그러나 전 지구를 통틀어 세계화의 물결에서 벗어난 곳은 거의 없다고 해도 과언이 아니라 할 수 있는 이 시기에도 세계 도처에서는 정체성과 문화를 비롯한 자신의 고유한 영역을 고수하고자 하는 시도를 지속하고 나아가 주류세력으로부터의 독립을 시도하는 하는 경우 역시 나타나고 있다.

이렇듯 세계화에 적응하고 맞서는 과정에서 최근에는 문화의 중요성이 강조되고 있다. 특히 고유한 문화를 활용하여 세계화가 제공하는 기회와 잠재력을 적극 이용하고자 하는 측면에서 '글로컬라이제이션

47 장-루이 스파르롱 · 장-클로드 콜린 · 크리스티앙 드글라, 『맥주』, 김주경 역, 창해, 2001, 59쪽.

(glocalization)'이라는 개념이 많이 운위되기도 한다. 글로컬라이제이션의 개념과 범위에 대한 논의 역시 여러 주장들이 엇갈리고는 있지만 세계의 다양한 문화와 고유한 지역적 문화가 상호침투하면서 새로운 양상으로 발전할 수 있다는 측면에서는 유의미한 사항을 도출할 수 있을 것으로 보인다.

이러한 개념을 바탕으로 본고에서는 '글로벌' 차원과 '로컬' 차원이 상호작용하면서 다양한 문화적 · 경제적 측면의 결과를 보여주었던 사항 중에서 정체성의 표현양상에 주목하고자 한다. 이 과정에서 맥주 라벨에 나타난 정체성의 양상에 특히 주목하였는데, 이는 맥주로 대표되는 '세계화'된 술이 가진 문화적 · 경제적 측면과 더불어 라벨이라는 시각적 표상이 갖는 정체성 표현이 이 연구주제에 적합하다는 생각 때문이었다.

술을 제조하고 만드는 과정에서 술이라는 상품에 대해 사람들이 부여하는 의미들은 특수한 방향으로 고정되기도 하고 반대로 급속히 변화하기도 한다. 즉 술을 매개로 기존 집단의 정체성이 강화되기고 하고 변경되기도 한다. 이철우에 의하면 술을 생산하고 소비하는 전통 역시 고정되지 않고 변화하며, 재정의되고 새로이 만들어진다.[48] 따라서 술은 브뤼셀에 본부를 둔 세계적인 과학 · 제도 컨설팅 그룹인 '와인버그 그룹'이 유럽의 맥주소비실태를 조사한 자료에서 밝힌 바와 같이 "문화적 체계와 가치, 인간관계, 관습규범, 기대 등을 구축하고 묘사하고 조정하고 일체화하는 요소"[49]로 간주될 수도 있는 것이다.

이중 맥주는 여타의 주류와 뚜렷이 차별되는 특징을 여럿 가지고 있는데, 가장 주목할 만한 점은 저렴한 가격과 낮은 알코올 농도에 의한

48 이철우, 「유럽 단일시장과 술의 문화정치」, 『현상과 인식』 2003년 가을호, 한국인문사회과학회, 2003, 99쪽.

49 The Weinberg Group LLC, *An Independent Review of Issues Related to Alcohol Consumption in Europe*, Le Val Duchesse, 2006, 19쪽.

대중성을 꼽을 수 있다. 그런 만큼 맥주는 특정한 일부 소비자를 대상으로 하는 주류와는 달리 매우 광범위한 계층을 대상으로 하기 때문에, 다른 술에 비해 일반 대중의 정서와 국민적 이미지를 표현하는 데 있어 보다 효과적일 것이라는 점을 짐작할 수 있다.

각 국가마다 대표적 맥주가 있으며, 맥주의 역사가 오래된 만큼 그 종류와 가지 수도 매우 방대하다. 이 글에서는 정체성 표현이라는 목적에 맞춰 주요 제품을 선정하여 그 라벨에 표현된 디자인과 이미지를 중심으로 정체성을 규명해 보고자 한다. 맥주에 관련된 이미지가 소비자에 의해 지각되듯이 그들의 특성에 대하여 묘사할 수 있으며, 그 이미지는 앞서 언급한 바와 같이 가치관이나 정체성, 특히 글로컬라이제이션의 관점에서 '글로벌' 차원의 정체성과 '로컬' 차원의 정체성이 상호 융합되고 변형되는 과정으로 묘사될 수 있을 것이다.

2. 글로컬라이제이션과 정체성, 맥주

글로컬라이제이션은 롤런드 로버트슨(R. Robertson)에 의해 널리 알려진 용어로 세계적 차원의 압력과 요구가 어떻게 지역적 요구와 조응하는가에 초점을 맞춘 개념이다. 그에 따르면 글로컬라이제이션은 세계가 지역과의 접촉을 통해 조정되는 과정으로서, 단일한 압력보다는 다양한 혼합과 창조적 가능성이 존재하게 된다.[50]

소니의 창업멤버이자 회장인 모리타 아키오(盛田昭夫)는 세계적인 것과 지역적인 것을 혼합하는 기업원리를 주창하면서 '글로벌 로컬리제이션(global localization)'을 줄여서 '글로컬라이제이션'이라는 신조어를 만

50 Cohen, Robin & Kennedy, Paul., *Global Sociology*, New York Univ. Press, 2000, 33쪽.

들어 냈다. 그는 1992년 「일본형 경영이 위태롭다」는 글에서 "우리는 유럽에 직접투자를 해서 유럽기업이 되면 거기서 받아들여진다고 믿고, 어떻게 하면 유럽기업이 될 것인가를 고민하여 생산에 관한 모든 것의 주문을 현지화하고 권한도 본사로부터 대폭 위임시켰다. 또 현지의 각 기업에 대해서도 현지 공동체에서 좋은 시민이 되도록 노력하라고 지시했다. 나는 이를 '글로벌-로컬리제이션'이라고 기업 슬로건화하는 한편, '동기개혁', '의식개혁'을 진행시켰다"[51]고 한 바 있다. 이와 같이 글로컬라이제이션은 초기에는 기업이 경쟁을 이겨내기 위한 생존 전략의 일환으로 설정되었던 것이다.

이러한 맥락을 통해 글로컬라이제이션 과정에서 강력한 기업행위자는 자신의 상품을 지역 시장의 고객의 입맛에 맞게 조정할 수 있게 된다고 할 수 있다. 로빈 코헨과 폴 케네디에 의하면 기업행위자의 대상이 되는 "지역 행위자는 세계적 차원의 여러 가능성과 잠재력 중에서 일부 요소를 선별하고 조절할 수 있게 되는데, 이를 통해 지역과 세계 사이에는 일정한 민주적이고 창의적인 연관성이 발휘된다"[52]고 했다.

과학사학자 홍성욱은 "글로컬라이제이션은 글로벌 문화의 '잡종적' 혼재 양식이며, '글로벌'과 '로컬'의 관계는 네트워크 혁명이 수반하는 사회문화적 변화를 이해하는 데 무척 중요하다"[53]고 말한다. 이러한 관점에서 볼 때 세계적인 것과 지역적인 것은 문화적 양극으로 존재하는 것이 아니라 '상호침투적(interpenetrating)' 원칙으로 존재하는 것이라 이해할 수 있을 것이다. 일본어로는 '도차쿠카(토착화; dochakuka; 土着化)'인 글로컬라이제이션은 로버트슨이 말한 것처럼 "'자신의 영역에 맞게 사는 것(living on one's own land)'을 의미하는 '도차쿠(토착; dochaku; 土

51 강준만, 『나의 정치학사전』, 인물과 사상, 2005, 413쪽.
52 Cohen, Robin & Kennedy, Paul., 앞의 책, 377쪽.
53 강준만, 앞의 책, 414쪽.

着)'에서 유래"[54]한다.

글로컬라이제이션은 말 그대로 세계화와 지방화가 동시에 진행된다는 것을 의미할 수도 있다. 강준만에 의하면 세계화가 글로컬라이제이션을 낳고, 글로컬라이제이션은 국가의 퇴조에 일조하는 것이다. 즉 세계화는 초국가적 행위자를 등장시키면서 국가 하위체계로의 권력 이전을 촉진하기 때문에 분권화를 가져오게 되는 것이다.[55]

이렇듯 "글로컬라이제이션의 와중에서는 넓은 범위의 정체성으로 통합되는 과정(integration)과 좁은 범위의 공동체로 분화되는 과정(fragmentation)이 동시에 일어나는 상황이 많이 발생하게 되는데, 미국의 정치학자 제임스 로즈노(J. Rosenau)는 이를 표현하기 위해 '프래그매그래이션(fragmegration)'이란 신조어를 만들어"[56]내기도 하였다.

한편 술을 포함하여 먹거리를 생산하는 집단은 자신들의 음식이 지니는 특성에 자부심을 가지고 그것을 내세워 경제적 가치를 얻고자 하기도 한다. 술 생산 집단은 자신들의 양조방법을 정통으로 통용시키고 '이단적인' 방법에 의해 제조된 제품을 시장에서 배제하고자 하는 것이다. 그리고 자신들의 '정통' 제품이 '이단적인' 것들과 혼동되지 않도록 명칭을 수호하고자 한다. 이철우에 의하면 "국민국가 역시 그 내부의 특정지역의 산물 중 성공한 것으로 하여금 국가를 상징하도록 육성하고 보호하려 하는데"[57], 이는 국가에 의한 "문화의 전략적 표상(strategic representation of culture)의 측면"[58]이라 볼 수 있다.

---

54 존 톰린슨, 『세계화와 문화』, 김승현 · 정영희 역, 나남, 2004, 279쪽.
55 강준만, 앞의 책, 415쪽.
56 위의 책, 416쪽.
57 이철우, 앞의 글, 91-92쪽.
58 위의 글, 73쪽.

3. 맥주의 역사와 현황

1) 맥주의 역사

맥주를 뜻하는 현대 영어 '비어(beer)'는 영어의 고어 형태인 'bior, bivo, bier, beor' 등에서 왔으며, 이런 어휘들은 튜튼족의 고어 'bewo', 덴마크 고어 'buur', 색슨족의 고어 'bere', 네덜란드 고어 'beura, beuza' 등에서 온 것으로 여겨진다. 이 단어들은 모두 '보리'나 곡식을 의미한다. 북유럽 언어에서 비롯된 'alus, ollo, aul, oel, ael'과 같은 말에서 'ale'이라는 단어가 유래하였다. 에일은 지금까지도 맥주를 뜻하는 말로 사용되고 있으며, 비어라는 말은 특별한 구분 없이 보리를 원료로 한 모든 음료를 지칭한다.[59]

페르낭 브로델은 근대 유럽의 마실거리에 대해서도 심도있는 연구를 진행하였는데, 그에 의하면 최초의 맥주는 벼나 보리 등의 곡식이 물에 불려져 자연발효가 일어나면서 생기게 된 걸쭉한 강장제 음료로서, '액체빵'이라는 이름으로도 불렸다. 오랫동안 이집트인이 맥주를 처음 만들었다고 여겨졌으며, 고대의 위대한 역사가 헤로도토스(Ηρόδοτος ο Αλικαρνασσεύς)는 이집트인에게 문명을 가져다 준 오시리스 신이 이집트에 맥주를 선물했다고 주장하기도 했다. 바빌로니아 시대에는 맥주 제조법을 함무라비 법전에 기록해 두기까지 했다. 상당한 규모의 양조장까지 갖추었던 이집트나 메소포타미아인들 외에도 기원전의 중국이나 기원전 갈리아, 누만시아 지역에서도 맥주가 소비되었다는 기록이 있다.[60]

게르만인[61]이나 갈리아인은 맥주를 가정에서 주로 만들어 소비하였으

59 장-루이 스파르몽 · 장-클로드 콜린 · 크리스티앙 드글라, 앞의 책, 98-99쪽.

60 페르낭 브로델, 『물질문명과 자본주의 I-1 일상생활의 구조 上』, 주경철 역, 까치, 1997, 333-334쪽.

61 게르만인들은 기원전부터 맥주와 비슷한 음료를 마신 것으로 보인다. 타키투스의 기록

나, 중세 초 샤를마뉴 대제에 이르러 맥주의 제조를 기술자들에게 일임하였으며, 이를 매매하는 일 또한 영주들의 관할 아래 두도록 규정하였다. 중세가 본격화되면서 수도원들이 필요에 의해 맥주 양조에 손을 대기 시작하고 가정에서 맥주를 생산하는 일은 점차 줄어들게 되었어, 자연히 그 맛도 변화하기 시작했다. 중세에 있었던 가장 큰 혁신은 홉을 사용한 것으로, 산뜻하면서도 쌉쌀한 맛과 향을 내는 홉은 오늘날에도 맥주의 핵심 요소로 인정받고 있다.[62]

음식을 통한 유럽문화 연구를 진행하고 있는 마시모 몬타나리에 의하면 르네상스 시기의 양조업자들은 맥주의 발효과정을 조절하기 위해 효모나 침전물 등을 이용해 다양한 맥주를 생산했는데, 포도주보다 값싸고 물보다 영양가가 높은 맥주는 유럽 전역에서 점차 소비가 증가하게 되었다.[63] 자연히 맥주와 관련된 세금도 인상되어, 맥주 양조장이 있는 도시들은 막대한 돈을 벌어들일 수 있었다. 프랑스혁명과 산업혁명은 맥주의 생산과 유통에 있어 큰 변화와 다양성을 부여하였다. 증기기관과 철도의 발달, 연관 산업의 발달, 효모의 발견과 조절 등으로 인해 한층 더 발달하게 된 맥주가 바로 오늘날 우리가 알고 있는 맥주이다.

맥주산업은 19세기 말에 시작되었다. 과학의 진보와 기술의 성장은 농가에서 가내공업으로 제조되던 양조업에 혁명을 가져다주었다. 세계적인 섬유공업이나 철강공업을 이룩한 사람들과 마찬가지로 당대 실업계의 거물들인 아일랜드의 아서 기네스(Arthur Guinness), 독일 바이에른의 가브리엘 제들마이어(Gabriel Sedlmayer), 빈의 안톤 드레어

에 의하면 게르만인들은 음료수로 보리나 밀을 사용하여 술과 비슷하게 발효시킨 주스를 마셨다고 한다. 이광숙 편역, 『타키투스의 게르마니아』, 서울대학교 출판부, 2000, 77쪽.

62 장-루이 스파르몽 · 장-클로드 콜린 · 크리스티앙 드글라, 앞의 책, 11-12쪽.

63 마시모 몬타나리, 『유럽의 음식문화』, 주경철 역, 새물결, 2001, 183쪽, 192-5쪽.

(Anton Dreher), 캐나다 몬트리올의 존 몰슨(John Molson), 미국의 아돌프 부쉬(Adolphus Busch)와 에버하드 앤하우저(Eberhard Anheuser), 네덜란드의 제라드 하이네켄(Gerard Adriaan Heineken) 등은 현 시점에서도 여전히 인정받는 맥주 왕국들을 탄생시켰다.[64]

2) 세계의 맥주 현황

주요 통계자료를 바탕으로 살펴본 맥주와 관련된 현황을 통해 아래와 같이 현재 세계적 맥주생산국가와 소비 국가를 구분해 볼 수 있다.

(1) 2006년 세계 상위 10개 맥주 소비국가(총량)[65]

순 위	국 가	소비량(백만상자: 1상자=9리터)	점유율(%)
1	중국	339.0	21.2
2	미국	237.8	14.9
3	독일	96.5	6.0
4	러시아	96.0	6.0
5	브라질	95.4	6.0
6	일본	63.0	3.9
7	영국	58.5	3.7
8	멕시코	57.5	3.6
9	스페인	35.0	2.2
10	폴란드	30.7	2.0
기타국가		486.9	30.5
총계		1,598.1	100

64 장-루이 스파르몽 · 장-클로드 콜린 · 크리스티앙 드글라, 앞의 책, 53쪽.
65 대한주류공업협회, 『주류산업뉴스』 2007년 12월호, 사단법인 대한주류공업협회, 2007, 5쪽.

(2) 2007년 세계 상위 10개 맥주 소비국가(1인당 소비량)[66]

순 위	국 가	소비량(리터)	소비량(633ml 병)
1	체코	156.9	247.9
2	아일랜드	131.1	207.1
3	독일	115.8	182.9
4	오스트레일리아	109.9	173.6
5	오스트리아	108.3	171.1
6	영국	99.0	156.4
7	벨기에	93.0	146.9
8	덴마크	89.9	142
9	핀란드	85.0	134.3
10	룩셈부르크	84.4	133.3
13	미국	81.6	128.9
32	일본	51.3	81.0
34	한국	38.5	60.8

(3) 2006년 세계 상위 10개 맥주제품[67]

(단위: 백만 HL, %)

순 위	제품명	제조사	판매량	점유율
1	BUD LIGHT	Anheuser-Busch	48.0	3.0
2	BUDWEISER	Anheuser-Busch	39.5	2.5
3	SKOL	Inbev	33.5	2.1
4	SNOW	China Resources Snow Modelo	30.4	1.9
5	CORONA	Grupo Modelo	30.3	1.9
6	BRAHMA	Inbev	25.3	1.6
7	HEINEKEN	Heineken	25.1	1.6
8	MILLER LITE	SAB Miller	21.3	1.3
9	COORS LIGHT	Molson Coors Brewing	19.7	1.2
10	ASAHI SUPER DRY	Asahi Breweries	17.4	1.1

66 http://www.swivel.com/data_columns/spreadsheet/2170310

67 1 HL(Hectoliter) = 100 liter, 대한주류공업협회, 앞의 글, 8쪽.

4. 맥주라벨에 나타난 정체성 표현

1) 맥주 라벨

(1) 기본 개념

라벨은 불어로 에티켓(Étiquette)라고도 한다. 맥주 라벨은 19세기 후반에 등장[68]하였으며, 맥주에 대한 정보 전달과 동시에 미적 감각도 겸비해야 하고, 국제적인 관습이나 규제에 따라 정해진 것 외에는 약자를 쓸 수 없게 되어 있다. 라벨에는 판매사의 명칭, 재료, 즉 주원료와 여러 가지 첨가물들을 사용된 양의 순서에 따라 기록한다. 그리고 내용물의 정확한 양, 유효기간, 생산자의 주소나 포장회사의 주소, 원산지, 알코올 함유량이 1.2% 이상인 경우에는 알코올 도수 등등 수많은 사항이 의무적으로 기재된다. 라벨은 그 위치에 따라 앞면 라벨(front label), 병목 라벨(neck label), 후면 라벨(back label)로 구분되며, 각각 그 용도와 표시 정보가 다르다.[69]

라벨과 브랜드란 용어를 혼용해서 쓰기도 하는데, "브랜드란 어떤 기업 또는 그 기업의 제품을 식별하고 경쟁기업이나 경쟁제품과 차별화하기 위해 사용하는 독특한 이름이나 사인, 상징물 또는 이들의 결합체라고 정의"[70]된다. 따라서 "라벨이 그 상품의 정보와 함께 색상, 일러스트레이션 등의 시각적인 요소가 표현되어 상품의 특성 및 상품가치를 알려주는 중요한 전달매체임을 감안할 때 라벨과 브랜드는 물리적, 언어적, 상징적, 의미적, 부가가치적 속성을 지닌 복합적 개념"[71]이라고 할 수 있다.

---

68 장-루이 스파르몽 · 장-클로드 콜린 · 크리스티앙 드글라, 앞의 책, 42-43쪽.

69 고재윤 · 정미란, 「와인 소비자 유형별 와인 레이블 정보의 중요도 인식차이에 관한 연구」, 『관광학연구』 제30권 제 1호, 한국관광학회, 2006, 406쪽.

70 강찬호, 「와인의 국가별 브랜드 포지셔닝에 관한 연구」, 계명대학교대학원 박사학위논문, 2006, 18쪽.

71 위의 글, 23쪽.

(2) 라벨의 디자인의 구성요소

① 로고타입(logotype): 로고타입이란 최소한의 가독성을 갖고 읽을 수 있도록 디자인된 문자이다.(박선의, 『디자인 사전』, 미진사, 1990, 81쪽) 특히 상품명을 시각화한 브랜드 로고타입(brand logotype)은 가장 확실하게 기억되는 시각적 요인으로 모든 제품에 있어서 경쟁력이란 결국 그 제품의 이름(brand name)으로 함축되어 진다는 점에서 더욱 중요하다. 나아가 표면디자인의 시각적 연출을 통해 소비자나 고객의 기억 속으로 잠입하기 시작한다.

② 일러스트레이션(illustration): 일러스트레이션이란 어떤 목적이나 내용을 효과적으로 전달하기 위해 표현한 일체의 그림(정대웅 외, 『디자인・공예 대사전』, 미술공론사, 1990, 564쪽)을 말하며, 제품의 특성을 알리는데 가장 빠르고 직접적인 요소가 된다. 심볼마크는 다른 브랜드들과 차별화되는 시각적 상징물로 브랜드 정체성 형성의 핵심이 되는 요소라고 할 수 있다.

③ 레이아웃(layout): 레이아웃은 일반적으로 설계, 배치를 의미하지만 디자인에 있어서는 시각전달을 목적으로 조형미를 고려하면서 조재를 효과적으로 구성, 배열하는 것을 말한다.(박선의, 『디자인 사전』, 미진사, 1990, 79쪽) 즉 라벨에서 레이아웃이란 로고타입, 일러스트레이션, 그리고 여러 표시사항이나 문안 등을 효과적으로 배열하는 것을 의미한다.

④ 색상(color): 인간에게 있어 시각적 자극을 가장 빠르게 전달하는 요소가 색상이다. 색상은 강력한 임팩트 효과는 물론이고 제품의 특성과 개성을 더욱 증대, 신속하게 알리는 홍보와 광고에 가장 효과적으로 활용될 수 있는데, 흔히 세계적 브랜드의 상품은 항상 그 제품만이 가지고 있는 독특한 색상으로 디자인하여 그 제품의 특성을 알리는데 가장 적극적이다

2) 맥주라벨에 나타난 정체성

다른 많은 먹거리와 마찬가지로 술도 세계무대에서는 특정 생산지역을 넘어 국민국가와 동일시된다. 그리고 술에 대한 국민국가가 가지는 집착은 다른 '민족음식'과 구별되는 특수한 경제적 배경을 가지고 있다고 할 수 있는데, 상이한 지역적, 민족적 배경을 가지고 생산된 술은 다른 '민족음식'과 달리 완제품으로 국경을 넘어 이동한다. 이 점에서 술은 독특한 '민족음식'이다. 이에 더해 "술은 중요한 수출입 품목이라는 점에서 다른 '민족음식'에 비해 문화적 정체성 주장과 경제적 이익 추구가 더 밀접히 연결되기도 하는 것"[72]이다.

맥주의 역사를 통해 짐작할 수 있는 바와 같이 맥주는 오랫동안 해당 지역, 혹은 문화의 역사와 환경의 영향을 받으며 발전해 왔다. 비록 한때는 일부 지역을 위주로 생산되고 소비되기도 하였지만 이제 맥주는 전 세계 사람들이 가장 많이 생산하고 소비하는 술이 되었다. 달리 이야기하자면 맥주야말로 '글로컬라이제이션'이라는 문화 현상의 전형이라고 할 수 있는 것이다.

그러나 세계화가 진전된 오늘날에 이르러서도 맥주는 다른 술과 마찬가지로 일종의 '민족음식' 혹은 '민족음료'로서의 위상을 가지고 있다고 할 수 있다. 이러한 차원에서 맥주 라벨에는 고유한 문화적 정체성이 강하게 표현될 수밖에 없으며, 우리는 역으로 맥주 라벨을 통해 맥주가 생산되고 소비되는 문화적 맥락을 이해해 볼 수 있는 것이다. 아래에서는 맥주 라벨에 국가적·지역적 정체성을 강하게 표현하고 있는 몇 가지 구체적으로 살펴보고자 한다.

---

72 이철우, 앞의 글, 72쪽.

(1) 독일

독일의 맥주규제법(Biersteuergesets)는 "맥주(Bier)라는 이름으로 불리는 술의 요건으로서 엿기름으로 처리된 보리, 홉, 누룩과 물만을 사용하도록 강제"[73]할 정도로 맥주에 대해 문화적 차원의 자긍심을 제도적 차원에서 보호하고자 하는 국가이다. 그러나 독일에서 맥주는 전통적으로 지방마다 고유한 제조방법을 가지고 있었고, 여기에서 비롯되는 각종 세금은 도시를 기반으로 하는 각 지방 영주들의 영향력을 강화하면서 독일의 중앙집권적 통일이 지연되는 결과로 작용하기도 하였다.

독일 쾰른에서 오랫동안 체류하면서 맥주와 지역정체성의 관계에 관심을 가졌던 조관연은 쾰른을 비롯한 인근 지역에서 만든 맥주인 '쾰쉬(Kölsch)'의 지역적 정체성 획득과정에 대해 수용자, 즉 소비자들의 동의와 협조가 매개되는 과정을 중요하게 언급하고 있다. 쾰른 시민들이 이를 받아들인 것은 쾰쉬의 소비를 통해 과거의 화려했던 자신들의 역사와 전통뿐만 아니라 다른 경쟁 대도시들에 맞서는 자신들의 문화적 정체성을 확립하고 이를 맛보고 싶어 했기 때문이었다는 것이다.

독일에서 병맥주의 등장은 1900년대로 거슬러 올라간다. 병맥주가 널리 일반화되는 50년대 중반부터 맥주 문화가 변화하기 시작했다. 값싸게 병이 대량 생산되었고, 병맥주 소비가 일반화되었다. 이때 맥주는 상표라는 얼굴을 갖게 되었으며, 이를 통해 맥주가 어디에서 어떻게 만들어 졌는지에 대한 관심이 더해졌다.[74]

독일 남부 지방에서 생산되는 뢰벤브로이(Löwenbräu) 맥주의 라벨 [그림 3-1]과 [그림 3-2]는 전체적으로 푸른색과 노란색 계열의 색상이 주를 이루고 있으며, 사자가 상징 이미지로 표현되어 있는데, 위의 그림

73 위의 글, 94쪽.

74 조관연, 「쾰쉬(Kölsch) 맥주의 지역 정체성 형성과정」, 『국제지역연구』 제8권 제4호, 한국외국어대학교 외국학종합연구센터, 2005, 16-19쪽.

[그림 3-1]

[그림 3-2]

[그림 3-3]

[그림 3-4]

에 보이는 라벨 역시 그러한 색상과 이미지로 이루어져 있다. 푸른색은 뢰벤브로이사가 위치하는 뮌헨(München)이 속한 바이에른(Bayern) 지방의 기 [그림 3-3]에서 그 유래를 찾을 수 있다.

뢰벤브로이의 상징 이미지인 사자 역시 바이에른 지방의 문장인 [그림 3-4]에서 그 유래를 찾을 수 있다. 그림에서 보는 바와 같이 바이에른 지방의 문장은 가운에 지방기가 있고 주변에 다른 동물들이 둘러싼 형태의 방패를 두 마리의 큰 사자가 양쪽에서 지탱하고 있는 모양으로 되어 있다. 위의 그림들에서 확인할 수 있는 바와 같이 지방의 고유한 컬러와 상징이미지를 그대로 디자인에 활용한 사례로 뢰벤브로이 맥주의 라벨은 자신들이 위치하고 지방의 향토적 정체성을 강하게 표현하고 있다고 할 수 있다.

(2) 아일랜드

아일랜드는 12세기 후반부터 영국의 식민지로 전락해 온갖 어려움을 겪은 나라로 1945년에서야 공식적인 독립을 이룬 나라이다. 다른 종교와 제도, 민족적 배경을 지니고 있는 영국(잉글랜드)으로부터의 지배는 아일랜드인들에게 강렬한 민족적 정체성을 고취하였으며, 이는 다양한 저항으로 표출되기도 하였다. 또한 자신들을 널리 알릴 수 있는 계기—인물이든 문화든— 가 마련되면 널리 확산시키는 데에도 주저하지 않았는데, 1700년대 중반 생산된 기네스 맥주는 "아일랜드를 상징하는 상품이자 문화코드로서 아일랜드를 많은 외부인에게 알릴 수 있는 계기가 되어 오늘날까지도 아일랜드의 정체성에 큰 영향을 미치고 있다고 평가"[75] 된다.

세계 최대의 흑맥주 회사인 아일랜드의 기네스 맥주 라벨 [그림 3-5]은 전통적으로 위아래로 길쭉한 타원형 모양에 노란색과 검은색이 주를 이루고 있다. 라벨 가운데에는 로고타입이 크게 자리잡고 있으며 로고타입 바로 위에는 설립연도와 하프 이미지가 표현되어 있다. 노란색은 말 그대로 맥주의 전통적 컬러인 '황금색'을 연상시키며, 검은색은 흑맥주를 가리킴을 어렵지 않게 이해할 수 있다.

이미지와 상징의 차원에서, 그리고 정체성의 차원에서 기네스 맥주 라벨의 핵심은 로고타입 바로 위 가운데에 위치하고 있는 하프이다. [그림 3-7]은 아일랜드를 상징하는 국가 문장이다. 비록 1945년에 공식화되

75 피터 매튜스, 「더블린」, 『GEO』 2002년 5월호, 두비, 1999, 61-82쪽.
마틴 개논, 『세계문화이해』, 최윤희 외 역, 커뮤니케이션북스, 2005, 309쪽.

긴 하였지만 하프는 11세기 초부터 오랫동안 아일랜드를 상징하는 이미지로 기능해왔다.[76] 국가 문장의 하프와 라벨의 하프가 좌우가 바뀌기는 하였지만 기네스 라벨에 그대로 표현되고 있다는 것은 기네스가 아일랜드를 대표하고 상징하는 맥주이자 대표 상품이라는 의미로 이해될 수 있다.

[그림 3-6]은 아일랜드 국기이지만 이 국기는 아일랜드가 영국으로부터 독립한 이후에 채택된 것이기 때문에 독립 이전부터 사용되었던 기네스 라벨에는 아일랜드 국기의 컬러가 채택되기 불가능하였고, 오랫동안 사용해 왔던 하프는 이미 기네스 라벨의 핵심 요소로 자리매김했던 것이

© 기네스

[그림 3-5]

[그림 3-6]

[그림 3-7]

76 http://en.wikipedia.org/wiki/Coat_of_arms_of_Ireland

다. 국가 문자의 하프와 라벨의 하프가 좌우가 다르게 표현된 것 역시 기네스의 하프는 1700년대부터 사용해 왔던 것이고, 국가 문장의 하프는 20세기 중반에서야 공식화된 것이라는 점에서 생각해 볼 수 있다.

위 상황을 종합하면, 아일랜드의 공식적 정체성을 의미하는 하프가 기네스라는 아일랜드 대표 상품의 이미지에 의해 변형되어 수용된 것이라고 생각해 볼 수도 있다. 따라서 기네스 라벨은 아일랜드라는 국가적 정체성, 그리고 무엇보다 영국의 압제에 시달렸던 당시부터 사용되었다는 점에서 민족적·문화적 정체성을 강하게 표현하고 있다고 할 수 있다.

(3) 체코

하벨(Václav Havel) 대통령은 맥주공장 종업원 출신으로, 대통령이 된 이후에도 각계 인사나 지인들을 대통령 궁 근처의 선술집으로 초대해 맥주를 즐겼다고 한다. 미국을 공식 방문했던 1991년에는 공식일정을 취소하고 가까운 측근들과 함께 선술집에서 맥주를 마셨다는 유명한 일화도 있다. 그만큼 맥주는 체코인들의 민족적 긍지와 자랑거리로 남아있다.

독일에 의한 독일화가 진행되었던 시기에 맥주의 생산량 감소와 품질 저하, 그리고 19세기 민족부흥기에 다시 시작된 체코맥주의 명성과 사회주의 시기 동안의 '맥주 마시기' 문화 등은 맥주가 곧 체코 역사발전과 운명을 같이 하고 있음을 보여준다.[77]

부드바르(BUDVAR) 맥주는 부제요비체 양조장(BUDějovcký pivoVAR)에서 생산되는 맥주를 의미한다. 이 명칭이 독일어식으로 바뀌면 부드바이저(버드와이저; Budweiser)가 되는 것이다. 부드바르 맥주의 라벨 [그림 2-8]은 전체적으로 흰색과 붉은 색이 주를 이루고 있으며 로고타입

77 김규진·김신규, 「체코의 맥주문화」, 『국제지역연구』 제3권 제1호, 한국외국어대학교 외국학종합연구센터, 1999, 190-194쪽.

© 부드바르

[그림 3-8]

[그림 3-9]

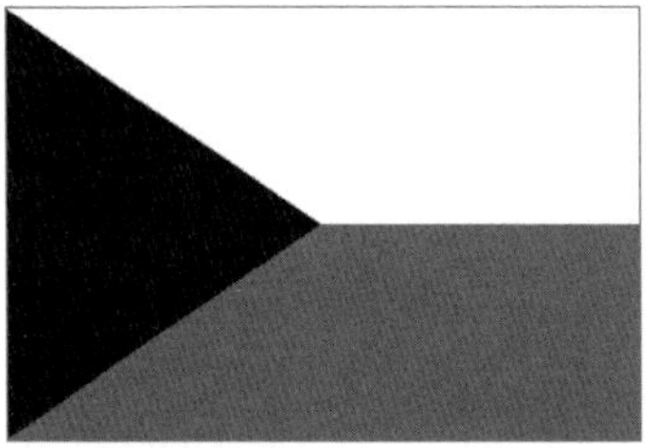

[그림 3-10]

© 버드와이저

[그림 3-11]

역시 흰 바탕위에 붉은 색으로 표현되어 있다. 자신들이 정통 버드와이저임을 나타내려는 듯이 라벨 위쪽에는 'original'이라 표기해 놓기도 하였다.

부드바르 맥주 라벨의 맨 위쪽에는 원형의 건축물 이미지가 표현되어 있는데 이는 [그림 2-11]에서 보는 바와 같이 이 맥주 양조장이 위치하고 있는 지방의 문장이다. 세 개의 탑으로 이루어진 고유 건축물과 사자로 표현된 이 지방 상징 동물이 문장의 핵심 이미지이다. 사자는 [그림 2-10]에서 볼 수 있는 체코의 국가문장에서도 확인할 수 있는데, 이는 체코를 구성하는 세 개의 큰 지역, 즉 보헤미아, 모라비아, 슐레지엔을 상징하는 것으로 흰 사자는 체코의 주축인 보헤미아를 상징하는 동물이다.

위의 그림들에서 본 바와 같이 부드바르 맥주의 라벨에는 체코의 국가적 이미지, 즉 국기의 색깔 [그림 2-9], 국가문장에서의 상징동물, 그리고 직접적으로는 지방의 고유 문장과 이미지가 그대로 표현되어 있음을 볼 수 있다. 이는 체코에서 생산되는 지방 맥주이지만 체코를 대표하는 국가적 맥주임을 자부하는 동시에 상표권 분쟁에서 볼 수 있는 것처럼 지역적 정체성과 국가적 정체성을 모두 보여주고 있는 사례라 할 수 있다.

부드바르 맥주는 그 명칭과 관련하여 세계적 주목을 받기도 하였다. 1876년에 미국인 부쉬가 부드라브의 독일식 명칭인 버드와이저(Budweiser)라는 이름을 자신의 회사에서 만든 맥주의 명칭으로 채택한 이래 100년 이상 안호이저-부시 사의 버드와이저 맥주와 부드바르 사의 부드바르 맥주가 소비자들을 혼란시켜왔던 것이다. 이에 체코는 1970년대에 본격적으로 상표문제를 제기하였고, 부드바르는 '오리지날 버드와이저'라는 상표를 통해 상표사용의 정당성을 주장해 왔다. 이런 이유에서 안호이저-부시사는 1989년 이래로 부드바르를 매입하려고 안간힘을 써왔다.

그러나 체코인들은 자신들이 민족 유산의 일부로 생각하는 것에 외국인이 투자한다는 사실을 걱정하고 단호히 거부하였다. 결국 부드바르를 매입하려한 안호이저-부쉬사의 실패는 다름아닌 체코인들의 반대에 의한 것이었다.[78] 1997년 12월 부드바르가 상표권 분쟁에서 승소해 현재 안호이저-부시 사는 '버드(Bud)'라는 이름으로 맥주를 생산하고 있다.[79]

부제요비체 산 맥주에만 '버드와이저'라는 이름을 사용할 수 있도록 한 위 사례와 같이, 특정 지역의 명칭의 브랜드 명칭으로 발전한 경우, 설령 그 명칭이 일반화되어 많은 사람들이 지역적 기원을 생각하지 않고

---

78 김규진 · 김신규, 앞의 글, 195쪽.

79 위의 글, 192쪽.

마시는 단계에 이르렀더라도 그것을 보호할 필요가 있다는 것은 유럽사법재판소의 입장과도 상통하는데, 유럽사법재판소는 샹파뉴 지방에서 생산되는 특정 와인의 종류에만 샴페인이라는 명칭을 붙일 수 있도록 판시하기도 하였다.[80]

(4) 중국

중국에서 맥주는 19세기에 칭다오 항에 자리 잡았던 독일인들에 의해 처음 수입되었다. 널리 알려진 중국 맥주로는 가장 많이 수출하는 칭타오, 향이 많이 첨가된 베이징, 그리고 상하이 스완 라거 등이 있다. 현재 중국에서 맥주는 기름진 중국 요리와 잘 어울리는 음료로 각광받고 있다.[81]

오늘날 세계 최대의 맥주 소비대국으로 성장한 중국을 대표하는 맥주 칭타오(青島) 맥주의 라벨인 [그림 3-12]는 전체적으로 초록색과 노란색, 그리고 붉은색이 함께 어우러진 컬러를 보여주고 있다. 가운데에는 로고타입이 자리하고 있으며 그 위에는 붉은색과 노란색이 섞인 원형의 이미지가 부가되어 있는 형태이다.

칭타오 맥주의 라벨에서 눈여겨 볼만한 상징과 이미지는 로고타입 바로 위에 있는 원형의 이미지이다. 붉은색 테두리 안에 노란 보리가 자리하고 있으며, 그 테두리 안에 푸른색을 배경으로 흰색 건축물이 서 있는 형상이다. 먼저 테두리와 보리에 쓰인 붉은색과 노란색은 중국의 국기 [그림 3-13]인 오성홍기(五星紅旗)에서 비롯된 것임을 확인할 수 있다. 테두리 안에서 푸른 배경을 바탕으로 서 있는 흰색 이미지는 위의 그림 맨 오른쪽에 보이는 건축물을 형상화한 것임을 알 수 있다. 이 건물

80 이철우, 앞의 글, 96쪽.
81 장-루이 스파르몽 · 장-클로드 콜린 · 크리스티앙 드글라, 앞의 책, 92-93쪽.

© 칭타오

[그림 3-12]

[그림 3-13]

© 청도

[그림 3-14]

[그림 3-15]

은 청도 항구에 있는 유명한 관광지인 잔교(棧橋) 끝에 위치한 2층 정자 회란각(回瀾閣)인 [그림 3-15]인데, 이것은 청도를 상징하는 건축물로 인정되고 있다. 청도시의 공식 인장 [그림 3-14]에도 회란각이 형상화되어 있음을 볼 수 있다.

이상에서 본 바와 같이 칭타오 맥주 라벨에는 국가적 정체성과 지역적 정체성이 모두 표현되어 있다. 붉은색과 노란색으로 이루어진 국기의 컬러와 지역을 상징하는 건축물을 라벨의 대표 컬러와 이미지로 차용함으로써 칭타오 맥주는 지역을 대표하는 맥주이자 중국을 대표하는 맥주라는 자부심을 표현하고 있음을 짐작해 볼 수 있다.

5. 맥주라벨에 담긴 의미

글로컬라이제이션은 한동안 작은 지역에서도 세계를 상대로 뛸 수 있다는 희망 비슷하게 받아들여졌다. 그러나 현재에는 글로컬라이제이션엔 일방통행만 있을 뿐이라는 사실이 조금 더 많이 보고되고 있다. 초국적 기업이 지역적 요소를 가미해 지역 시장을 공략하는 데에 성공을 거둔 사례는 무수히 많다. 그러나 그 반대의 사례는 상대적으로 희귀하기 때문이다. 즉 작은 지역에서 전 세계를 상대로 해서 성공을 거둔 사례는 비교적 찾아보기 어렵다는 말이다. "기회는 아직 당위나 가능성에 머무르고 있는 반면, 위험은 이미 충분히 준비돼 있던 것으로 즉각 다가오고 있기 때문에 결과적으로 글로컬라이제이션은 중심부가 아닌 변방의 지역에겐 위험인 동시에 기회임에 틀림없지만, 현재로선 위험이 더 커 보인다는 평가들이 많은"것이다.[82]

그러나 세계화는 그 결과에 대한 긍정과 부정을 넘어 그 과정에서 보여주는 변증법적 양상을 특징으로 할 수 있다고 볼 수 있는데, "동종화와 파편화, 통합과 세분, 중앙집중화와 탈집중화, 갈등과 크레올화, 글로벌화와 지역화는 서로 배척되는 반대의 과정이 아니라 불가분하게 연결되어 있으며, 상호 규정적"[83]이라는 점을 상기할 필요가 있다고 보인다.

이러한 차원에서 볼 때, 오랫동안 해당 지역, 혹은 문화의 역사와 환경의 영향을 받으며 발전해 왔으며, 비록 한때는 일부 지역을 위주로 생산되고 소비되기도 하였지만 이제 전 세계 사람들이 가장 많이 생산하고 소비하는 술이 된 맥주의 경우를 생각해 볼 수 있다. 달리 이야기하자면, '글로컬라이제이션' 문화 현상의 전형이라고 할 수 있는 맥주를 통해 '글로벌'과 '로컬'의 관계를 다시 한번 살펴보자는 것이다.

---

82 강준만, 앞의 책, 417-419쪽.

83 요아나 브라이덴바흐 · 이나 추크리글, 『춤추는 문화』, 인성기 역, 영림카디널, 2003, 217-218쪽.

위와 같은 관점에서 이제까지 세계화가 진전된 오늘날에 이르러서도 맥주는 다른 술과 마찬가지로 일종의 '민족음식' 혹은 '민족음료'라는 위상을 가지고 있으며, 그러한 차원에서 맥주 라벨에 고유한 문화적 정체성이 강하게 표현될 수밖에 없다는 점에 대해 살펴보았다. 또한 맥주라는 상품이 제조되고 거래되는 과정에서 '국가적 차원의 문화전략'이 고민되는 과정 역시 체코의 경우를 통해 살펴보았다. 그리고 맥주 라벨에 표현된 정체성 표현을 살펴보면서 그것을 매개로 기존 집단의 정체성이 강화되기고 하고 변경되기도 한다는 점 역시 확인할 수 있었다.

이상에서 본 바와 같이 다른 생활문화와 마찬가지로 맥주를 생산하고 소비하는 양상과 전통 역시 고정되지 않고 변화하며, 재정의되고 새로이 만들어 진다고 할 수 있다. 또한 맥수가 생산되고 소비되는 문화적 맥락과 더불어 맥주 라벨에는 지역의 상징물이나 국기의 색깔 등 국가적 · 지역적 정체성이 강하게 표현되고 있다는 점 역시 분명하게 확인할 수 있었다.

우리나라에서는 구한말 궁중에 처음으로 맥주가 보급되었으며, 이래 1930년대에 일본 맥주회사들이 들어와 지금의 OB맥주와 하이트맥주의 전신인 맥주공장을 지어 생산하면서 맥주가 널리 보급되었다.[84] 오늘날에 와서는 다른 나라와 마찬가지로 맥주가 한국인이 가장 많이 마시는 술이 되었을 정도로 한국에서도 맥주는 대중적이고 보편적인 이미지를 많이 획득했다고 여겨진다.

그러나 앞서 살펴본 주요 사례와는 달리 한국의 대표적 맥주에 부착되는 라벨에는 국가적 혹은 지역적 상징물이나 정체성이 표현되는 경우가 거의 없다. 명칭에서부터 '하이트', 'OB', '카스' 등에서 볼 수 있는

84 성훈, 「130여년전 국내 맥주 첫 선」, 『스포츠칸』 2008년 6월 5일자, http://sports.khan.co.kr/news/sk_print.html?art_id=200806052033286
장-루이 스파르몽 · 장-클로드 콜린 · 크리스티앙 드글라, 앞의 책, 93쪽.

바와 같이 고유한 인명(아일랜드의 기네스)이나 지명(부드바르-버드와이저, 칭타오), 지역성(뢰벤브로이), 국가적 이미지(기네스, 칭타오) 등에 대한 표현은 거의 드러나지 않는다. 사례에서 본 맥주들이 지역적 혹은 국가적 상징물과 정체성을 적극 활용하면서도 브랜드 인지도와 시장 점유율을 최고 수준으로 끌어올린 것을 감안했을 때, 우리나라의 맥주 브랜드 역시 세계적 차원에서 경쟁하고 브랜드 가치를 확고히 하기 위해서는 한국 고유의 상징물이나 정체성을 표현하는 라벨을 개발할 필요가 있을 것으로 여겨진다.

대부분의 국가에는 그 나라를 대표하는 맥주 브랜드가 있으며, 맥주의 역사가 오래된 만큼 그 종류도 매우 다양하다. 이 장에서는 정체성 표현이라는 목적에 맞춰 대표적 제품을 선정하여 그 라벨에 표현된 디자인과 이미지를 중심으로 정체성을 규명해 보고자 하였다. 또한 맥주에 관련된 이미지가 소비자에 의해 지각되듯이 그들의 특성에 대하여 묘사할 수 있으며, 그 이미지는 앞서 언급한 바와 같이 가치관이나 정체성, 특히 글로컬라이제이션의 관점에서 '글로벌' 차원의 정체성과 '로컬' 차원의 정체성이 상호 융합되고 변형되는 과정으로 이해하였다. 맥주와 정체성에 관한 세밀한 논의와 이론적 토대는 향후 지속적 연구를 통해 보완해야 할 것으로 판단된다.

Check Points

✓ 술을 어떤 문화적 요소로 간주할 수 있는가?

✓ 맥주는 어떻게 문화적 정체성 주장과 경제적 이익 추구로 동시에 생각될 수 있는가?

✓ 맥주 라벨이 상징하는 바는 무엇인가?

✓ 지역적 · 국가적 상징과 정체성을 라벨에 어떻게 활용하는가?

더 읽어야 할 책 소개

요아나 브라이덴바흐 · 이나 추크리글, 『춤추는 문화』, 인성기 역, 영림카디널, 2003. 다양한 문화교류의 사례를 통해 문화는 곧 상호교류의 역사라는 인식을 보여준다. 나아가 오늘날 세계화와 문화와의 상관관계 역시 특정한 지배적인 문화의 일방적인 통행과 강요가 아니라 상호 영향을 주고받는 관계라는 것을 이야기하고 있다.

존 톰린슨, 『문화제국주의』, 강대인 역, 나남, 1999. 오늘날 서로 다른 성격을 가진 문화들 간의 접촉과 영향으로 인해 발생하는 문제들을 단순한 문화적 차원의 제국주의로 이해하기에는 너무 다양한 현상들이 존재한다는 주장을 담고 있다.

존 톰린슨, 『세계화와 문화』, 김승현 · 정영희 역, 나남, 2004. 세계화와 문화의 상관관계에 대한 다양한 논의들을 요약해서 보여주고 거기에 저자의 의견을 가미하여 정리한 책이다. '문화제국주의'와 마찬가지로 문화가 가진 역동성과 다의성으로 인해 발생하는 문화 간 상호영향력에 주목해야 한다는 주장을 담고 있다.

토마스 슈뢰터, 『세계화?』, 유동환 역, 푸른나무, 2007. 일견 화려해 보이는 세계화 찬사에 숨겨진 추악한 이면에 대해 다양한 사례를 통해 그것이 거짓된 번영이며, 일부 부국과 부자들에 의해 억지로 강요된 것임을 이야기한다. 나아가 강자의 논리에 의해 그릇되게 인식되고 있는 세계화를 제대로 이해할 때만이 보다 많은 인류에게 이익이 돌아갈 수 있음을 갈파하고 있다.

마르코 마르티니엘로, 『현대사회와 다문화주의』, 윤진 역, 한울, 2007. 문화적 특수성과 상대성이 보편적인 차원의 문화적 혹은 민족적 정체성으로 이해될 수 있는가에 대한 의문을 제기하고 있는 책이다. 문화적 다양성에 대한 인정이 국가 권력의 약화로 이어지지 않을 것이며, 이것은 향후 사회적 삶에 있어 중요한 문제가 될 것이라는 주장을 담고 있다.

4

맥도날드의 중국화와 광고의 변화

글로컬 문화콘텐츠

4

맥도날드의 중국화와 광고의 변화

이 장은 글로벌기업인 맥도날드의 중국화 사례다. 맥도날드의 소개, 중국시장에 진출한 배경에서 맥당로(麥當勞)의 독특한 중국어 의미, 중문 간판, 매장분포, 맥도날드에 대한 중국인들의 인식까지 살펴본다. 특히 순차대로 맥도날드의 광고를 3단계로 나누어 분석하며, 각 광고 단계의 특징이나 변화를 명확히 하려할 것이다. 이러한 내용으로 맥도날드가 중국화하는 과정 및 전략을 알 수 있게 될 것이다.

1. 맥도날드에서 맥월드까지

리처드와 모리스 맥도날드는 캘리포니아 남부의 영화 산업계에서 일자리를 찾아보고자 1930년대에 고향 뉴햄프셔를 떠났다. 이후, 할리우드 스튜디오에서 세트 제작 일을 하면서 저축을 해 캘리포니아주 글렌데일에 영화관 하나를 구입했다. 그러나 영화관에는 손님이 없었고, 형제는 어떻게 생계를 유지해야 할지 고민할 수밖에 없게 되었다. 한편 당시 남부 캘리포니아에서는 '빠를수록 좋다'란 기존의 식당 문화와 다른 새로운 문화가 움트고 있었다. 완전히 새로운 개념의 식당이 출현한 것이다. 1937년에 리처드와 모리스가 연 드라이브-인(Drive-in) 식당은 그 중의 하나였다. 그렇지만 1940년대 말에 형제는 이 드라이브-인 식당 사업에 싫증을 느끼게 되고 마는데, 그것은 수입이 나은 직장을 구해 자꾸 떠나가는 조리사들을 끊임없이 충원하는 일에 지쳐버렸기 때문이었다.

맥도날드 형제는 식당을 팔까 생각하기도 했으나 새로운 시도를 해보기로 결심한다. 형제는 주방 일의 방식을 바꾸었다. 여러 종류의 음식을 만들 줄 아는 숙련된 조리사 한 명 대신 똑같은 음식을 반복해서 만들 수 있는 주방의 종업원 몇 명을 고용했다. 이 주방 종업원들은 마치 공장 조립라인의 직공들처럼 하루 종일 단순 작업을 되풀이하면 되었다. 한 명은 그릴에서 햄버거를 굽고, 한 명은 햄버거를 빵 사이에 넣어 종이로 싸고, 또 한 명은 밀크쉐이크를 만들었으며, 다른 사람은 감자튀김을 조리했다. 분업화로 인해 숙련된 조리사가 필요 없게 된 것이다.

1955년에 레이 크록(Ray Kroc)이 맥도날드를 설립하였다. 디플레인스(Des Plaines)에 1호점을 처음 개점한 이후 큰 성공을 거두어 불과 5년 만에 점포수는 200개가 되었다. 1960년부터 1973년까지 맥도날드 매장 수는 200개에서 3000개 가까이로 늘었다. 그런데 1970년대부터 미국 내 패스트푸드 산업 경쟁은 극심해졌으며, 대형 패스트푸드 업체들은 미래의 성장을 위해 해외 시장으로 눈을 돌리게 되었다. 맥도날드 역시 1967년부터 미국 외 다른 나라에 진출하기 시작하였고, '세계 인식'이란 새로운 문구를 사용하기 시작하였다. 1990년대 맥도날드는 해외에 3000여개의 매장을 열었으며, 2001년에는 117개 이상의 국가에서 28000여개의 매장을 운영하게 되었다. 지금도 매일 5개의 새로운 점포가 생기며, 그중 적어도 4개는 해외 점포라는 통계가 있다. 현재 맥도날드는 세계에서 가장 인지도 높은 상표 중 하나다. 맥도날드는 미국 패스트푸드 산업의 가격, 맛, 기업 관행을 지구 곳곳에 계속 수출하여 '맥월드'라는 이름까지 생겨난 세계 동일 문화를 탄생시켰다.

2. 만(慢)과 쾌(快)

중국의 개혁개방이 본격화된 1980년대 이후, 속속 중국 시장에 진출한 글로벌 기업들이 이제는 터줏대감 행세를 하며 다양한 제품 영역에서 중국 로컬 기업들을 제쳐 놓은 채 자기들끼리 맞대결을 벌이고 있다. 자동차 부문에서는 폭스바겐, GM, 혼다, 현대차, 음료 부문에서는 코카콜라와 펩시, 휴대폰 부문에서는 모토로라, 노키아가 대표적 예이다. 음식 부문에서는 맥도날드와 KFC가 일찍이 중국 시장에 진출하여 성공한 모델로 손꼽히고 있다. 음식 문화에 대한 강한 자부심을 가진 중국은 어떻게 맥도날드 등의 패스트푸드를 수용했을까?

자고로 중국인들은 먹는 것을 매우 중시하는 경향이 있다. '민이식위천(民以食爲天)'[85]이란 말에서도 그 중요성이 충분히 나타나 있다. 수천

85 백성들은 먹는 것을 하늘로 생각한다.

년의 역사와 문화의 계승에서 비롯된 중국만의 특색을 가진 음식문화가 형성되어 있는 것이다. 그러나 개혁과 개방 이후 경제성장으로 인해 중국 사회의 여러 측면에서 커다란 변화가 나타났고 음식문화에도 새로운 바람이 불어왔다. 지역요리의 세분화나 음식점의 대형화 · 고급화 등 중국 음식문화 내부에서 일어난 변화가 있긴 하지만, 외부로부터의 변화도 있다. 맥도날드나 KFC 등 패스트푸드가 특히 눈에 띈다.

『패스트푸드의 제국』의 저자인 에릭 슐로서(Eric Schlosser)는 "오늘날 패스트푸드는 우리 전통적 식습관에 변화를 가져오는데 있어 큰 역할을 할 뿐만 아니라, 사회 · 경제 · 문화 심지어 전통 가치관에까지도 현저한 영향을 끼쳤다[86]"고 말한다. 물론 중국도 예외가 아닌 것 같다.

패스트푸드(Fast Food)란 햄버거, 도넛, 닭튀김처럼 가게에서 간단한 조리를 거쳐 손님에게 제공되는 음식이다.[87] 오늘날 '패스트푸드'라는 용어는 중국인들의 일상과도 밀접한 관계가 형성되어 있으므로 쉽게 이해될 수 있지만, 1995년 이전에는 중국의 사전에서 아예 찾아볼 수도 없었다. 1987년 KFC가 베이징에 1호점, 1990년 맥도날드가 중국 남부의 심천에 1호점을 개장하였다. 지금 맥도날드 매장은 중국 전역에 걸쳐 7백개가 넘으며, 앞으로도 더 늘어날 것으로 예측된다.

86 如今快餐食品不僅對我們用餐習慣的變化起到很大作用, 而且對我們的經濟, 文化以及人們傳統價值觀念等都産生了巨大的 影響. 재인용
http://www.bhjsyxw.cn/tresearch/a/334612449cid00047

87 네이버 백과사전 http://100.naver.com/100.nhn?docid=180852

3. 맥도날드의 중국 현주소

1) 명칭 및 간판

맥도날드는 영어 발음에 의해 중국어로 번역해서 '맥당로(麥當勞)'라고 부른다. 물론 발음 그대로 번역한 것이 당연히 맞지만, 여기에도 깊은 뜻이 들어 있다고 생각한다. 맥은 보리(麥)이고 로는 노동의 로(勞)다. 그리고 당(當)은 마땅하다는 뜻이다. 따라서 세 글자를 합쳐 읽으면 '맥을 얻으려면 노동을 해야 한다'는 뜻이 된다. 바꿔 말하면 어떤 일을 해서 성과를 이루려면 많은 노력을 해야 한다는 것이다. 이것이 바로 다른 나라와는 다르게 독특한 중국적 색깔이 명확하게 드러난 현지화 명칭이 아닐까 싶다.

한편 아래 [그림 4-1]은 중국에 있는 맥도날드 매장의 간판이다. 다른 나라의 것과 비교해 보았을 때에도 별로 큰 차이가 보이지 않는다. 보통은 노란 영문 대문자 M과 빨간색 밑바탕에 흰 McDonald's가 새겨져 있다. [그림 4-2]는 맥도날드의 중국 상표이다. 간판과 마찬가지로 큰 노란 M이 있고 밑에 영어로 된 문구는 최근 유행하고 있는 CF 대사고

© www.sojiji.com

[그림 4-1] 간판

© 중국 맥도날드

[그림 4-2] 상표

중국어로 번역된 문구도 함께 있다.

2) 매장 분포

1990년 맥도날드는 중국의 남부 도시인 심천에서 1호점을 개장하였다. 그 다음에는 1992년 북경의 중심부인 왕부정(王府井)에 입점하였는데, 당시 세계에서 면적이 제일 큰 매장이었다고 한다. 현재 중국 경제의 고속발전 상황에 따라서 맥도날드는 중국 내륙시장을 빠른 속도로 점령하고 있다. 지금까지 맥도날드의 670개 매장은 중국의 25개 성(省)과 직할시(直轄市)에 분포되어 있는데, 전체 직원의 수는 5만여 명에 달하고 그중 중국인 직원이 99.97%의 큰 비중을 차지하고 있다.

그 다음으로는 중국 전체에서의 맥도날드 분포 상황에 대해 알아보자. 먼저 직할시부터 살펴보면, 중국은 북경(北京), 상해(上海), 천진(天津), 중경(重慶)의 네 개 직할시가 있다. 북경에서 맥도날드 매장은 총 97개가 있고 상해는 총 89개, 천진은 32개, 중경은 8개가 있다. 나머지 성과 시는 아래의 표와 같다.

© 중국 맥도날드

[그림 4-3] 1호점 개점 홍보포스터

앞서 서술한 바와 위 [표 4-1]의 내용을 종합적으로 분석해 보면, 맥도날드의 지점 분포는 다음 몇 가지의 특징이 있다. 첫째, 지점이 주로 중국 연해안 성시(省市)에 위치하고 있고 내륙 성시에는 상대적으로 적다. 둘째, 지점은 주로 경제 발전이 발달한 도시에 있고 작은 도시나 상대적으로 시골 같은 경우는 매장이 거의 개설되지 않는다는 것이다. 셋째, 남·북을 비교할 때에는 남쪽이 압도적으로 다수를 차지하고 있다.

[표 4-1] 맥도날드 매장 분포[88]

성(省)	시(市)	총수(개)
안휘(安徽)	안경(安慶)-1, 방부(蚌埠)-1, 저주(滁州)-1, 부양(阜陽)-1, 합비(合肥)-5, 회남(淮南)-1, 마안산(马鞍山)-1, 동릉(铜陵)-1, 무호(芜湖)-2, 선성(宣城)-1	15
복건(福建)	복주(福州)-12, 복청(福清)-1, 진강(晋江)-2, 룡암(龙岩)-1, 남평(南平)-1, 포전(莆田)-1, 천주(泉州)-4, 삼명(三明)-1, 석사(石狮)-3, 하문(厦门)-13, 장주(漳州)-2	42
광동(广东)	조주(潮州)-1, 동관(东莞)-31, 불산(佛山)-2, 반우(番禺)-4, 고명(高明)-1, 광주(广州)-29, 해봉(海丰)-1, 하원(河源)-1, 학산(鹤山)-1, 혜동(惠东)-1, 혜양(惠阳)-1, 혜주(惠州)-5, 강문(江门)-3, 개평(开平)-1, 무명(茂名)-1, 매주(梅州)-1, 남해(南海)-7, 삼수(三水)-2, 산미(汕尾)-2, 소관(韶关)-1, 심천(深圳)-70, 순덕(顺德)-6, 대산(台山)-1, 신회(新会)-1, 홍녕(兴宁)-1, 양강(阳江)-1, 증성(增城)-2, 담강(湛江)-2, 조경(肇庆)-1, 중산(中山)-7, 주해(珠海)-3	191
광서(广西)	북해(北海)-1, 계주(桂林)-1, 류주(柳州)-1, 남녕(南宁)-7, 어주(梧州)-1, 옥림(玉林)-2	13
해남(海南)	해구(海口)-3, 삼아(三亚)-1	4
하북(河北)	보정(保定)-2, 창주(沧州)-1, 한단(邯郸)-1, 랑방(廊坊)-1, 진황도(秦皇岛)-2, 삼하(三河)-1, 석가장(石家庄)-5, 당산(唐山)-4, 장가구(张家口)-2	19

88 표에 들어간 내용은 맥도날드 중국 공식 사이트에 따라 정리한 결과(2009년 7월13일)다.

[표 4-1]의 계속

성(省)	시(市)	총수(개)
하남(河南)	초작(焦作)-1, 개봉(开封)-3, 낙양(洛阳)-2, 루하(漯河)-1, 남양(南阳)-1, 평정산(平顶山)-1, 복양(濮阳)-1, 신향(新乡)-1, 허창(许昌)-1, 정주(郑州)-9, 주구(周口)-1	22
흑룡강	대경(大庆)-1, 하이빈(哈尔滨)-7, 모단강(牡丹江)-1	9
호북(湖北)	형문(荆门)-1, 형주(荆州)-2, 십언(十堰)-1, 무한(武汉)-27, 양번(襄樊)-2, 의창(宜昌)-2	35
호남(湖南)	장사(长沙)-11, 상덕(常德)-1, 침주(郴州)-1, 횡양(衡阳)-2, 유양(浏阳)-1, 소양(邵阳)-1, 상담(湘潭)-2, 악양(岳阳)-1, 주주(株洲)-1	21
길림(吉林)	길림(吉林)-2, 장춘(长春)-4	6
강소(江蘇)	상숙(常熟)-1, 상주(常州)-4, 회음(淮阴)-1, 강음(江阴)-1, 군신(昆山)-1, 연운항(连云港)-1, 남경(南京)-25, 남통(南通)-1, 계동(启东)-1, 소주(蘇州)-5, 태흥(泰兴)-1, 무석(无锡)-8, 서주(徐州)-2, 오강(吴江)-1, 염성(盐城)-1, 양주(扬州)-4, 장가항(张家港)-1, 진강(镇江)-2	61
강서(江西)	구상(九江)-1, 남창(南昌)-2	3
료령(辽宁)	대련(大连)-17, 심양(沈阳)-20	37
내몽고(内蒙古)	호화호특(呼和浩特)-2	2
산동(山东)	동영(东营)-1, 제남(济南)-5, 림기(临沂)-1, 청도(青岛)-6, 일조(日照)-1, 수광(寿光)-1, 태안(泰安)-1, 위해(威海)-1, 유방(濰坊)-1, 치박(淄博)-3, 연대(烟台)-2	23
산서(山西)	대동(大同)-2, 임분(临汾)-1, 태원(太原)-5	8
섬서(陕西)	보계(宝鸡)-1, 위남(渭南)-1, 서안(西安)-9, 함양(咸阳)-1	12
사천(四川)	성도(成都)-13, 덕양(德阳)-1, 노주(泸州)-2, 면양(绵阳)-1, 내강(内江)-1, 남윤(南充)-1, 자공(自贡)-1	20
운남(云南)	군명(昆明)-7	7
절강(浙江)	안길(安吉)-1, 자계(慈溪)-1, 항주(杭州)-11, 호주(湖州)-1, 가홍(嘉兴)-3, 금화(金华)-2, 란계(兰溪)-1, 여수(丽水)-1, 녕파(宁波)-6, 구주(衢州)-1, 소홍(绍兴)-5, 대주(台州)-1, 운주(温州)-5, 소산(萧山)-1, 의무(义乌)-2, 여조(余姚)-1, 주산(舟山)-1	44

3) 브랜드 인식

20년의 긴 시간이 흐르면서 맥도날드는 중국에서 많은 성공과 실패의 경험을 하였다. 맥도날드가 중국에 진출한 시점의 특수성 때문에, 중국인들은 다른 나라 사람들과는 달리 맥도날드에 대해 특별한 브랜드 인식을 가지고 있다. 그 내용은 다음과 같이 분석할 수 있다.

첫째로, 맥도날드는 '미국화와 현대화에 대한 기대'[89]에서 친절한 '맥도날드 아저씨'로 변한다. 개혁 개방 이후 중국인들이 중국을 부유한 나라로 만들려고 하자 각자 개인들도 스스로 부자가 되어야 한다는 생각을 할 수 있게 되었다. 돈에 대한 욕망이 폭발적으로 늘어났으며, 각종 매체를 통해 미국이나 서양에 대해 알려고 노력하기 시작하였다. 특히 현대화와 부(富)를 열망하고 있는 오늘날의 중국인들은 미국에 큰 관심을 갖게 되었으며, 따라서 맥도날드는 폭발적인 인기를 얻게 되었다. 1992년, 북경에서 첫 번째 맥도날드 매장이 개장할 때 음식을 사기 위해 수천 명의 중국인들이 몇 시간 동안 참을성 있게 자기 차례를 기다렸다는 언론보도가 전 세계로 타전되기도 했다. 다만 그 당시의 문제는 햄버거, 콜라 등 패스트푸드가 서양에서 쉽고 편하게 먹을 수 있는 음식이었으나, 중국에서는 비싼 가격으로 인해 먹기 힘든 음식이었다는 것이다.[90] 또한 새로운 음식에 대한 호기심으로 매장에서 사람들이 줄을 서서 기다리는 경우도 있었다. 때문에 당시 중국인들은 맥도날드의 가장 큰 장점

89 에릭 슐로서,『패스트푸드의 제국』, 김은령 옮김, 에코리브르, 2001, 306쪽.

90 중국국가통계국의 통계에 따르면 베이징 시민은 1995년 한 해 외식의 총 소비액이 116.5위안으로 기록되어있다. 이를 통해 10위안 하나의 햄버거를 소비하는 것은 중국인들에게 아주 힘들었다는 것을 알 수 있다. 그리고 2001년의 통계에 따라 베이징 시민은 2000년 한 해에 외식에 총 소비액이 1958.31위안으로 되어있으며 경제가 1995년보다 크게 성장했다고 볼 수 있다. 따라서 2000년에 들어온 뒤 맥도날드를 먹는 것은 더 이상 중국인들에게 힘든 일이 아니었다. 더불어 지금 맥도날드는 비싼 음식이 아니다.

인 편리함과 빠름을 느끼지는 못하기도 했다. 그러나 경제성장에 따라 중국 내의 맥도날드 매장 수가 늘어가면서 중국인들의 맥도날드에 대한 인식도 바뀌어 가기 시작했다. 미국화와 현대화에 대한 기대로서의 맥도날드에서 이제는 친절한 맥도날드 아저씨가 되었다.

둘째, 맥도날드는 사회적 지위의 상징에서 젊음과 패션의 상징으로 변해간다. 현재 맥도날드는 흔히 먹을 수 있고 값싼 음식이지만, 1990년대 초 중국에 들어올 때만해도 한 개당 10위안하는 햄버거는 아주 비싼 것이었다. 그 당시 북경에서는 맥도날드에서 음식을 사 먹는다는 것만으로도 그 사람의 사회적 지위를 가늠할 수 있다고 충분히 생각될 정도였다.[91] 하지만 21세기에 들어서며 경제 발전에 의해 중국인들이 여유를 갖게 되면서 10위안의 햄버거를 먹는 것은 그들에게 더 이상 힘든 일이 아니게 되었다. 이제 맥도날드는 돈 있는 사람들만 갈 수 있는 곳이 아니라 일반 대중에게도 아주 친숙해진 곳이 되었으며, 젊은이들이 통상 모임이나 데이트를 하는 장소가 되었다. 중국 맥도날드 매장에 가면 언제나 교복을 입은 학생이나 젊은이들을 쉽게 볼 수가 있다. 맥도날드가 점점 젊음과 패션의 상징이 되어가고 있는 것이다.

셋째, 맥도날드는 이제 아이들의 음식거리가 되었다. 인류학자 류시앙 옌이 북경의 초등학생들을 대상으로 조사해 보니 맥도날드에 대해 잘 알고 있었다는 결과가 나왔다.[92] 옌의 조사에 따르면 아이들은 "재미있고 따뜻하고 친절하며, 아이들의 마음을 잘 알고 있기 때문에 맥도날드 아저씨를 좋아한다"는 것이다. 코카콜라는 중국 어린이들에게 가장 인기 있는 음료수가 되었으며, 맥도날드의 메뉴는 가장 인기 있는 음식이 되었다. 한 가정에서 아이를 한 명만 낳을 수 있는 중국의 인구정책에

91 에릭 슐로서, 앞의 책, 308쪽.
92 같은 책, 308쪽.

따라 1980년 이후 어른 6명(부모님, 할아버지, 할머니, 외할아버지, 외할머니)이 함께 아이 한 명을 키우는 상황이 된 탓에, 중국은 어른들이 아이들의 욕구를 모두 만족시키려고 무척 애를 쓰고 있는 형편이다. 아이들 생일 때 온 가족들이 함께 모여 맥도날드에서 파티하는 모습이 낯설지 않게 된 것이다.

4. 맥도날드 광고의 변화

맥도날드는 중국 시장에 진출한 뒤 빠른 속도로 전국 각 지역으로 퍼져나가는데 성공한 글로벌 기업이다. 맥도날드만의 특별한 장점이 분명히 있는 셈이다. 맥도날드가 세계 시장에 진입하는 과정에서는 어떤 현지화 전략이 사용되었을까? 중국에서는 맥도날드가 중국 시장을 응대하는 현지화 전략이 상당히 유효했던 것처럼 보인다. 이 현지화 전략은 여러 가지가 있는데, 특히 광고를 중심으로 살펴볼 필요가 있는 것 같다. 광고는 기업의 경제 수입, 사회 이익, 경쟁력, 브랜드 이미지 등의 여러 측면에 중요한 영향을 미친다. 맥도날드가 중국에서 성공할 수 있었던 데에는 맥도날드만의 독특한 친중국적 광고가 큰 역할을 했다고 말할 수 있다. 중국에서의 맥도날드 광고를 3단계로 나누어 각 시기별 TV-CM의 특징과 에피소드에 대해 살펴보자.

1) 1단계 (1990년대 초반~1990년대 중반)

맥도날드가 중국 시장에 들어온 1990년대 당시에는 도시 사람들만 관심이 있었고 일반 대중에게 보편적으로 인정을 받지 못했다. 그러다가 경제가 발전하면서 맥도날드의 광고 역시 점점 대중들의 눈에 띄기 시작하였다. 90년대 당시 중국의 광고업은 내용이 딱딱하고 창의성도 부족해서 외국과 비교해 볼 때 많이 뒤떨어져 있었다. 그렇지만 맥도날드의 독특한 광고는 사람들에게 깊은 인상을 주었다. 맥도날드측도 중국에서 막 자리를 잡으려고 할 시기였기 때문에 광고의 핵심을 즐거운 이미지에 두기로 결정했다고 전한다. 당시 맥도날드의 광고는 주로 어린이와 부모 대상의 서양 패스트푸드 존재에 대한 전파였다.

초기 맥도날드 광고의 에피소드는 아주 간단하다. 화면에서 한 아기가 등장하고 침대의 흔들림에 따라 아기의 얼굴에서 극적 변화가 나타난다. 아기가 창문에 가까이 갈 때는 웃음이 나오고, 반대로 창문에서 멀리 떨어질 때에는 울음이 나오는 장면의 반복이다. 카메라가 열린 창문 쪽으로 이동하면서 아기가 창문 밖 경치의 변화를 느끼나는 것을 알 수 있도록 연출되었다. 창문에 가까이 갈 때는 맥도날드의 M을 볼 수 있고 멀리 떨어질 때는 푸른 하늘만 볼 수 있다.

이 광고는 제43회 칸 광고제에서 상을 받았다. 사람들이 재미를 느낄 수 있을 뿐만 아니라, 화면에 보이는 아기의 웃음과 울음에서 아기만의 특유한 천진난만한 감정에 대해 느낄 수 있기 때문이었다. 그렇지만 다른 한편으로는 이 광고가 어떤 조작적인 관념을 표현하고 있다고 해석되기도 했다. 말도 하지 못하는 아기가 태어나면서부터 맥도날드에 대해 호감을 갖게 되었다는 면과 맥도날드를 아이들이 즐겨먹는 음식으로 만들었다는 면이다. 어떻든 간에 이를 통해 중국 내 맥도날드의 인지도는 높아졌으며, 부모들이 자녀들에게 맥도날드를 사주어야 한다는 인식도 확산되었다. 맥도날드는 중국인들의 마음 속에 있는 행복한 현대 생활의 상징 중 하나가 되었고, 중국 젊은이들이 맥도날드를 즐겨먹는 중요한 심리적 원인이라고 해석될 수 있게 되었다. 현재 맥도날드는 도시인들로부터 인정받고 있는데, 이 광고가 그 과정에서 끼쳤던 영향을 무시하지

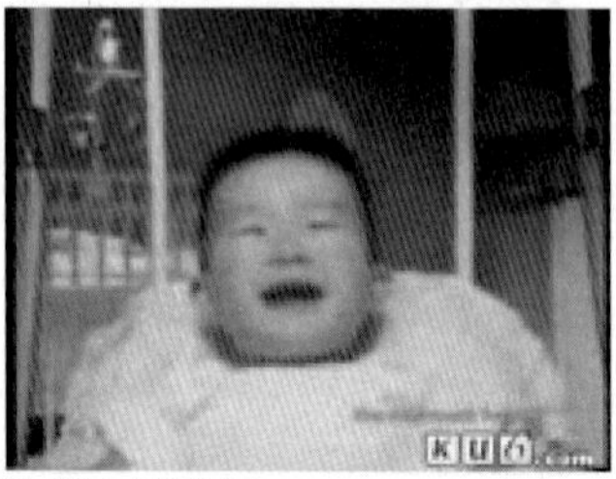

© 중국 맥도날드

[그림 4-4]

© 중국 맥도날드

[그림4-5]

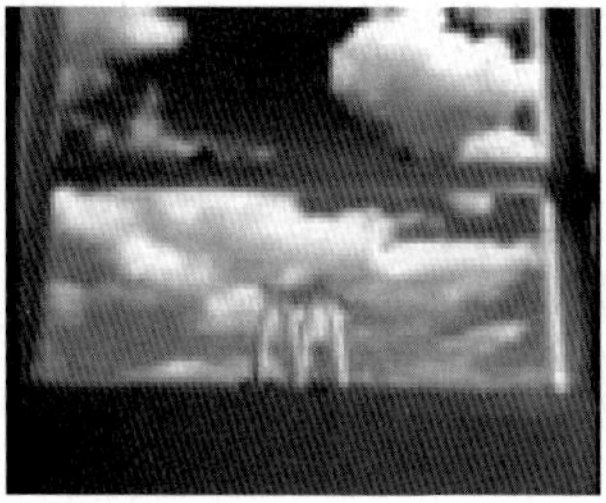

© 중국 맥도날드

[그림 4-6]

못할 것이다.

2) 2단계 (1990년대 중반~2002년)

보통 일류 브랜드는 소비자들에게 어느 정도 만족할만한 서비스를 제공한다. 초일류 브랜드는 기업의 서비스나 제품을 고객들에게 더욱 분명하게 각인시키며, 고객들의 직접적인 체험만을 통해서가 아니라 입소문으로 소비의 꿈을 현실화시키기도 한다. 이것이 바로 초일류 브랜드의 힘이다. 1990년대 중반부터 맥도날드는 광고를 통해 중국 내 브랜드 이미지를 만들고자 여러차례 시도하였다. 광고가 소비자에게 전달하고자 하는 브랜드 이념과 가치를 감안해 보았을 때, 맥도날드 광고는 크게 네 가지 장르로 나누어볼 수 있다.

첫 번째는 사회적 지위나 위치다. 이 장르의 광고는 맥도날드가 중간계층 특히 화이트컬러의 생활양식임을 표방(標榜)하고 있다. 맥도날드를 소비하는 것은 여유있는 현대적 삶을 즐기는 것이며 맥도날드를 소비하지 않는 사람보다 더 즐겁다고 주장한다. 광고를 예로 들어 살펴보자.

〈광고 1〉 아침 출근길의 한 남자는 신문을 돌리고 있고, 한 남자는 생수 배달을 하고 있다. 또 어떤 사람들은 빨리 움직이고 있고 어떤 사람들은 낡은 버스를 탑승하고 있다. 시끄러운 길거리에서 한 여자가 시를 낭송하고 있는 것이 보이며 시 낭송 소리가 들린다. 화면이 가까워지면서 상황이 밝혀진다. 옷을 단정하게 차려입은 한 여자가 M로 새겨져 있는 건물에서 여유있게 앉아 맥도날드를 즐기고 있다. 마지막으로 스크린에서 "좋은 아침은 맥도날드로부터 시작합니다(美妙早晨從麥當勞開始)"라는 자막이 떠오른다.

〈광고 2〉는 〈광고 1〉과 비슷하다. 주인공은 양복을 입는 남자로 바뀌었으며, 시 낭송대신 휘파람을 불고 있다. 자막에도 약간의 차이가 있다. "상쾌한 아침은 맥도날드로부터 시작합니다(輕鬆早晨從麥當勞開始)"로 바뀌었다.

〈광고 3〉은 몽타주(편집)의 방법으로 적절하게 정리되었다. 정장을 입은 젊은 여자 한 명이 한 손에는 맥도날드를 들고 다른 한 손에는 핸드백을 메고 아이들 게임을 하고 있다. 남자 한 명도 한 손에는 맥도날드를 들고 다른 한 손에는 쇼핑백을 들고 엘리베이터에서 춤을 추고 있다. 엘리베이터 문이 열리자 그는 정상으로 바뀌어 미소를 지으면서 나온다. 또 다른 젊은 남자 한 명이 맥도날드 점포 내에서 맛있는 음식을 즐겨먹고 있다. 어린이 한 명이 뒤돌아보고 환한 미소를 진다.

두 번째는 낭만적인 분위기다. 맥도날드는 젊은 커플들의 이상적인 데이트 장소다. 중국의 선남선녀들은 맥도날드에 즐겨 다니며, 매장에는 커플용 자리가 설치되어 있다. 맥도날드가 낭만적 분위기를 주도하려 한다는 것을 쉽게 알 수 있는 설정이다.

〈광고 4〉 큰 M을 붙인 유리창 뒤에 어떤 커플 한 쌍이 같이 앉아 콜라를 마시고 있다. 대화가 시작된다. 남자가 "오늘따라 콜라는 아주 시원하고 감자튀김이 특별히 맛이 좋고 후라이드윙도 맛있다"고 말한 다음에 미리 준비해 놓은 후라이드윙 박스를 여자에게 준다. 여자가 박스를 열자 다이아몬드 반지가 보인다. 여자는 아주 기쁘다. 남자가 웃으면서 여자의 반응을 기대하고 있다. 그러나 여자는 "윙이 어디있어"라고 묻는다.

〈광고 5〉 두 청년이 맥도날드에서 음식을 먹고 있고, 옆 테이블에 예쁜 여자가 있다. 둘 중 한 명은 감자튀김을 하나하나 먹으면서 "좋아한다", "안 좋아한다"를 중얼거리고 있다. 마지막 감자튀김을 먹을 때 "좋아한다"라 말하고 있다. 그는 흥분해서 상상을 시작한다. 여자가 그에게 웃음을 짓고, 둘은 빗속에서 서로 안고 결혼하고... 그러나 옆에 있는 청년이 그 마지막 감자튀김을 빼앗아 먹으면서 "그녀는 널 안 좋아해"라고 말한다.

〈광고 6〉 추운 겨울날의 기차역에서 커플 한 쌍이 이별하고 있다. 여자가 기차를 타기 전에 남자가 점퍼를 벗어주었다. 감동받는 여자가 점퍼를 보면서 조심스럽게 만진다. 기차가 떠난 뒤 여자가 주머니에서 감자튀김 한 봉지를 꺼낸다. 순간에 여자가 흥분해지면서 점퍼를 옆자리로 던진다.

© 중국 맥도날드

[그림 4-7][93]

© 중국 맥도날드

[그림 4-8][94]

© 중국 맥도날드

[그림 4-9][95]

세 번째는 전통관습이다. 이 장르의 광고에서는 맥도날드가 중국인들의 전통 관습(춘절, 새해 축하인사 등)을 존중해줄 뿐만 아니라 전통적인 가치관과 예술의 예를 들어 경로와 서법(書法)을 홍보해 준다. 이는 맥도날드란 기업 브랜드를 중국인의 일상에 깊숙하게 파고 들어가게 하여 그들의 머리 속에서 외국브랜드에 대한 경계심과 배척감을 최소화시켜 맥도날드에 대한 친근감까지 느끼게 해준다.

93 화이트칼라라는 사회적 지위를 표현하고 있는 맥도날드 광고.
94 남녀 간의 사랑을 표현하는 맥도날드 광고.
95 춘절 때의 맥도날드 광고.

〈광고 7〉 낡은 문이 열리자 아이들이 빨간색 연에 그림을 그린 다음 연날리기 놀이를 한다. 빨간색 연들이 하늘에서 날아다니고 폭죽 소리가 춘절을 암시한다. 마지막으로 문이 닫히고 스크린에서 "풍조우순(風調雨順)"이란 자막이 떠오른다. 이 광고는 처음부터 끝까지 중국전통음악을 사용한다.

〈광고 8〉 새해의 유쾌한 분위기 중에 한 가족이 기분 좋게 바다를 향해 낚시하러 간다. 처음에는 물고기들이 모이지가 않아 분위기가 약간 답답하다. 한 사람이 햄버거를 먹기 시작하는데, 빵위에 깨 한알이 물에 빠져 들어가게 되고 이른 감지한 물고기들이 싸우듯이 낚시대를 향해 몰려온다. 이 광고는 과장의 방법을 사용하여 수많은 물고기들이 꼬리에 꼬리를 물고 나타나 심지어 상어까지 나타난다. 이 광고에서 나오는 문구는 "맥도날드가 여러분들께 새해 인사를 올립니다. 새해 복 많이 받으시고 행복하세요"다.

〈광고 9〉 할아버지와 손자가 소파에 앉아 있고, 각자 손에 햄버거 하나를 들고 있다. 할아버지는 잠이 들게 되어, 손자는 할아버지에게 담요를 덮어주고 안경을 벗겨준다. 다음은 손자가 할아버지의 햄버거를 받아서 기쁘게 먹는다. 그때 할아버지가 빙그레 웃음을 짓는다.

네 번째는 행복한 어린이이다. 이런 형태의 광고들은 주로 어린이를 중심으로 놓고 있으며, 맥도날드가 어린이에게 즐거움과 행복을 줄 수 있다는 메시지를 전달하고 있다.

〈광고 10〉 맥도날드 매장에서 아버지와 어린 아들이 함께 게임을 하고 있다. 아버지가 손으로 얼굴을 가릴 때마다 어린 아들은 치킨 한 조각씩을 훔쳐 먹는다.

전반적으로 이 시기의 맥도날드 광고는 예전보다 크게 두 가지 변화를 보이고 있다. 첫째는 예술성이 높아졌다는 것이다.[96] 구체적으로 말하면, 맥도날드는 중국전통문화와 풍속습관을 광고로 표현해내면서 광고와 현지화를 결합시켜 예술성과 작품성에서 광고 메시지의 효과를 극대화시킨다. 글로벌 기업으로서의 맥도날드는 중국 한 지역의 문화에 잘 적응해 있다고 볼 수 있다. 예를 들면 〈광고8〉 중의 어(魚)는 중국에서 아주 특별한 뜻을 가지고 있다. 어는 '여유' 혹은 '부(富)'의 상징이다. 물고기를 많이 잡는 광고가 "새해 여유있고 부족(富足)스럽게 살자"라는 의미를 담고 있다. 둘째로는 감정 표현, 특히 애정과 가족 감정에 대한 표현이 늘어났다. 감정 표현의 광고는 어떤 작은 에피소드 혹은 특별한 사건을 대해 묘사하고 과장하여 어떤 생활양식을 주장하거나 어떤 감정이나 분위기니 정서를 영위하는 것이다. 애정 표현을 맥도날드와 연결시키는 것은 미국인들에게 상상하기 힘든 일이지만, 이는 중국에서 가능하고 실제로도 발생하고 있는 일이다. 중국의 소비자들이 맥도날드를 재해석하였고, 더불어 광고가 그들이 해석한 결과를 강화시켜주었다. 〈광고4〉에서 여자가 다이아몬드반지보다 후라이드윙을 더 좋아한다. 〈광고6〉에서 여자가 최종적으로 남자친구의 점퍼 대신 감자튀김을 선택한다. 결론적으로 말하면, 이 시기의 광고는 맥도날드를 행복한 현대화의 삶과 동일화시켜 기업의 좋은 이미지를 만들었다.

3) 3단계(2002년～현재)

2002년에 이르러 맥도날드는 많은 어려움을 겪은 후 새로 부임한 래리 라이트(Larry Light)는 혁신을 시도하였다. 젊음과 패션을 강조한 맥도날드로 전략을 바꾼 것이다. 이것은 광고에서도 반영이 되었다. 설문

96 李佳, 「浅谈麦当劳在中国的广告创意」, 『湖南民族职业学院学报』, 2007年6月, 第3卷第2期, 41-42쪽.

조사에 따르면, 많은 젊은 소비자들이 "맥도날드 아저씨의 이미지가 너무 촌스럽다"고 생각하고 있으며, 브랜드 업그레이드가 절박하다고 생각하는 것 같다. "I'm loving it"의 경영 전략은 젊은이의 "쿨하다(cool)", "마음대로 하다" 등 사유방식과 일치한다. 중국에서는 맥도날드의 새로운 구호가 젊은이들의 호감을 일으켰다.

또한 광고에 출연하는 모델들을 젊은이들이 좋아하는 가수나 배우로 기용하기 시작했다. 예를 들어 중국어판 맥도날드 광고의 주제곡을 부른 가수 왕력굉(王力宏)은 중국의 젊은이들 사이에서 인정받고 호소력이 있으며 진취심과 정직함으로 청년들에게 모범적인 이미지를 가지고 있다. 왕력굉이 직접 작곡·작사한 곡인 "I'm loving it〈我就喜歡〉"이 나오자마자 유행되었으며, 각종 음악차트에서도 좋은 성적을 얻었다. 이 때문에 맥도날드는 많은 주목과 인기를 받았다.

맥도날드 브랜드의 업그레이드를 위해 중국에서는 2003년 11월 24일부터 두 엠(TWO M) 프로젝트가 실행되기 시작하였다. 맥도날드(M)와 M-Zone의 동감지대(動感地帶)[97]가 연맹해서 공동으로 "통신 + 패스트푸드"라는 시장마케팅을 시작한 것이다. 중국이동통신회사의 책임자는 이 이벤트 현장에서 "가장 쿨하고 가장 눈부시고 가장 감동적이다(最酷, 最眩, 最感動)"고 말하기까지 했었다.

이 특별한 이벤트는 중국의 젊은이들 사이에서 많은 관심과 주목을 받았다. 맥도날드와 중국이동통신은 업무 범위가 크게 관련이 없지만, 이 두 엠 프로젝트로 공동 목표와 브랜드 개성을 만들기 위해 같은 길을 걸어가는 동반자가 되었기 때문이다. 맥도날드의 실제 매장에서는 가격이 21.5위안인 세트 메뉴를 M-Zone에 가입한 멤버들에게만 15위안으로 판매할 뿐만 아니라, 매 달의 세트 메뉴는 M-Zone 멤버들이 투표로 결

97 중국 이동통신회사가 젊은이를 대상으로 개설한 요금제다.

정하는 식이다.

사실 M-Zone은 뚜렷한 브랜드 이미지를 가지고 있다. "나의 스페이스, 나의 말을 들어라(我的地盤聽我的)"는 많은 젊은이들의 공감을 일으켜서 맥도날드도 이 점에 대해 매우 중시하고 있다. M-Zone 멤버들이 맥도날드 제품을 구입할 경우에는 가격에 혜택을 받을 수 있다. 예전에는 맥도날드 점포를 방문할 때 햄버거나 감자튀김을 먹기만 했으며 매장 안에 있는 오락 시설은 중국 젊은이들을 만족시키지 못했다. 그러나 M-Zone과 연합한 뒤에는 중국 젊은이들이 매장 내 시설에 대해 더 많이 만족하고 있는 것 같다.

맥도날드는 중국의 특별한 행사와 축제와 더불어 광고를 제작하고 있다. 예를 들면, 2008 베이징 올림픽 때 중국 팀을 응원하기 위해 제작된 광고들이 많았다. 이 단계의 맥도날드 광고는 많은 중국적 요소를 첨부하여 중국인들이 행복하고 즐거운 삶을 추구하는 모습을 반영해 그들의 공감을 일으켰다. 또한 이를 통해 맥도날드는 중국인들에게 즐거움과 행복을 줄 수 있는 기업이라는 이미지를 강화시켰다.

〈광고 11〉 중국의 인터넷문화와 젊은이들의 우정과 결합시켜 제작한 광고다. 남학생은 주인공을 삼아 "나의 진짜 친구는 누구"라는 주제로 그의 인터넷 친구 318명 친구를 대상으로 설문조사를 한다. 첫 번째로 자주 인터넷으로 채팅하는 친구가 누구냐라는 질문에 대한 결과가 126명이 나온다. 두 번째로 비밀까지 이야기할 수 있는 친구가 누구냐라는 질문에 대한 결과가 52명이 나온다. 세 번로 비밀을 지켜줄 수 있는 친구가 누구냐라는 질문에 대한 결과가 8명이 나온다. 마지막으로 최근 만나는 친구가 누구냐라는 질문에 대한 것인데 남학생이 주변을 살펴보지만 한 명도 없다. 이때 M이 새겨져 있는 콜라컵이 나오자 온 사방에서 맥도날드 햄버거를 들고 친구들이 한명 한명씩 나와 남학생의 얼굴이 해맑아

진다.

〈광고 12〉 어린이 응원 챔피언의 공모 광고다. 어린이들과 인기가 많은 금메달 선수들이 화면에서 응원 노래를 부르면서 춤을 춘다. 스크린에서 광고 문구는 "올림픽 대회에 가보고 싶은 어린이들은 모두 기회가 있다. 맥도날드 올림픽 이벤트에 참가해서 어린이 응원 챔피언이 되자. 모두 함께 올림픽의 꿈을 이루자!"다.

〈광고 13〉 중국 농구 스타인 야오밍(姚明)을 주인공으로 한 광고 시리즈다. 야오밍은 중국 국내뿐만 아니라 해외에서도 상당한 인지도가 있는 농구 선수다. 광고 시리즈는 성장단계의 야오밍의 모습을 보여주면서 야오밍의 큰 키처럼 큰 사이즈의 햄버거 메뉴를 개발한다. 야오밍이 끊임없이 노력하는 진취심과 긍정적 이미지가 맥도날드의 브랜드 이미지와 잘 어울려 맥도날드에 큰 도움을 주었다.

이상 서술한 바와 같이 광고를 통해 맥도날드는 자신의 브랜드 이미지를 세웠고, 중국인들한테서 많은 인정과 신뢰를 얻었다. 사실 광고 외에도 맥도날드는 중국에서 많은 현지화 전략을 실행하였다. 중국인들의 식습관에 맞춰 중국인들을 위한 메뉴를 개발하였다. 끊임없이 중국인들과 소통하려 노력하고 있으며 외국 기업임에도 불구하고 중국에서 적극적으로 사회봉사를 지원하고 있다. 특히 2008년 지진이 일어난 뒤에 맥도날드는 피해 지역 사람들에게 많은 물질적 지원과 정신적 응원을 보내 주었다. 맥도날드를 중국 현지화 전략에 성공한 글로벌기업으로 생각하는 것에는 아무런 무리가 없다.

5. 중국의 문화, 맥도날드의 문화

이상 서술한 바와 같이 맥도날드는 광고에 3단계의 변화를 제공함으로써 중국화 되어간다고 말할 수 있다. 맥도날드가 광고에 크게 성공했다는 것은 시사하는 바가 많지만, 그 중에서도 가장 중요한 것이 전체와 부분의 관계, 즉 글로벌과 로컬의 관계를 잘 조절했다는 점이다. 엄마와 아이들의 낙원에서부터 "I'm loving it"의 개성화 주제까지 맥도날드는 전 지구에서 마케팅 전략이 기본적으로는 똑같다. 어느 나라든 지역이든 글로벌화 상품과 서비스는 다 일치하고 있으며, 글로벌화의 마케팅 전략이 맥도날드 현지화의 토대가 된다. 이것이 없었으면 중국식의 따뜻함이나 특징도 존재하지 못했을 것이다.

반대로 현지화의 광고 아이디어가 없었다면 맥도날드가 글로벌화 되기 어려웠을 것이다. 세계에서 일치도가 높은 "I'm loving it"과 생활양식, 패션 요소, 인기 아이돌과 음악을 사용함에도 불구하고, 각 나라 각 지역 젊은이들의 우상은 다르므로 해당 지역에서 가장 영향력이 있는 아이돌과 음악을 선택하지 않으면 그들의 시선을 끌어낼 수가 없을 것이기 때문이다. 그래서 앞선 글로벌 마케팅과 광고 아이디어의 현지화 및 개성은 맥도날드가 성공의 진정한 관건이라고 말할 수 있다. 진정한 글로벌화는 각 나라의 문화를 잘 이해하고 존중하고 적응하는 것이다. 이상 글로벌기업인 맥도날드의 중국화에 대해 검토해 보았고, 이를 통해 글로컬문화가 무엇인지에 대해서도 살펴보았다. 패스트푸드를 대표하는 미국의 맥도날드는 다른 나라들에서와 마찬가지로 중국에서도 많은 비난을 받았고 심지어 불매운동까지 벌어진 적이 있었다. 그럼에도 불구하고 맥도날드는 성공적으로 중국에 적응하였다.

맥도날드는 단순히 패스트푸드 상품만이 아니라 맥도날드 문화다. 맥도날드는 중국인들의 식생활에 큰 변화를 일으켰을 뿐 아니라 사람들의 사고방식이나 문화에도 많은 영향을 미쳤고 또 미치고 있다고 본다. 맥도날드는 앞으로도 중국에서 더욱 확장될 수 있으리라 본다. 왜냐하면 아직 맥도날드를 접하지 못하는 곳이 더 많기 때문이다. 하지만 도전도 만만치 않다. 자본주의의 대표적 산물이라는 비판, 건강에 유익하지 못하다는 패스트푸드에 대한 비판과 불신이 심각해지고 있는 것이다. 맥도날드가 어떤 전략을 사용하여 당면한 여러 어려움을 극복할지에 대해서는 앞으로 더 지켜봐야 할 것 같다.

Check Points

✓ 맥도날드가 중국 시장에 진출한 시대적 · 문화적 배경은 무엇인가?
✓ 맥도날드의 현주소를 간판 및 명칭, 매장분포, 브랜드 인식이라는 면에서 본다면?
✓ 맥도날드 광고를 개념, 내용, 문구 등의 차이 및 특징에 초점을 맞춰 순차적으로 그 변화를 살펴본다면?
✓ 중국에서 맥도날드의 득(得)과 미래 발전의 전망은 어떠한가?

더 읽어야 할 책 소개

Mike Featherstone, 『**消解文化: 全球化, 後現代主義與認同**(Undoing Culture: Globalization, Postmodernism and Identity)』, **楊渝東 譯**, **北京大學出版社**, 2009. 이 책은 문화 분야의 형성 · 변형과 더불어 세계화가 문화 분야에 미치는 영향 등에 대하여 이야기하고 있다. 세계화가 제공하는 거대한 무대는 각종 문화들이 모여 교류 · 융합하는 곳임과 동시에 차이, 권력과 인지도의 경쟁이 끝까지 진행되는 곳이라는 내용을 담고 있다.

蘇國勛 · 張旅平 외, 『**全球化: 文化衝突與共生**』, **社會科學文獻出版社**, 2006. 사회학적 시각으로 세계화가 사회문화 분야의 집중적 표현에 일으킨 결과를 분석하는 책이다. 특히 문화와 경제 · 정치 간의, 혹은 다른 문화나 문명 간의 상호작용으로 인해 세계화가 세계문명, 정체성, 민족국가 등 여러 측면에서 나타난 충돌과 공생을 이야기하고 있음을 담고 있다.

John Tomlinson, 『**全球化與文化**(Globalization and Culture)』, **郭英劍 譯, 南京大學出版社**, 2002. 사회학 · 문화연구 이론으로 세계화의 문제를 분석하는 책이다. 세계화의 과정과 당대 문화 간의 관계를 언급하며, 이를 사회 · 문화의 현대성에 관련된 논쟁과 연결시켜 현대사회의 복잡한 체험을 분석하는 내용 등을 담고 있다.

5

인터넷 야후 사이트의 국가별 웹 디자인 차별화

5

인터넷 야후 사이트의 국가별 웹 디자인 차별화

이 장에서는 글로컬문화의 사례로서 인터넷 사이트 야후의 웹 디자인을 분석하였다. 야후는 야후닷컴 외에도 39개의 국가 및 국가 내 언어별 사이트를 별도로 만들어서 제공하고 있다. 해당 국가의 문화 및 그 나라 사람들의 감성 등이 웹 사이트 디자인에 반영되었는지 살펴보기 위해 같은 시기에 국가별 야후 웹사이트의 메인페이지 디자인이 어떻게 다르게 나타나는지 비교하였다.

1. 웹 사이트와 웹 디자인

우리는 영화, 사진, 그림과 같은 여러 가지 이미지를 접하며 살아가고 있다. 그중 우리 현실 속에 가장 깊숙이 침투한 이미지 가운데 하나는 컴퓨터를 켜서 인터넷을 연결하면 마주할 수 있는 웹사이트의 메인 화면(Main page 혹은 Index page)이다. 웹 사이트에서 제공하는 메인 화면은 여러 개의 사진과 그림, 글이 한 화면에 통합되어 있는 독특한 양식의 비주얼 텍스트라고 볼 수 있다.

웹 디자인은 불특정 다수의 사용자가 접근할 수 있으며 상호작용이 이루어진다는 점에서 다른 매체의 디자인에 비해 유동적이고 개방적이다. 그중 웹사이트의 메인페이지는 이용자의 계속적인 검색과 방문을 유도해야 한다는 점에서 다른 페이지에 비해 중요도가 높다. 사이트의 방문객을 늘리기 위해서는 사람들의 주의를 끌고 흥미를 불러일으킬 수 있는 메인페이지 디자인을 제공해야 할 필요가 있는 것이다.

이 장에서는 하나의 웹사이트가 전 세계 사람들을 대상으로 하는 국가별・국가 내 언어별 사이트를 구축함에 따라 각국 사람들의 심성 및 감성을 반영하여 그 메인 화면을 어떻게 다르게 디자인했는지를 알아보고자 한다. 이는 문화의 차이에 의한 지역성(locality)의 반영이 비주얼 텍스트, 즉 웹 사이트 디자인의 차이를 가져온다는 가정 하에 이루어졌다. 이와 같은 면을 가장 잘 볼 수 있다는 판단 아래 야후 사이트를 조사 대상으로 선정하였고, 각국의 야후 사이트의 첫 화면 디자인이 같은 시기에 어떻게 다르게 표현되는지 살펴보았다. 조사 시점은 2008년 11월로, 이 시기에 각국의 야후 사이트 메인 화면 웹 디자인의 전체적인 현황을 파악하였다. 또한 계절 및 특정 기념일을 반영한 웹 디자인의 변화를 알아보기 위해 할로윈과 크리스마스 시즌인 2008년 10월과 12월에는 로고 이미지를 중심으로 조사하였다. 조사는 야후 인터내셔널 홈페이지(http://world.yahoo.com)에 나타난 40개의 국가 및 국가 내 언어별 사이트를 대상으로 하였다.

먼저 국가별 야후 사이트가 구축된 배경과 현황, 특징을 살펴보고, 국가별 야후 사이트의 메인 화면 디자인이 나라별로 어떤 차이를 보이는지 로고, 색채, 레이아웃을 기준으로 비교·분석하였다. 그 다음에 할로윈과 크리스마스 등의 특정 기념일이 세계 각국의 야후 사이트의 로고에 어떤 영향을 미쳤는지 조사하였다.

2. 야후의 국가별 사이트 구축과 특징

야후!(YAHOO!)는 1994년 4월 미국 스탠퍼드 대학교의 제리 양(Jerry Yang)과 데이비드 파일로(David Filo)가 개발한 검색엔진이자 포털사이트이다. 사이트 명인 '야후'라는 이름은 'Yet Another Hierarchical Officious Oracle'이라는 의미라고 전해진다. 야후는 국가별로 그 문자처리에 맞는 사이트와 검색엔진을 구축하기 시작했다. ('야후! 인터내셔널(YAHOO! INTERNATIONAL)', 한국명: 야후! 가족(YAHOO! FAMILY)) 야후닷컴이 제공하는 국가 및 언어의 사이트는 2008년 11월 총 40개가 존재한다. 야후닷컴 사이트 좌측 하단의 '야후 인터내셔널(Y! International)'을 클릭하면 크게 아메리카 대륙, 유럽, 아시아-태평양으로 분류되어 권역별로 어떤 나라의 사이트를 구축해놓았는지 쉽게 파악할 수 있다. 아메리카(Americas)에는 아르헨티나, 브라질, 캐나다, 칠레, 콜롬비아, 멕시코, 페루, 베네수엘라, 캐나다 내 프랑스어(퀘벡), 미국 내 스페인어(에스파냐), 야후닷컴(미국) 사이트가 개설되어 있고 유럽(Europe)에는 오스트리아, 카탈로니아, 덴마크, 핀란드, 프랑스, 독일, 이탈리아, 네덜란드, 노르웨이, 러시아, 스페인, 스웨

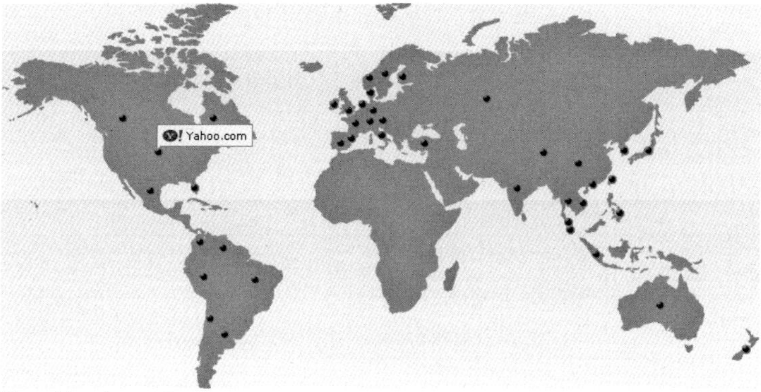

© world. yahoo.com

[그림 5-1] 지도상에 표시된 국가별 야후 사이트

덴, 스위스, 영국＆아일랜드의 사이트가 있으며, 아시아-태평양(Asia Pacific)에는 아시아, 호주, 중국, 홍콩, 인도, 인도네시아, 일본, 대한민국, 말레이시아, 뉴질랜드, 필리핀, 싱가포르, 타이완, 태국, 베트남의 사이트가 존재한다.[98]

대부분의 야후 사이트는 국가를 기반으로 만들어져 있는데 비해 야후 아시아, 야후 미국 내 스페인어, 야후 캐나다 내 프랑스어 사이트가 존재한다는 점이 특이하다. 야후 미국 내 중국어 사이트는 2007년 10월까지 이용되었으나 지금은 존재하지 않는다. 야후 아시아는 1997년 경 야후에서 별도로 만든 사이트가 아시아 중에서는 한국과 일본의 것밖에 없었던 상황에서 구축되었고, 두 나라를 제외한 아시아 국가의 사람들이 방문했던 것이 이어져 내려온 것으로 그 본부는 대만에 있다. 또한 아프리카와 중동의 나라들을 위한 독립된 사이트는 아직 구축되지 않은 상태라는 점을 알 수 있다.

98 http://world.yahoo.com 2008년 11월 2일 기준. 존재하는 사이트의 분류와 순서는 야후 인터내셔널(YAHOO! INTERNATIONAL)을 따르고, 국가명의 표기는 야후! 코리아 패밀리(YAHOO! FAMILY)를 따랐다.

[표 5-1] 국가별 야후 사이트의 현황

대분류	해당 국가 및 언어별 사이트
아메리카 (Americas)	아르헨티나, 브라질, 캐나다, 칠레, 콜롬비아, 멕시코, 페루, 베네수엘라, 캐나다 내 프랑스어(퀘벡), 미국 내 스페인어(에스파냐), 야후닷컴(미국)
유럽 (Europe)	오스트리아, 카탈로니아, 덴마크, 핀란드, 프랑스, 독일, 이탈리아, 네덜란드, 노르웨이, 러시아, 스페인, 스웨덴, 스위스, 영국&아일랜드
아시아-태평양 (Asia Pacific)	아시아, 호주, 중국, 홍콩, 인도, 인도네시아, 일본, 대한민국, 말레이시아, 뉴질랜드, 필리핀, 싱가포르, 타이완, 태국, 베트남

야후닷컴(미국) 외에 39개의 독자적인 야후 사이트가 존재한다는 것은 이들 나라의 언어적 다양성과 특수성을 인정하고 이들에게 맞는 콘텐츠와 검색엔진을 제공해준 것을 의미한다. 처음 인터넷이 보급된 1990년대 초반까지만 하더라도 전 세계의 사람들은 인터넷을 이용하기 위해서 주소창에 홈페이지 주소를 영어로 직접 입력해야 했고, 영어로 된 사이트의 내용을 읽어나가야 했다. 그래서 당시에 국내에서 인터넷을 이용하던 사람들은 PC통신 이용자보다는 상대적으로 '영어를 잘하는 사람'으로 여겨졌다. 전 세계의 많은 사람들은 인터넷을 이용하기 위해 영어를 공부해야 했고, 인터넷이라는 전 세계를 연결시켜주는 정보의 바다에서 항해하는 것이 더욱 보편화될 머지않은 미래에는 영어를 제외한 다른 언어들은 사라지게 될 것이라고 그 위험성을 경고하는 목소리도 들려왔다. 영어를 모국어로 사용하는 나라에서는 이러한 추세를 은근히 반가워하고 있었고, 그렇지 않은 나라에서는 인터넷이 소수 언어를 사라지게 할 것이고 문화를 획일화시킬 것이라는 우려가 지식인들 사이에서

나오기 시작했다.[99]

하지만 1990년대 중후반 이후 프랑스, 일본어 등 영어가 아닌 다른 언어로 구성된 웹 사이트가 등장하면서 이런 우려는 생각보다 쉽게 종식되었다. 인터넷 초창기 선두기업이었던 야후 역시 영어로 된 야후닷컴만이 아닌, 다른 나라의 언어를 기반으로 한 그 나라의 독자적인 야후 사이트를 개시하기 시작하였다. 전 세계인을 영어를 기반으로 한 홈페이지로 모이게 해서 그들의 언어와 문화를 익히도록 강요하는 것이 아니라, 많은 사람들이 각각 자신이 편하게 느끼는 언어를 통해 정보를 접할 수 있도록 한 것이다. 이는 각국 각지의 다양한 사용자를 끌어안기 위한 배려이기도 하며, 그 목적이 비록 세계 시장에 진출하는 것이긴 하지만, 미국 일변도의 획일화된 언어와 문화 중심에서 언어・문화의 다양성으로 나아가고 있다는 점에서 의미가 있다.

웹사이트에 보다 많은 사람들이 방문하도록 각국의 언어로 번역한 이후에는 그 나라의 자연 환경 및 예술・도덕・법률・관습・종교와 같은 문화적 특성을 염두에 두고 내용을 구성해야 할 필요성이 생겼고, 결국 그 나라 사람들의 관심사를 파악한 후 주요 현안을 중심으로 텍스트를 배열하게 되었다. 사람들이 가장 자주 클릭할 것으로 예상되는 사안을 메인화면의 가장 먼저 눈이 가는 곳에 배치하고, 다른 텍스트에 비해 큰 글씨로 게시하거나 색다른 색상을 사용해 눈을 끌고, 관련된 이미지를 곁들이는 방식으로 내용을 전달하게 되는 것이다. 이때 어떤 글씨체나 어떤 색상을 사용하느냐 역시 그 나라 사람들의 취향과 무관하지 않다. 결국 그 나라의 문화의 차이에 의한 지역성(locality)의 반영이 웹사이트의 디자인에까지 영향을 미치게 되었다고 보았다(다만 이 장에

99 잭 골드 스미스, 『사이버 세계를 조종하는 인터넷 권력전쟁』, 송연석 옮김, NEWRUN, 2006, 94쪽.

[표 5-2] 국내 인터넷 서비스의 시작연도

천 리 안	1995년 4월 천리안 인터넷 www 서비스 제공
다 음	1997년 5월 국내 최초 무료 웹메일 서비스 '한메일넷' 오픈
야 후	1997년 9월 야후! 코리아 정식 서비스 시작
네 이 버	1998년 1월 네이버 정식 서비스 시작
네 띠 앙	1998년 2월 NETIAN 정식 서비스 개시
라이코스	1999년 7월 라이코스코리아 정식 서비스 시작

서는 지역성에서의 '지역'의 범주를 국가 내의 지방이 아닌 하나의 국가 단위, 또는 동일한 문화권을 형성한 인접한 국가들로 한정하였다). 개인 및 소규모 집단의 공통적 사안이나 정보를 향유할 수 있는 웹사이트를 제공하려다 보니 자연스럽게 국가별 사이트가 독자적으로 구축되었을 것이고, 한 나라 내에서도 언어권이 다른 경우 국가 내에 개별적인 언어 사이트가 만들어졌다. 야후 사이트는 글로벌 기업으로서 많은 국가별 사이트를 가지고 있고, 사용자의 환경을 고려하여 국가 내 언어별 · 지역별로도 다양한 파생 사이트를 구축하였다는 특징을 가지고 있다. 미국 내 스페인어, 캐나다 내 프랑스어(퀘벡) 사이트의 경우가 이에 속한다. 그 나라 사람들에게 정보를 제공하는 과정에서 웹사이트의 독자적인 디자인이 나타나게 되었는데, 콘텐츠를 화면상에 배치하는 과정에 있어서 그 나라 사람들의 기호와 취향, 크게 보아서는 그 나라의 문화적인 특성이 어느 정도 반영되었다고 볼 수 있다. 이와 같이 야후 사이트가 각국에 진출하면서 그 나라 사람들의 취향과 같은 문화를 반영함에 따라 그 메인페이지 디자인이 다양한 차이와 양상으로 나타났다.

3. 국가별 야후 메인페이지의 디자인 분석

야후 사이트의 국가별 웹 디자인을 비교·분석할 기준을 마련함에 있어서 웹 사이트 분석 및 평가 요소들 중 타이틀 영역의 로고와 메인 페이지의 전체적인 색채, 메인 페이지의 레이아웃을 차례로 분석해보고자 한다. 사용자가 사이트에 친밀감을 느끼고 재방문하는 요인 중 디자인 면에서는 로고, 색채, 레이아웃이 차지하는 중요성이 매우 크기 때문이다.

홈페이지 타이틀 영역의 로고(Logo)는 그 사이트의 이름을 시각적으로 상징화한 이미지다. 로고는 홈페이지 상의 작은 부분만을 차지하지만 선명한 색채의 굵은 글씨로 사이트의 상단 중앙이나 상단 좌측 등 가장 눈에 띄는 곳에 위치하여 그 사이트를 대표하는 역할을 하고 있다. 특히 로고는 해당 사이트의 어떤 페이지로 이동하든 그 로고 이미지를 클릭하기만 하면 다시 메인 화면으로 되돌아가도록 하이퍼링크가 설정되어 있다. 한편 검색창은 로고와 가까운 곳에 위치하여 유저가 검색(Search)하고자 하는 내용의 키워드를 입력하는 곳이다.

웹사이트를 처음 방문할 때 웹사이트의 이미지를 결정하는 요인은 그 웹사이트의 전체적인 색채 이미지이다. 웹사이트에서 사용된 색상은 그 사이트의 전체적인 분위기를 조성하며 기능적인 면에서 사용자의 행동과 정보 선택을 쉽게 하거나, 내용을 쉽게 전달하게 한다. 웹 디자인의 색채 설계에 있어서 중추적인 역할을 하는 기본 색이나 나머지 색상 하나하나의 특성도 중요하지만 페이지 전체로 볼 때는 이들 색상간의 조화와 균형의 문제가 더 중요하다.[100] 이런 점에서 보았을 때 모든 국가의 야후 사이트는 색상간의 여러 가지 대비 현상이나 일관성이 잘 고려되어

100 황재현, 『BETTER WEB DESIGN 4 웹 레이아웃 스타일 & 컬러시스템』, 정보문화사, 2007, 48쪽.

전반적으로 안정되고 세련된 느낌을 받을 수 있다. 국가별 야후 사이트는 색상 간의 조화와 균형이 갖추어졌다는 기반 위에 주로 쓰이는 컬러에서 차이를 보였다. 국가별 야후 사이트는 메인 페이지에서 어떤 컬러를 주로 사용하느냐에 따라 4가지 유형이 나타난다. 메인 페이지에서 하늘색, 보라색, 흰색, 주황색이라는 색채를 사용하는 것이 어떤 분위기를 조성하고, 지역성을 담아내는지에 대해 알아보았다.

레이아웃(Layout)은 웹 페이지에 들어가는 문자나 사진, 아이콘, 메뉴, 배너 등의 여러 가지 구성 요소를 효과적으로 배열하는 것을 말한다. 레이아웃은 일반적으로 설계, 배치를 의미하지만 디자인 안에서는 시각적인 전달을 목적으로 조형미를 고려하면서 소재를 효과적으로 구성, 배열하는 것을 말한다.[101] 그림으로 그려지는 하나의 소스들은 '레이어'라고 생각하면 되고, 이와 같이 나열된 컷들을 모아 하나의 화면으로 조화를 이루기 위해 정리하는 단계를 '레이아웃'이라고 한다.[102] 레이아웃의 구성은 방문자들이 그 웹사이트의 내용을 정확히 인지하도록 돕고 가독성과 전달력을 높여주기 때문에 매우 중요하다. 국가별 야후 사이트의 레이아웃은 레이아웃의 내용적 구성요소인 타이틀 영역, 내비게이션 영역, 그래픽 영역, 콘텐츠 영역, 배너광고 영역, 기타정보 영역과 조형적 구성요소인 형태, 크기, 공간과 여백 등에 기반하여 분석하였다. 타이틀 영역은 웹사이트의 제목 또는 로고 등을 표현하는 영역이고, 내비게이션 영역은 웹사이트의 세부적인 각각의 내용별 페이지로 이동하거나 어떠한 기능을 수행하도록 하는 아이콘들이 모여 있는 영역을 말한다. 그래픽 영역은 별도의 독립적인 그래픽 이미지가 활용되는 영역을, 콘텐츠 영역은 문자, 이미지, 사운드, 동영상이 모여 있는 영역을 일컫는다.

101 이만재 · 이상선, 『멀티미디어 교과서』, 안그라픽스, 1998, 209쪽.
102 정동욱, 『방송영상디자인』, MJ미디어, 2007, 32쪽.

배너광고 영역이란 광고주의 웹페이지로 링크되는 그래픽 이미지가, 기타정보 영역에는 웹사이트 정보를 제공하는 업체의 회사 소개 링크, 광고문의, 저작권 표시 등 웹사이트의 주 내용에는 포함시키기 어려우나 반드시 제공하여야 하는 부수적인 내용이 담겨있다. 이와 같이 레이아웃을 내용적 구성요소에 따라 분류하는 작업은 수많은 데이터와 기능으로 구성되어 있는 웹사이트를 뼈대와 구조를 통해 효과적으로 분류하고 구성하는 과정이라는 점에서 정보 구조(Information Architecture)라고 볼 수 있다.[103]

1) 로고 (Logo)

야후닷컴(미국의 야후 홈페이지) 상단에 위치하고 있는 〈YAHOO!〉 로고와 검색창과의 배치는 다른 39개의 국가별 야후사이트에서도 변함없이 유지될 고유한 것으로 여겨진다. 하지만 [표 3]을 통해서 국가 별로 로고는 검색창과의 배치 면에서 다양한 양상이 보이는 것을 확인할 수 있다.

유형 1은 〈YAHOO!〉 로고가 검색창의 상단 중앙에 자리 잡고 있다. 아메리카 대륙에 위치한 11개의 모든 나라와 유럽 14개 나라 중 10개 나라가 이 유형에 속하고, 가장 일반적으로 사용되는 로고 유형이라고 볼 수 있다.

유형 2는 로고 아래 검색창이, 검색창 아래에 검색 실행버튼이 배치되어 있다. 이 유형은 핀란드, 오스트리아, 스위스에서 나타나고 있어, 오직 유럽 대륙의 사이트에서만 찾아볼 수 있다. 뒤에서 다시 언급하겠지

103 홍지양, 「웹사이트의 정보 구조(information architecture)를 통한 효과적 내비게이션 구축에 관한 연구」, 『부천대학 논문집』제 22호, 2001, 113쪽.

만 이 세 나라는 이와 같은 로고와 검색창, 검색 버튼의 배치 형태는 물론 흰색 바탕을 사용하고 있다는 점에서 구글 사이트와 유사하다.

이에 비해 유형 3의 특징은 로고의 위치가 검색창의 왼편으로 치우쳐져 있다는 것이다. 이와 같은 로고의 위치를 가진 나라는 대한민국, 아시아, 인도, 타이완, 홍콩, 중국, 말레이시아, 베트남, 싱가포르, 태국, 필리핀, 인도네시아로, 아시아-태평양의 15개 국가 중 12개가 이 유형에 속한다.

유형 4에 속하는 야후 일본과 야후 러시아는 로고와 검색창이 중앙에 위치해있고 그 양 옆으로 아이콘(Icon)들이 배치되어 있다. 아이콘은 의미하는 내용에 따라 도상적(symbolic)으로 표현된 버튼이다. 이렇게 아이콘이 로고 양 옆으로 있는 것은 야후닷컴의 초창기 디자인으로, 야후코리아의 경우도 2006년까지는 이런 아이콘이 존재하였으나, 2007년부터는 아이콘이 사라졌다.

유형 5에 속하는 야후의 호주와 뉴질랜드는 로고가 왼편으로 치우쳐진 상태로 검색창 위쪽에 존재하고 있다. 아시아-태평양 권역에서도 오세아니아에 속하는 두 나라만이 이 유형에 해당한다.

각 국가별 야후의 사이트를 살펴보면 붉은 색 영어 대문자 〈YAHOO!〉로고 아래에 대부분은 그 나라의 이름(혹은 국가 내 언어명, 국가 내 지역명)이 표기되어 있다. 하지만 일부 국가에서는 그 표기 방식에서 차이를 발견할 수 있다.

같은 아시아권에서 살펴보면, 대한민국이나 일본 같은 경우에는 자국의 언어인 한국어와 일본어가 존재하는데도 불구하고 영어인 KOREA와 JAPAN으로 국가명이 표기되었다. 이에 비해 중국, 타이완, 홍콩에서는 한자를 사용하여 소속을 밝히고 있는데 이러한 특징은 야후가 중국・대만인이 가지는 한자와 한자문화권에 대한 언어적 긍지와 자부심을 인정하고 존중하여 로컬리티를 반영시킨 결과라고 생각한다. 이는 자국어로

[표 5-3] 국가별 야후 사이트 메인페이지에 나타난 로고의 유형

<table>
<tr><th>유 형</th><th colspan="2">유형별 로고의 특징과 해당 야후 사이트</th></tr>
<tr><td rowspan="3">1</td><td colspan="2">

〈야후 영국&아일랜드의 로고와 검색창〉
특징 : 로고가 검색창의 상단 중앙 위치</td></tr>
<tr><td>아메리카</td><td>미국, 아르헨티나, 브라질, 캐나다, 칠레, 콜롬비아, 멕시코, 페루, 베네수엘라, 캐나다 내 프랑스어(퀘벡), 미국 내 스페인어(에스파냐)</td></tr>
<tr><td>유 럽</td><td>카탈로니아, 덴마크, 프랑스, 독일, 이탈리아, 네덜란드, 노르웨이, 스페인, 스웨덴, 영국&아일랜드</td></tr>
<tr><td rowspan="2">2</td><td colspan="2">

〈야후 오스트리아의 로고와 검색창〉
특징: 로고 아래 검색창, 그 아래 검색 버튼이 위치.</td></tr>
<tr><td>유 럽</td><td>오스트리아, 핀란드, 스위스</td></tr>
<tr><td rowspan="2">3</td><td colspan="2">

〈야후 코리아의 로고와 검색창〉
특징 : 로고가 검색창의 왼편에 위치</td></tr>
<tr><td>아시아-태평양</td><td>대한민국, 아시아, 인도, 타이완, 홍콩, 중국, 레이시아, 베트남, 싱가포르, 태국, 필리핀, 인도네시아</td></tr>
<tr><td rowspan="3">4</td><td colspan="2">

〈야후 일본의 로고와 검색창〉
특징 : 로고가 검색창 상단 중앙 위치, 로고 좌우로 아이콘이 배치</td></tr>
<tr><td>유 럽</td><td>러시아</td></tr>
<tr><td>아시아-태평양</td><td>일본</td></tr>
<tr><td rowspan="2">5</td><td colspan="2">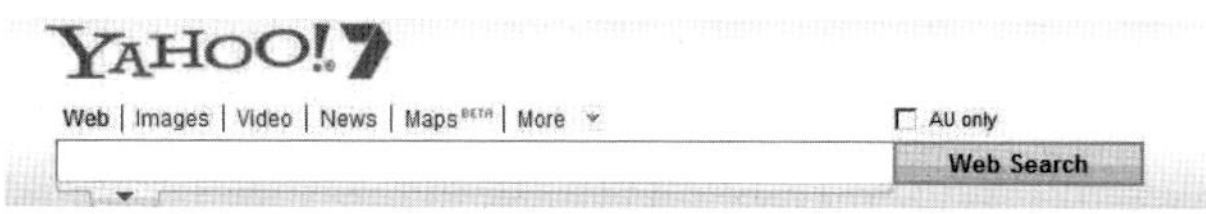

〈야후 호주의 로고와 검색창〉
특징 : 로고가 검색창의 상단 좌측에 위치</td></tr>
<tr><td>아시아-태평양</td><td>호주, 뉴질랜드</td></tr>
</table>

국가명을 표기해놓은 태국과 러시아 사이트의 경우도 마찬가지일 것이라고 본다.

〈YAHOO!〉로고 아래 국가명이나 언어명이 아닌, 상징적인 다른 글자를 사용한 사례도 발견할 수 있었다. 야후 호주의 경우에는 〈YAHOO!〉로고 옆에 붉은 색 숫자 〈7〉이 접힌 리본 형태로 나타났고, 야후 뉴질랜드의 경우 로고 옆에 〈Xtra〉라는 글자가 남색으로 써 있다. 야후 미국 내 스페인어 사이트에는 2008년까지 영어 대문자 〈T〉가 푸른색으로 써 있었다. 'T(Telemundo): Spanish Broadcast Television Network Type in United States' 스패니쉬(Spanish)나 히스패닉(Hispanic)이라는 말을 직접적으로 쓰지 않고 미국 내 스페인어 방송 네트워크를 뜻하는 Telemundo의 상징인 T라는 로고를 사용한 것이다. 이는 자칫 날카롭게 반응할 수 있는 남미에서 미국으로 이민 온 사람들의 신경을 건드리지 않고 이들을 편안하게 집결시키고자 완곡한 표현을 쓴 것으로 풀이된다.

2) 색채 (Color)

야후 닷컴의 일반적인 메인화면은 옅고 맑은 하늘색이다. 옵션 창을 통해서 메인화면의 색상을 쉽게 변경할 수 있기는 하지만, 제일 처음 제공되는 메인화면의 색상이 무엇인지는 여전히 그 웹사이트의 느낌을 좌우한다. 하늘색은 밝은 파랑색으로, 이 색채는 바다와 하늘을 연상시키며 탁 트인 시원함, 상쾌함, 맑음을 느끼게 하고 청량감을 주면서 마음을 차분하게 안정시켜준다.

아르헨티나, 캐나다 등 아메리카 대륙에 속하는 일부 국가의 사이트에서는 로고와 나라 이름뿐만이 아니라 메인 화면의 주요한 색상으로 정열적인 보라색을 사용하고 있다. 보라색은 빨강의 불꽃과 파랑의 평정

[표 5-4] 국가별 야후 사이트 메인 페이지에서 사용되는 색채에 따른 유형

유형	주 색채	해당 야후 사이트	
1	하늘색	아메리카	야후닷컴(미국), 칠레, 콜롬비아, 페루, 베네수엘라
		유　럽	네덜란드, 노르웨이, 덴마크, 독일, 러시아, 스웨덴, 스페인, 영국&아일랜드, 이탈리아, 카탈로니아, 프랑스
		아시아-태평양	대한민국, 말레이시아, 베트남, 싱가포르, 아시아, 인도, 인도네시아, 일본, 타이완, 태국, 필리핀, 홍콩, 호주, 뉴질랜드
2	보라색	아메리카	멕시코, 미국 내 스페인어, 브라질, 아르헨티나, 캐나다, 캐나다 내 프랑스어
3	흰　색	유　럽	스위스, 오스트리아, 핀란드
4	주황색	아시아-태평양	중국

을 조화시킨 색으로 극적인 효과를 자아내며, 열정적이고 창의적이며 영적인 느낌이 강하다. 보라색은 야후의 아시아 및 유럽 사이트에서는 발견할 수 없다. 다만 2006년 야후 코리아에서는 이것보다 조금 더 밝은 보라색상이 검색창에서 사용된 예를 발견할 수 있었다.

또한 유럽 권역에서만 발견할 수 있는 특별한 색상도 있다. 야후 스위스, 오스트리아, 핀란드 사이트에서는 야후의 상징인 옅은 하늘색은 찾아볼 수 없고, 깨끗한 흰 바탕에 텍스트만이 존재할 뿐이다. 그렇기 때문에 이들 세 사이트는 야후보다는 오히려 구글 사이트에 가까워 보일 정도로 색다른 느낌을 준다.

야후의 40개 사이트 중 유일하게 주황색을 주요 색상으로 사용하는

나라가 있다. 바로 중국이 그러한데, 이는 많은 중국인이 붉은 색상을 선호한다는 것과 밀접하게 관련되어 보인다. 주황색은 정력적인 활동성과 함께 창조성을 자극하며 주위를 보호하는 감정을 일으키고, 고채도의 주황색을 사용한 웹사이트는 밝고 신선한 느낌을 준다. 하늘색과 흰색, 청아한 보라색의 우아한 조화를 놓치고 싶지 않았을 야후지만 중국인의 취향에 맞는 사이트를 선보이기 위해서 오로지 중국에만 이렇게 파격적인 주황빛을 사용한 것은 그만큼 야후가 자신의 색을 지우면서까지 중국인의 시선을 끌기 위해 노력하고 공을 들이고 있음이 드러난다.

유형 1을 보면 하늘색이라는 색채가 해당하는 모든 국가 사람들의 감성을 반영하였다고 보이지 않고, 그렇다고 이들 나라들이 국가를 초월해 지리적 인접성을 가지고 있다고 하기에는 무리가 있다. 야후는 보라색을 통해서 일부 아메리카 대륙 국가들의 정열적인 면모를 반영하였고, 유럽의 일부 나라 사이트에는 흰색을 사용하여 차분하고 단정함을 담아냈으며, 중국인이 붉은 색을 좋아한다는 것에 입각해 중국 사이트에 주황색을 사용하였다. 이처럼 야후는 일부 나라들에만 국한해서 그 웹 디자인에 해당 국가 사람들의 감성을 반영한 색채를 사용하고 있다.

3) 레이아웃 (Layout)

야후 닷컴의 메인화면은 세로 3단의 형태로 구성되어있고, 길이는 모니터 한 화면보다 조금 더 길다. 야후 닷컴을 비롯한 많은 국가별 야후 사이트가 이러한 레이아웃 형태를 보이고 있기 때문에 '표준형' 레이아웃이라고 이름 붙였다. 표준형에 비해 기사, 정보, 광고 등 더 많은 콘텐츠가 나열되어 길이가 길어진 중국의 레이아웃은 '나열형'으로, 콘텐츠의 게시보다는 검색 기능을 위주로 하여 여유로운 느낌을 주는 일부 유럽

[표 5-5] 레이아웃 유형에 따른 국가별 야후사이트

유형	특징	해당 야후 사이트
1	나열형	아시아-태평양 : 중국
2	표준형	아메리카 : 야후닷컴(미국), 아르헨티나, 브라질, 캐나다, 칠레, 콜롬비아, 멕시코, 페루, 베네수엘라, 캐나다 내 프랑스어(퀘벡), 미국 내 스페인어(에스파냐)
		유 럽 : 독일, 스페인, 영국&아일랜드, 이탈리아, 프랑스
		아시아-태평양 : 아시아, 호주, 홍콩, 인도, 인도네시아, 일본, 대한민국, 말레이시아, 뉴질랜드, 필리핀, 싱가포르, 타이완, 태국, 베트남
3	검색형	유 럽 : 네덜란드, 노르웨이, 덴마크, 러시아, 스웨덴, 스위스, 오스트리아, 카탈로니아, 핀란드

사이트의 레이아웃은 '검색형'으로 명명하였다. 세 유형(표준형, 나열형, 검색형)의 공통점은 타이틀 영역은 상단에, 기타정보 영역은 하단에 고정적으로 위치한다는 것이다.

표준형은 1~2개의 내비게이션 영역이 왼편에 세로로 위치한다. 콘텐츠 영역은 중앙과 오른편에 있고, 배너광고는 대개 오른편에 하나가 자리하고 있는데 1~2개가 더 추가되는 경우도 있었다.

야후에서 그 국가 사람들의 정서와 심성을 드러내는데 가장 신경을 써서 디자인한 사이트는 중국 사이트일 것이다. 그만큼 색상 면에서도, 레이아웃 디자인 면에서도 중국 야후는 야후라는 느낌이 들지 않을 정도로 수많은 차이를 보여주고 있다. 내비게이션 영역이 타이틀 영역 아래와 콘텐츠 영역의 사이에 가로로 배치되어 있다는 것과 배너광고 영역이 다른 유형에 비해 더 많은 수가 자유롭게 위치해 있는 것이 나열형 레이아웃의 특징이다. 대부분의 야후 사이트는 메인화면의 길이가 모니터의

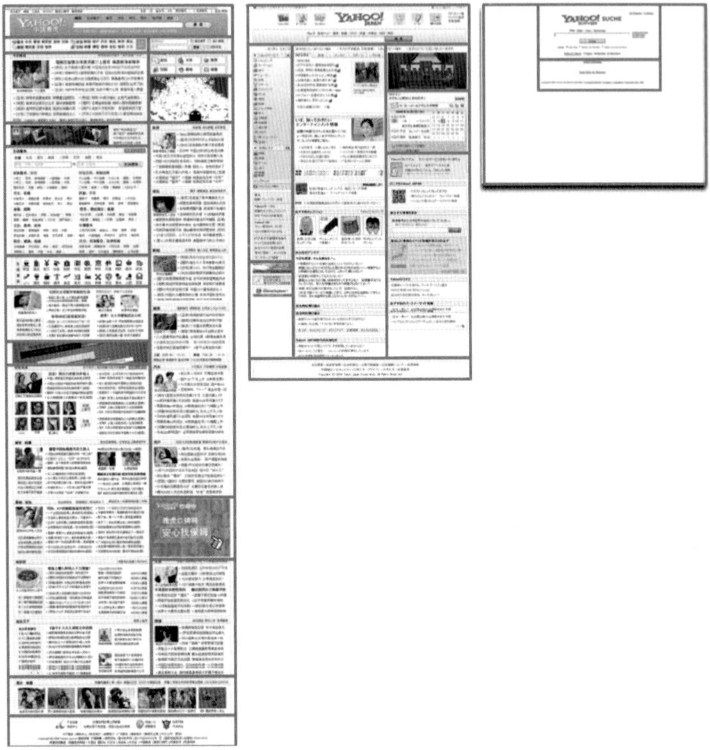

[그림 5-2] 중국 야후(나열형), 야후 일본(표준형), 야후 스위스(검색형)의 메인화면. 메인페이지의 레이아웃 형태와 길이를 확인할 수 있다.

한 화면보다 조금 더 긴 정도이지만, 중국 야후의 경우 메인화면은 표준형보다 2배 가까이 길기 때문에 위에서부터 맨 아래까지 훑어보기 위해서는 스크롤을 여러 번 내려야 한다. 길이가 길기 때문에 메인화면에 들어가는 콘텐츠도 많고 그 구성도 상대적으로 복잡하고 독특하다.

중국이라는 큰 나라에서 발생하는 과다한 사건과 정보들 중에서 그 내용이 메인페이지에 실리느냐 실리지 않느냐 또한 중요하게 여겨지는

데, 이는 중국인이 명분을 중시한다는 것과 관련이 있다. 중요한 사건이 있으면 그것은 반드시 메인 페이지에 존재해야 한다고 생각하고, 한 사건이 메인페이지에 실리지 않으면 상대적으로 소홀하게 여기는 것이다. 첫 페이지에 있느냐 없느냐가 정보의 중요성을 판가름하는데 중요한 요인으로 작용하기 때문에, 중국 야후 홈페이지는 이와 같은 중국인의 심성을 철저히 파악해서 메인 페이지에 보다 많은 정보와 다양한 기사를 게시함으로써 보다 많은 중국인이 방문하도록 유도하고 있다.

이에 비해 많은 유럽 국가들의 야후 사이트 메인화면은 첫 화면에 많은 내용을 함유하고 있는 중국 야후와는 극명하게 대비될 정도로 간략하다. [표 5]의 유형 3 중 스위스, 오스트리아, 핀란드의 야후 홈페이지는 로고와 검색창이 있는 타이틀 영역과 간략한 기타정보 영역만이 존재하는 깔끔한 흰색 화면을 보여주고 있다. 네덜란드, 노르웨이, 덴마크, 러시아, 스웨덴, 카탈로니아의 경우는 로고와 검색창이 있는 타이틀 영역에 1~2개의 내비게이션 영역과 배너 광고 하나가 포함되어 있는데, 마찬가지로 간략하고 깔끔한 레이아웃을 선보이고 있다. [그림 5-2]의 야후 스위스 사이트가 유형 3의 대표적 사례로, 메인 화면에 백색 공간의 비중이 높아 시원한 느낌을 준다. 여백과는 다른 개념인 순수한 백색 공간은 페이지 디자인에 능동적으로 참여하며, 사용자의 시선을 끄는데 효과적이다. 야후는 유럽 중 독일, 스페인, 영국&아일랜드, 이탈리아, 프랑스를 제외한 나머지 나라들의 사이트 메인 페이지에 한 면도 채 되지 않는 공간에 검색창을 중심으로 배치한 간결한 레이아웃을 제공하고 있다. 이와 같은 단순한 검색형 레이아웃은 유럽을 제외한 다른 대륙의 나라 사이트에서는 찾아볼 수 없다. 해당 국가의 유럽인들은 중국인과는 달리 메인 페이지에 어떤 정보가 실리는가에 관심을 갖기 보다는 자신이 원하는 내용을 검색을 통해 찾아내는 분석적인 방법을 선호하는 심리가 레이아웃에 반영된 것으로 파악된다. 실제로 검색을 목적으로 한 구글 사이트가 유형 3에 속하는 유럽 국가들 사이에서 점유율이 매우 높다는 사실에서 이와 같은 진단에 설득력을 더해준다.[104]

4. 국가별 야후 로고에 반영된 특정일

웹사이트의 메인페이지는 시간성 및 특정한 기념일을 반영하기도 한다. 웹사이트가 디자인 측면에서 정기적인 변화를 주어 신선함을 유지하거나 은유적인 기능을 추가하는 것은 사용자들의 긍정적인 반응을 불러일으키는 역할을 한다.[105] 디자인의 변화를 반영하는 분석 대상으로 삼은 특정일은 세계적으로 유명한 기념일이자 축제적인 날인 할로윈과 크리스마스이다. 각국의 야후 사이트 메인페이지의 로고가 2008년의 할로윈과 크리스마스 전후에 이를 기념하여 어떤 식으로 변형되었는지, 주로 어떤 나라에서 시간성을 반영한 로고를 사용하였는지 알아보고자 한다.

12월 초부터는 예수의 탄생을 기념하는 기독교의 축제인 크리스마스(12월 25일)의 분위기를 담은 로고가 여러 홈페이지에서 보인다. 전 세계 번화가에서 11월 말이나 12월 초부터 크리스마스와 연말 분위기를 돋우기 위해 나무에 장식을 하고 산타 인형을 세우고 저녁부터는 여러 개의 전구의 빛 밝히는 것처럼, 온라인상에서도 웹사이트의 로고에 흰 눈이나 초록색의 트리, 붉은 색의 구슬장식 등을 사용하여 한껏 치장을 한다. 사람들이 무심코 길을 걷다가 나무의 장식과 무수한 전구의 빛을

104 「Google's Market Share in Your Country」, 『Google Operating System』, 2009년 3월 13일자.

105 홍일유 · 정부현, 「인터넷 웹사이트의 포괄적 평가모델에 관한 연구」, 『경영과학』 제17권 제 3호, 2000, 163~169쪽.

보고 크리스마스를 상기하고 흥취에 젖는 것과 마찬가지로 인터넷을 하다가도 웹사이트의 로고를 보고 크리스마스와 연말의 분위기를 느낄 수 있게 되는 것이다. 이처럼 사이트의 로고는 온라인상에서 오프라인상의 시간성을 일깨워주는 역할을 하며, 이는 잠재적으로는 사람들이 연말의 계획을 짜거나 그와 관련된 소비를 하도록 유도하기도 한다. '올해 크리스마스는 어떻게 보낼까' 라든가 더 구체적으로는 '누구와 함께 무엇을 (소비)하며 크리스마스를 보낼까' 라는 계획을 세우게 되는 것이다. 이러한 생각은 자신이 어디에 머무를지, 무엇을 먹을지, 어떤 것을 선물할지, 남들은 어떤 계획을 세우고 있는지 알아보기 위한 '검색'으로 이어진다. 우리나라에서는 할로윈을 크리스마스처럼 기억하거나 즐기지는 않다. 하지만 할로윈을 기념하는 나라에서는 크리스마스의 경우와 마찬가지로 할로윈 분위기를 조성하는데 웹상의 디자인도 일조함으로써 오프라인상의 계획을 세우는데 영향을 주거나, 관련 의상이나 음식을 구입하는 등 소비를 자극할 것으로 예상된다.

1) 할로윈을 반영한 로고

2008년 10월 중반부터 11월 초반까지 각국의 야후 웹 사이트 중 미국, 멕시코, 중국 사이트에서만 할로윈을 반영한 로고 이미지를 선보였다. 미국, 멕시코, 중국을 제외한 다른 37개 야후 사이트에서는 메인화면 로고 상에서 할로윈과 관련한 변화를 찾아볼 수 없었다.

할로윈 시즌의 야후닷컴(미국)은 붉은 색의 야후 로고 뒤쪽으로 보름달이 어슴푸레 보이는 으스스한 하늘과 유령이 나올듯한 흉가가 있고, 로고 앞쪽으로는 크기가 각자 다른 3개의 주황색 호박이 재미있는 표정을 짓고 있다. 회색 옷을 입고 귀신으로 분장한 한 캐릭터가 YAHOO!의

[표 5-6] 국가별 야후 사이트 중 할로윈을 반영한 로고

	해당 사이트		할로윈을 반영한 로고 이미지
할로윈	아메리카	야후 미국	
		야후 멕시코	
	아시아-태평양	중국 야후	

© world. yahoo.com

가장 오른쪽 글자인 'O'에 목을 걸고 있다.

야후 멕시코 사이트 역시 할로윈을 기념하는 로고를 내놓았다. 멕시코의 할로윈은 정확히는 사자(死者)의 날(The day of the dead)라고 하여 이 날은 설탕으로 만들어진 해골에 꽃으로 장식하고 돌아가신 분들이 생전에 좋아했던 음식을 장만하며 축제를 즐긴다.[106] 이를 반영하듯 이 기간의 멕시코 사이트의 로고의 왼편에는 흰색 해골들이, 오른편에는 주황색 호박들과 노란색 초, 흰색 해골, 검정색 술병들이 쌓여있다. 으스스한 로고 이미지에 북미의 파티인 할로윈과는 조금 다른 멕시코만의 독특한 축제 분위기가 담겨 있다.

중국 야후의 사이트의 기본 컬러는 주황색이고 야후의 로고는 흰색으로 쓰여 있는데, 다른 때와는 달리 야후 로고에 스산한 분위기의 검정색 그림이 추가되었다. 중국의 경우는 할로윈을 상징하는 호박도, 귀신으로 분장한 캐릭터도 나타나지 않았지만 전체적인 색감과 으스스한 느낌이 할로윈 시즌을 연상케 한다. 언덕 위에 잎이 없는 앙상한 나무 한 그루가

106 http://www.harbourfrontcentre.com/whatson/fallfestivals 참조.

YAHOO!의 로고 중 네 번째 알파벳인 'O'를 뚫고 메마른 가지를 뻗치고 있고, 그 오른편의 알파벳 'O' 주위에는 세 마리의 까마귀가 날아다니고 있다. 사실 중국은 할로윈을 특별한 행사로 기념하지도 않고 대부분의 중국인들이 할로윈을 신경 쓰지 않고 넘어가는 경우가 많다. 그럼에도 불구하고 중국의 사이트에 '주황색 호박'까지는 아니더라도 음산한 밤의 분위기를 그려 넣은 것은 아마도 야후에서 중국인들에게 서양의 축제이자 세시풍속이라고 할 수 있는 할로윈을 알리기 위한 시도로 보인다. 날이 갈수록 개방되고 변화를 받아들이고 있는 중국인들에게 의식적인 면에서 더 많이 '세계화'의 추세에 따를 것을 요구하며 좀 더 서구의 문화를 알게 하기 위해 호기심을 자극하는 단계로 파악된다. 이런 야후 사이트의 로고를 보고 자연스럽게 받아들이는 중국인들 역시 자신들만의 절기(節氣)에만 집착하였던 예전보다는 세계적이고 서구적인 시간성까지도 의식하고 살아가는데 익숙해진 그들의 변화된 모습을 짐작할 수 있다.

2) 크리스마스를 반영한 로고

2008년 12월, 분석의 대상으로 삼은 40개의 야후 사이트 중 총 10개 사이트의 로고에서 변화가 보였다. 아메리카 대륙에서는 미국, 캐나다, 캐나다 내 프랑스어 사이트가, 유럽에서는 독일, 스페인, 영국&아일랜드, 프랑스 사이트가, 아시아-태평양에서는 한국, 일본, 호주의 사이트가 크리스마스의 느낌을 담은 로고를 드러냄으로써 이 나라 사람들에게는 크리스마스가 중요한 행사이자 축제로 이루어지고 있음을 반영하고 있다. 위의 10개 나라 사이트를 제외한 나머지 30개의 사이트에서는 크리스마스와 관련한 로고 이미지의 변화를 찾을 수 없었다. 야후에서 이 30개 나라의 사이트에는 왜 크리스마스와 관련한 이미지를 사용하지 않

[표 5-7] 국가별 야후 사이트 중 크리스마스를 반영한 로고

	해당 사이트		크리스마스를 반영한 로고 이미지
크리스마스	아메리카	야후 미국	
		야후 캐나다, 야후 캐나다 내 프랑스어	
	유럽	야후 독일, 야후 스페인, 야후 영국&아일랜드, 야후 프랑스	
	아시아-태평양	야후 일본	
		야후 대한민국	
		야후 호주	

© world. yahoo.com

았는지에 대해서는 별도의 조사가 필요하겠지만, 여기서는 우선 크리스마스를 반영한 사이트와 로고 이미지에 대한 분석을 하고자 한다.

야후 미국의 사이트인 야후닷컴의 로고에는 집, 언덕, 나무, 붉은색 YAHOO! 로고에 하얀 눈이 내리는 모습과 그 눈이 점차 쌓이는 모습이 플래시로 연출되었다. 할로윈 때의 로고는 움직이지 않는 이미지였던 것에 비해 크리스마스의 로고가 좀 더 손이 많이 갔다는 점에서 야후 이용자에게도, 생산자에게 있어서도 크리스마스가 상대적으로 더 중요한 날이라는 것을 증명하고 있다.

야후 캐나다와 야후 캐나다 내 프랑스어는 동일한 크리스마스 로고를 선보였다. 눈사람이 오른쪽에서 걸어오다가 왼쪽에 자리를 잡고, 트리의 장식들이 빛나는 가운데 눈이 내리다가 쌓이는 플래시 로고이다.

유럽의 야후 독일, 야후 스페인, 야후 영국&아일랜드, 야후 프랑스의 경우도 동일한 플래시 로고를 내놓았다. 이 서유럽 4개국의 야후 사이트 로고의 모양은 YAHOO! 로고에 눈이 내리다가 영어 대문자 'OO'가 크리스마스 방울 장식으로 변해서 왼편으로 움직이고, 크리스마스를 상징하는 초록색 나뭇잎이 두 방울에 걸리게 된다. YAHOO! 로고의 왼편에 초록색 나뭇잎이 달린 두 개의 크리스마스 방울이 장식되는 것이다.

아시아 중 야후 일본의 크리스마스 시즌 로고는 플래시가 아닌 움직이지 않는 이미지이다. 크리스마스의 초록 장식이 야후 재팬 로고와 검색창 위쪽의 화면의 좌우로 반원무늬를 그리며 늘어져 있고, 로고 아래에는 어린 남녀 아이가 웃으면서 장식물을 만들고 있다. 이 아이들의 행동이나 위치는 자주 변하는데, 한 번은 아이들이 엎드려서 장식물을 만들고 있고, 한 번은 서서 트리에 장식을 걸고 있다. 플래시가 아닌 정지된 화면인 대신, 크리스마스를 겨냥한 여러 개의 로고를 만들어서 자주 교체한다는 특징이 있다.

야후 코리아의 웹사이트는 YAHOO!의 로고 앞에 지팡이를 쥐고 있는 모자 쓴 눈사람이 보인다. 이 눈사람에 마우스를 대면 YAHOO! 의 O자가 양말로 변하고, 그 안에서 포장된 선물들이 나온다. 이 선물을 클릭하면 크리스마스와 관련된 상품을 파는 쇼핑 창으로 바로 연결된다. 하지만 이 로고는 크리스마스에 계속 나타나지는 않고, 일시적으로 등장하곤 한다.

야후의 호주 사이트의 경우에는 YAHOO! 로고에 크리스마스를 상징하는 초록색 나뭇잎 두 장이 작게 장식되어있고, YAHOO!의 'OO'가 빨간 줄무늬의 흰색 공으로 표현되었다. 호주는 한여름 날씨에 크리스마스를 맞이하기 때문인지 다른 웹사이트의 로고가 따뜻하고 포근한 느낌이 드는 것과는 다르게 어딘지 말끔하고 시원한 느낌을 준다.

크리스마스를 반영한 야후 사이트의 로고를 보면 유럽의 크리스마스 로고는 많은 사람들에게 익숙한 전통적인 크리스마스의 장식을 보여줌으로써 전형적인 기독교식 크리스마스 분위기를 자아낸다. 이에 비해 미국은 아기 예수의 탄생이라는 의미 보다는 눈 내리는 크리스마스의 정감가고 따뜻한 마을 이미지를 연출하였고, 캐나다와 캐나다 내 프랑스어의 경우에는 눈사람이 움직이는 장난스러운 분위기에서 그들이 활기찬 크리스마스 분위기를 즐기고 있다는 것을 짐작할 수 있다.

일본은 아이들이 따뜻한 옷차림을 하고 집안에서 트리 장식을 만드는 데서 산타를 기다린다는 순수한 동심과 이를 장려하는 가족적인 분위기를 느낄 수 있다. 일본인들에게 크리스마스는 예수의 탄생을 축하한다는 의미보다는 한껏 장식을 해놓은 가운데 가족이나 연인끼리 파티를 하고 선물을 주고받는, 가까운 사람과 더불어 즐기는 문화로 자리 잡은 것으로 보인다. 호주의 경우 로고를 통해 더운 여름 날 크리스마스의 즐거움과 시원함을 느끼고 싶어 하는 그들만의 독특한 한여름 크리스마스 문화를 유추할 수 있다.

이에 비해 한국의 경우는 좀 더 독특하다고 할 수 있다. 야후 코리아의 로고를 클릭하면 크리스마스 관련 쇼핑몰로 바로 연결된다는 점에서 우리의 크리스마스 문화가 다른 나라에 비해서 좀 더 상업적인 성격과 밀접하게 닿아있다는 것을 알 수 있다. 유명한 호텔을 예약하고, 좋은 음식을 먹고, 선물을 주고받아야 의미있는 크리스마스를 보내는 것 같은 한국의 소비성 크리스마스 문화를 여실히 보여주고 있는 것이다.

5. 메인 화면과 글로컬라이제이션

웹 사이트의 메인 화면 디자인은 사용자의 감성에 호소해서 방문력을 높이는 요인 중 하나로 작용한다. 야후는 야후닷컴 외에도 39개의 국가별 사이트를 별도로 만들어서 제공하고 있는데, 이 장에서는 각 국가별 정서와 그 나라 사람들의 심성 및 감성, 문화를 반영하여 그 메인화면이 어떻게 다르게 디자인되었는지 분석해보았다.

로고는 검색창과의 배치 관계에 따라 크게 5개의 유형으로 나뉘는데, 대개 같은 권역에 속한 국가들이 같은 유형에 속하고 있다. 하지만 이러한 배치관계는 그 국가의 고유한 색채나 특성을 드러냈다든가 가까운 국가들을 권역별로 묶어서 권역별 지역성을 반영했다기보다는 편의에 따라 인접한 나라들을 묶어서 같은 유형을 제공하고 있는 것으로 보인다.

메인 화면의 색채 면에서는 아메리카 대륙의 일부 나라들은 보라색을 사용하여 열정적인 느낌을 드러내었고, 유럽 대륙의 일부 나라들은 흰색을 사용하여 단정하고 깔끔한 느낌을 주었다. 중국은 주황색을 주요 색채로 사용한 유일한 사이트로, 붉은 색을 좋아하는 중국인의 감성을 반영하고 있었다. 그러나 대다수 국가의 사이트에서는 맑은 하늘색을 공통적으로 사용하고 있었기 때문에 야후가 국가의 문화나 감성을 드러내는 전략으로 색상을 이용하고 있다고는 보이지 않는다.

레이아웃은 대부분의 나라는 2, 3단의 세로형 구성을 보여주고 메인 페이지의 길이는 모니터의 한 화면보다 조금 더 길었다. 하지만 중국의 경우는 메인 화면의 길이가 다른 나라들에 비해서 몇 배는 더 길어서 그만큼 방대한 양의 정보를 나열하고 있었다. 중국인들에게는 막대한 양의 정보 속에서 첫 페이지에 있느냐 없느냐가 정보의 중요성을 가늠하는데 중요한 요인으로 작용한다. 중국 야후 홈페이지는 이와 같은 중국인의 심성을 파악해서 메인 페이지에 보다 많은 정보와 다양한 기사를 게시함으로써 보다 많은 중국인이 방문하도록 유도하고 있다. 유럽의 여러 국가들은 나열형도, 일반적인 표준형도 아닌 로고와 검색창을 위주로 한 검색형 레이아웃을 보여주었다. 이는 타인이 정보의 중요도를 판단하여 메인 페이지에 게시한 것에는 관심을 보이지 않고 자신이 직접 원하는 내용을 검색을 통해 찾아내는 것을 선호하는 심리가 레이아웃에 반영한 것으로 파악된다.

이처럼 야후는 가까운 나라 사이에 동일한 문화권이 형성되어 있다는 가정 아래 몇 개의 유형을 나누어 편의적으로 디자인을 제공하고 있다. 각각의 사이트가 그 나라나 민족의 문화를 대표한다든가 뚜렷한 개성을 보여주는 데까지는 미치지 못했다는 것이 아쉽다. 그렇지만 중국 야후의 사이트는 주황색 색상, 레이아웃의 면에서 별도의 유형으로 존재하는 등 그 색깔을 뚜렷이 하고 있었다. 이를 통해 야후가 적극적으로 시장에 진출하기 위해 그 나라의 문화를 더 깊이 이해하고자 상대적으로 더 애쓰고, 그 나라 사람이 원하는 바를 찾아서 메인 화면 디자인에 반영하는 전략을 구사하는 것을 알 수 있다.

야후는 세계적으로 통용되는 특정 기념일에는 그 사이트에 접속하는 사람들이 그 축제나 행사에 대해서 어떻게 생각하는지를 반영하려는 노력을 보였다. 그 사례로 할로윈과 크리스마스를 살펴보았다. 할로윈 로고의 경우 미국과 멕시코가 전반적으로 유사한 분위기 속에서 그 국가의 사람들이 가진 인식의 차이에 따라 각기 개성 있게 연출되었다. 크리스마스를 표현할 때 역시 40개의 국가별 사이트에 같은 이미지를 동일하게 사용하는 것이 아니라, 그 나라 사람이 크리스마스를 어떻게 생각하느냐를 반영하여 서로 다른 로고 이미지를 만들어냈다. 각 나라의 환경과 그 나라 사람의 취향에 맞는 그림을 선정하고 표현하였기 때문에 같은 시기에 지구 전역의 야후 사이트에서 다양한 이미지를 마주할 수 있었다. 한국에서는 크리스마스 로고를 클릭하면 야후 쇼핑몰로 바로 연결되도록 설정해놓았다는 점에서 선물을 주고받는 것을 중요시하는 한국인의 감성과 인터넷 쇼핑이 발달한 한국인의 소비문화를 포착하여 마케팅 전략으로 활용하였다고 보인다.

이처럼 야후는 글로벌 마케팅 전략의 일환으로서 해당 국가의 문화 및 국민의 감성과 같은 지역성을 활용하고 있었다. 국가별 야후 사이트에서의 지역성 반영은 언어나 검색엔진, 콘텐츠의 내용뿐만이 아니라 디자인이라는 시각적인 면에서도 발견할 수 있다. 야후는 세계화 전략을 추구하되 같은 내용과 디자인을 제공하지 않고 그 국가의 특색을 반영하는 지역화를 함께 진행한 글로컬라이제이션(glocalization)전략을 일정 부분 추구하고 있는 것처럼 보인다.

Check Points

✓ 야후가 국가별로 웹 사이트를 구축한 배경은 무엇인가?
✓ 중국 야후 사이트 웹 디자인은 어떻게 구성되어 있는가?
✓ 일부 유럽 국가들의 야후 사이트와 구글 사이트 레이아웃은 같은가? 다른가?
✓ 야후 닷컴(미국)과 야후 멕시코의 할로윈 로고는 어떤 차이가 있는가?
✓ 야후 코리아에 나타난 크리스마스 로고는 어떤 맥락인가?

더 읽어야 할 책 소개

잭 골드 스미스, 『사이버 세계를 조종하는 인터넷 권력전쟁』, 송연석 옮김, NEWRUN, 2006. 영토로부터의 해방을 꿈꾸는 인터넷의 노력과 인터넷이라는 거대한 네트워크의 통제권을 쥐기 위한 각국 정부의 투쟁을 그려내고 있다. 정부의 권위와 의미를 퇴색케 만들 신기술로 기대를 모았던 인터넷의 현재 위치를 파악할 수 있다.

조관연, 『시각콘텐츠 들여다보기』, 다할미디어, 2006. 살가도의 사진, 들라르쿠아의 파우스트 석판화, 다큐멘터리 체코드림, 민족지영화 사냥꾼들, 일본의 전통문화 등의 분석을 통해 다양한 시각콘텐츠를 읽는 방법을 제시한 논문모음서다. 독자 스스로 시각콘텐츠를 분석하는 자신만의 모델을 찾아낼 수 있도록 도움을 준다.

헨리 젠킨스, 『컨버전스 컬처-올드 미디어와 뉴 미디어의 충돌』, 김정희원 · 김동신 옮김, 비즈앤비즈 펴냄, 2008. 미디어 컨버전스와 참여문화, 집단 지성에 관한 내용을 담고 있다. 리얼리티 쇼 프로그램의 스포일러를 작성하는 사람들의 경우에서부터, 선거 때의 올드 미디어와 뉴 미디어의 충돌과 풀뿌리 민주주의에 이르기까지 디지털 시대를 읽는 새로운 방법을 제시한다.

조지프 E. 스티글리츠, 『인간의 얼굴을 한 세계화』, 홍민경 옮김, 21세기북스, 2008. 이 책에서는 세계화가 소수가 아닌 지구촌의 모두가 행복할 수 있는 '제대로 된 세계화'를 위한 방향으로 나아가야 한다고 이야기한다. 현재의 세계화 시스템이 가지는 문제점들을 지적하며, 정치적·경제적인 면에서 구체적이고 다양한 해결책을 제시하고 있다.

6

비보이콘텐츠의 글로컬 에너지

글로컬 문화콘텐츠

6

비보이콘텐츠의 글로컬 에너지

이 장은 비보잉을 소재로 한 '비보이 콘텐츠'를 분석한 실제 사례를 중심으로 하였다. 비보잉은 미국의 할렘지역에서 시작된 소위 하위문화였으나 한국에 유입되면서 한국만의 독특한 맥락과 결합하여 글로컬 에너지를 발산하고, 역수출되는 현상을 보이고 있는 장르이다. 비보잉이 글로컬 에너지를 발산하게 된 기저 층위를 밝혀내기 위해 그레마스의 의미생성 모델을 도구로 삼았으며 이를 통해 원형 소스를 변형하는데 있어 핵심요소는 표층구조와 서사구조임을 밝혀낼 수 있었다. 이는 원형을 활용하여 다양한 콘텐츠를 기획하고 생산하는 데 효과적인 방법론으로 활용될 수 있으리라 기대한다.

1. 문화와 비보잉

'문화'라는 키워드로 포털 사이트에서 검색을 해보면 얼마나 많은 양의 정보들이 쏟아져 나올지 상상이 되는가? '문화'라는 개념을 설명하기 위한 사전적 지식만 해도 200여건이 검색이 된다. 이렇듯 우리는 '문화의 범람 시대'를 살고 있는 것이다. 21세기에 들어 산업의 핵심은 '문화'를 향하고 있다는 것은 주지의 사실이다. 산업혁명을 거쳐 1, 2차 산업이 붕괴되어 온 속도보다 더 급하고 빠르게 문화는 산업계의 블루오션으로 부상하였고 비단 산업계뿐만 아니라 근대적 사고와 행동 분야의 핵심에는 습관적으로 '문화'라는 개념[107]이 자리 잡고 있다. 동일한 지역, 사회, 커뮤니티 등과 같은 일정한 '경계'를 설정하고 그 안에서 발생 · 소멸하는 유무형의 모든 생활 방식을 모아놓은 아카이브(archive)라고 하기에 현대의 문화는 무언가 수상쩍다. 본 연구의 시작은 바로 이 지점부터이다. 전통적 의미의 문화들이 점차 자신의 색깔에 다른 색을 입히기 시작한 현 시점, 그래서 이제는 '문화의 경계가 모호해진' 현 시점에서 말이다.

문화라는 개념은 그 형성과정에서 겪은 근본적으로 다른 경험과 경향을 융합하기도 하고 또 혼란시키기도 하기 때문에 동종 문화 간 혹은 이종 문화 간 결합은 개념 자체에 내재되어 있었다고 보인다. 그렇다면 지역적 · 사회적 경계를 무너뜨리고 수없이 이합하는 문화들이 시너지 효과를 발생하는 데는 어떤 모종의 접점이 있지 않을까. 본 장은 이 질문의 해답을 얻기 위해 '비보이 콘텐츠'라는 구체적 사례에 주목했다. 발생 지점부터가 상이한 문화들이 결합하여 하나의 트렌드를 형성한 대표 사례를 '비보이 콘텐츠'로 보았기 때문이다.

비보잉은 힙합의 한 요소로 미국 할렘 지역에서 시작된 비주류 문화

107 레이몬드 윌리암스, 『문학과 문화이론』, 박만준 역, 경문사, 2003, 12쪽.

였다. 그러나 2005년 말부터 대한민국 비보이들이 세계 대회와 공연계를 휩쓸어 이제는 '비보잉에 한국이 없으면, 축구에 브라질이 없는 것과 같다'는 우스갯소리가 나올 정도가 되었다. 고지식하고 강경한 문화의 상징이었던 한국의 문화가 미국의 비주류 문화를 주류 문화로 편입시켜 버린 너무나도 현실적이고 실재적인 변화의 흐름을 탄 셈이다. 따라서 본 연구는 로컬문화 주체의 입장에서는 비주류권이며 타문화임이 분명한 것이, 낯설고 생소한 타문화 풍토에 뿌리를 내려 새로운 양식으로 싹을 틔우는 일련의 과정을 현지토착화, 즉 글로컬라이제이션(glocalization)이라고 규정한다. 이때 무엇이 새로운 사상으로 도입되었으며, 어떤 양식이 변화가 되었는지를 도출해 낼 것이다.

이를 위해 비보이 콘텐츠의 과거에서 내재된 페르소나를 추출해내고, 현재 비보이 콘텐츠의 현상에서 보여는 의미생성 과정을 연구할 것이다. 이 과정에서 그레마스의 의미생성 모델에 의지한 바 크다. 의미생성 모델은 콘텐츠를 심층에서부터 표층까지 층위별로 나누어 각 층위 안에 내재되어 있는 요소를 도출하기에 매우 적합한 도구로서 활용되었다. 그리고 도출되어 나온 요소를 글로컬문화를 형성하는 요소들로 축을 이룬 그래프에 배치하여 좌표값을 얻어내었고, 이는 곧 로컬문화와 글로벌문화가 만나 시너지 효과를 내는 접점으로 대치(代置)되어 해석될 것이다.

2. 콘텐츠 시대에 문화 읽기의 향배

문화(文化, culture): 자연 상태에서 벗어나 일정한 목적 또는 생활 이상을 실현하고자 사회 구성원에 의하여 습득, 공유, 전달되는 행동 양식이나 생활양식의 과정 및 그 과정에서 이룩하여 낸 물질적 · 정신적 소득을 통틀어 이르는 말. 의식주를 비롯하여 언어, 풍습, 종교, 학문, 예술, 제도

를 모두 포함[108]

인터넷 포털 사이트의 국어사전에서 검색한 '문화'의 정의이다. 본래 문화라는 용어는 라틴어의 cultura에서 파생한 culture를 번역한 말로 본래의 뜻은 경작(耕作)이나 재배(栽培)였는데, 나중에 교양 · 예술 등의 뜻을 가지게 되었다. 영국의 인류학자 E.B.타일러는 그의 저서 『원시문화 Primitive Culture』(1871)에서 문화란 "지식 · 신앙 · 예술 · 도덕 · 법률 · 관습 등 인간이 사회의 구성원으로서 획득한 능력 또는 습관의 총체"라고 정의[109]하고 있는바, 문화의 어원을 입증하고 있다. 이 두 개의 정의에서 보건대 인류는 단일 민족과 단일 생활권, 즉 영역 안에 그들만의 생활 태도와 관습 등 유무형의 생활 전반을 모아두고 '문화'라고 칭했던 것으로 보인다. 그러나 매스미디어와 초고속인터넷을 통한 콘텐츠 생성이 촌각을 다퉈가며 쏟아지고 있는 이른바 '콘텐츠 시대'에 이 같은 개념으로 문화를 들여다보기란 거북이를 타고 걷는 듯 답답함이 느껴진다. 그렇다면 콘텐츠 시대에 문화는 어떠한 방식으로 또 어떠한 '코드'로 읽어야 하는 것일까. 이 물음에 대한 명쾌한 해답을 얻기는 어렵겠지만, 대략 문화를 범주적 차원[110]에서 생각할 필요가 있어 보인다. 『문화콘텐츠 입문』(2006) '총론'에 따르면 "문화의 의미는 교양+오락의 차원으로 이해할 수 있다"고 제안한다. "교양이란 예전부터 항상 주된 내용물을 구성하고 있었던 것이고 그것이 대중화시대를 맞이하여 좀 더 광범위해지고 다수가 향유하는 것으로 변화되었다"는 것이다. '다수가 향유하는 것'이라는 의미를 두고 지배 헤게모니 휘하에 들어야 문화로서 의미를

108 네이버 국어사전 http://krdic.naver.com

109 두산백과사전 EnCyber & EnCyber.com 'http://www.encyber.com'의 단어 해설에서 재인용.

110 인문콘텐츠학회, 『문화콘텐츠 입문』, 북코리아, 2006, 15쪽.

획득하는 것이라는 오류가 없길 바란다. 이 부분을 설명하기 위해 문화의 상대성이라는 개념을 차용하고자 한다. 구 소련의 붕괴와 독일의 통일을 통해 이데올로기가 붕괴된 시대를 살고 있다고 하지만, 어떤 양상으로든 거대 담론에 의한 헤게모니는 존재하는 게 당연하다. 그러나 문화에 있어서만큼은 아주 작은 것까지 상대성을 인정하는 태도가 필요하다고 생각한다. 특히 현대와 같이 문화를 생산하고 향유하고 소비하는 프로세스와 방식이 헤아릴 수 없을 정도 다양한 현 시점에서 유일주의, 혹은 배타주의와 같은 문화적 보수 성향은 스스로를 올가미에 가두는 것과 같다. 콘텐츠 시대에 문화를 읽기 위해서는 '차이'에 대한 일차적인 해석, 즉 원초적 간극에서 벗어나야 한다. 이것이 다문화·복합 문화시대에 '문화 읽는 우리의 자세'인 것이다.

3. 비보이 콘텐츠의 창조적 상상력

1) 비보이의 내적 에너지: 기원과 발전을 통해 내면화된 에너지

'비보이'라는 말은 1970년대 후반 미국 뉴욕 브롱스(Bronx)에서 활동한 최초의 힙합 디제이 쿨 헉(D.J Kool Herc)이 클럽에서 브레이크 음악에만 춤을 추는 사람들을 보고 외친 한 마디 '브레이크 보이 나와'에서 유래되었다고 한다. 즉 비보이(B-Boy)는 이미 널리 알려진 바와 같이 힙합 댄스 중에서도 가장 고난도의 기술을 요구하는 브레이크-댄스(break-dance)를 추는 남자를 가리키는 말로서[111] 1970년대 후반 뉴욕 할렘가에 거주하는 흑인과 히스패닉계 청소년들에

111 강준만, 『선샤인 지식노트 : 새로운 세상과 만나는 200개의 지식코드』, 인물과 사상사, 2008, 7쪽.

의해 형성된 힙합에서 시작되었다. 근원에서부터 힙합과 불가분의 관계에 있는 비보잉은 힙합의 구성 요소[112]인 디제잉(DJing), 엠시잉(MCing), 그래피티(Graffiti), 비보잉(B-boying) 중 하나로서 현재 이들 각 요소들은 뚜렷한 개성을 드러내며 단일 장르로 자리매김하였지만 태생적인 정체성, 즉 '억압되지 않고 자유분방한 자기표현'은 잃지 않고 있다. 비보이의 기원과 발전, 정체성은 힙합의 그것과 동일하므로 힙합의 기원과 아이덴티티 추출에서부터 논의를 출발하는 것이 옳겠다.

힙합은 과거 아프리카에서 미국으로 팔려온 흑인 노예들이 주 향유계층으로, 그들의 향수를 노래하는 연가(戀歌), 혹은 노동의 고통을 노래로써 극복하려고 하는 일종의 노동요(勞動謠)라는 설이 설득력 있는 근거와 함께 주장되고 있다. 그러나 이처럼 약간씩 차이를 두고 제기되고 있는 설 가운데에서도 근원에 대한 고정불변한 정설은 힙합은 '하위문화'에서 출발한 것이며, 고정불변한 요소는 '저항의식'과 '기존 질서에 대한 자유・해방의지'이다. 힙합문화가 최초로 발생하게 된 미국에서부터 소위 '길거리를 배회하는 반항아들의 문화'로서 한국에 첫발을 들여놓는 그 순간까지도 힙합의 정체성은 오로지 '저항'으로 귀결되었다.

미국에서 힙합이 발생하게 된 곳은 서인도제도(카리브해) 출신 흑인

---

112 피직스 김효근, 『춤으로 세계를 제패하다. 대한민국 B-boy』, 2006, 18쪽에 따르면 힙합의 4가지 요소를 다음과 같이 설명하고 있다.
1. MC(MCing): 자신이 직접 작사한 랩을 부르는 사람. MC는 'Microphone Checker' 또는 'Microphone Controller'의 약어. 랩뮤직, 리듬과 강약을 조절하면서 수많은 말을 쏟아내는 것을 특징으로 하는 즉흥적인 음악, 힙합음악의 대표적 특징
2. B-Boy(B-Boying): 브레이크 비트에 춤을 추는 댄서
3. DJ(DJing): "Disk Jockey'의 약어. 여러 장르의 음악, 유행곡 혹은 예전의 클래식 등을 선곡하고 믹싱과 스크래칭 등의 기법을 사용해 음악을 들려주는 사람. 레코드를 손으로 역회전시키고 일부러 소음을 넣거나 랩을 넣어 음악을 재편집하는 새로운 형태의 디스크 자키
4. Graffiti: 벽, 전철, 다리 교각 등에 스프레이 페인트로 독특한 모양의 글자, 그림, 문고 등을 그려 넣는 것을 뜻하며, 그래피티 아트를 완성한 사람이 자신의 이름이나 별칭을 그리는 것은 서명(Tagging)이라고 함.

들의 이주지였던 뉴욕 사우스 브롱스(South Bronx)이다. 이곳은 아메리칸 드림을 좇아 뉴욕으로 이주해 온 유색 인종들이 거주하는 곳으로 흑인들을 중심으로 하나의 공동체가 형성되고, 그들만의 새로운 문화적 정체성이 만들어지게 된 곳[113]이다. 그러나 1959년 당시 뉴욕 시장이었던 로버트 모지스(Robert Moses)가 브롱스의 심장을 꿰뚫는 철로를 만들기 시작하고 그 와중에 6만여 채의 집들이 헐리면서 브롱스는 극도로 황폐해지고 슬럼화되었다.[114] 게다가 1980년대 미국은 레이건 대통령이 제창한 '레이거노믹스(Reaganomics)'라는 이름의 신보수주의 경제정책으로 흑인 분리거주 지경인 게토의 비참한 상황을 덮고 은폐하는 정책을 택했다. 따라서 게토 지역의 생활 조건은 범죄, 마약 사용, 10대 임신, 에이즈 및 성병, 갱과 도시폭력이 늘어나면서 최악의 상황으로 치달았다.[115] 따라서 이곳은 미국의 대도시로부터, 미국의 메이저 정책으로부터 철저히 소외당하면서 분노와 좌절, 그리고 그것으로부터의 저항이 싹튼 '하위 · 저항 문화의 발원지'가 되었다. 이렇듯 힙합은 그 근원에서부터 '무언가'로 표출되고 의미화되기 위한 지표로서 잠복하고 있었음이 분명하다.

이렇게 시작된, '저항성'을 강력한 페르소나로 가지고 있는 힙합 문화는 미국 내에서 동종(同種) 발전의 과정을 겪는다. 이는 형태 · 구조적 발전일 뿐 정체성이 내포하고 있는 네그리튜드(negritude)[116]의 소멸, 즉 백인사회담론과 융화되는 심층의 발전으로 승화되지 못하고 '문화적 인종주의(cultural racism)의 메커니즘'[117]에 의해 여전히 수동적으로 작동

113 양재영, 『힙합 커넥션』, 한나래, 2001, 24-25쪽.

114 김병훈 · 김준홍, 「우리나라 하위문화의 저항성에 대한 고찰-힙합문화를 중심으로」, 『리서치아카데미논총』 제5권, 2002, 32쪽.

115 위의 논문, 32-33쪽의 내용을 재정리함.

116 네그리튜드(negritude)는 흑인을 굴욕적으로 칭하는 'Negro'와 태도를 의미하는 'attitude'의 합성어로 주류 백인사회의 언론에서 처음으로 쓰이기 시작한 단어이다.

되고 있다. 힙합문화 발전 이래 내부적으로는 다이나믹한, 그러나 외부의 시각으로는 지리멸렬한 시간이 흘러 1990년대가 되어야 겨우 매체의 발달과 더불어 '대한민국'[118]에 상륙했고, '대한민국'에서 어떤 누구도 예측하지 못했던 힙합 문화의 대변혁이 일어난다. 필자가 굳이 힙합 문화가 대한민국에 상륙한 1990년대를 두고 '대변혁'이라는 거대담론을 끌어들인 데는 특별한 이유가 있다. 힙합 문화 주체들이 가지고 있는 원형(原形)의 페르소나는 사실상 원초적 간극, 즉 어떤 대상과 대상 사이의 대치를 의미하는 '차이, 다름'에 기초한 나머지 '그들만의 리그'로 향유되어왔다. 그러나 힙합 문화가 우리나라에 유입되는 방법과 양상은 여타의 나라의 그것과는 달랐다. 때마침 우리나라에서는 멀티미디어와 초고속 통신망 붐이 일어 힙합 문화를 받아들일 수 있는 인프라가 구축되고 있었고, 또한 정책적으로 문화 개방의 급류를 타고 있어 타 문화에 대한 이질적 거부감이 없었다. 그것이 비록 하위문화이며, 저항문화였지만 오히려 그것의 성격이 기존 문화가 가지고 있는 노블리스 오블리제(Noblesse Oblige)와 달랐기에 컬처 얼리 어댑터(culture early-adapter)들은 가물었던 대지가 단비를 흡수하듯 신속히 흡수하였다. 물론 우리나라에 유입된 초기에 힙합 주체들이 가지고 있는 원초적 간극에 대한 자존심은 원형 그대로였지만 현재 그것들이 향유되고 있는 양상을 보건대, 그것은 동양, 특히 우리나라의 부드러운 곡선의 미와 같이 곧 누그러졌음은 자명하다.

여기서부터 필자는 이제 힙합 문화를 비보이라는 용어로 대치하여 사용하고자 한다. 우리나라에 유입된 힙합 문화는 음악과 비보이로 그

117 김병훈 · 김준홍, 앞의 논문, 39쪽.

118 1990년대 동일한 시기에 우리나라를 비롯한 일본, 대만, 중국, 유럽 등지에 힙합 문화가 전파되어 유입되었지만 특수한 양상을 보이고 있는 곳은 우리나라이므로 논의의 핵심을 우리나라로 제한함.

양상이 대별되는데, 특히 소울(soul)과 랩(rap)을 내용과 형식으로 가지고 있는 힙합 음악은 대중화에 실패하였다고 보인다. 형식과 내용의 변화가 거의 없고 또한 생소하기 때문에 향유계층은 일이십대 혹은 특수 마니아 층으로 한정되어 있으며 그 수명 또한 길지가 않다. 따라서 힙합 음악은 그것을 하는 일부 특수 계층에 의해 향유되고 있기 때문이다. 그에 반해 비보이는 퍼포먼스로 그 형태를 바꾸어 발전되고 있으며 퍼포먼스로 형태를 바꾸고 기획하는 단계에서 주요 대상층을 조절하여 향유계층을 다양하게 섭렵할 수 있는 기반을 마련했다. 또한 내용면에 있어서도 친근한 소재를 끌어들이려는 노력, 파격적인 변신 등을 통해 늘 새롭고 발전하는 유기체적 문화로 진화되고 있다. 힙합 문화와 근원을 함께 하지만 이채로운 양상을 보이고 있는 비보이. 이것은 특히 우리나라에서만 보이는 특수한 사례로 이제 '비보이'로 논의의 초점을 응축시켜야 할 것이다.

2) 유기체로서의 비보이 콘텐츠: 비보이 콘텐츠의 향유형태의 내적팽창과 외적수용

비보잉이 시작된 초기부터 현재까지 비보잉의 핵심은 그들의 몸짓언어, 즉 춤 자체이다. 뉴욕 할렘 거리에서 원초적인 리듬에 몸을 맡겨 자신을 표현했던 비보이들에게는 춤이 언어이고, 자기표현의 수단이었다. 이들이 추는 춤 동작 하나하나를 '무브(move)'라고 하는데 비보이들의 스타일과 재현 양식에 따라 파워무브(power move)와 스타일무브(style move)로 나뉜다. 1990년대 크게 유행했던 파워무브는 주로 테크닉적인 측면으로 힘과 고난도 동작에 대한 구현에 초점을 두고, 파워무브만으로는 비보이들 각자의 스타일과 음악적 감수성을 표현할 수 없다고 하여 스타일무브로 향상된 재현 형태가 탄생되었다. 많은 비보이들이 자신을 표현하고 음악의 리듬과 어울릴 수 있다는 장점 때문에 스타일무브를 선호하는 추세다. 또한 비보이들에게 무브를 향유하는 콘텐츠로는 '배틀'[119]이 지배적이다. 배틀은 1970년대 흑인들의 독무대였던 뉴욕의 뒷골목에 히스패닉계가 몰려들기 시작하면서 형성된 패권 대결에서 시작되었다는 설이 지배적이다. 서로 상대 구역으로 가서 기선 제압을 하기 위해 파워풀한 무브를 선보였는데 이것이 시초가 되어 세계 비보이 대회를 비롯한 비보이 향유 형태의 90퍼센트 이상은 배틀이다. 배틀은 이겨야 하는 대상과 승패가 분명하기 때문에 비보이들은 '한껏 날을 세우고' 이에 임한다. 2007년 1월 22일 '포커스 신문' 기사에 '비보이 유닛 월드 챔피언십 8강전'의 배틀 상황을 전하고 있다.

119 '배틀'을 콘텐츠로 향유하는 비보이들의 성과는 다음과 같다.

연도	배틀 오브 더 이어(독일)	UK 비보이 챔피언십(영국)		레드볼 BC ONE	프리스타일 세션(미국)
		팀	개인		
2001	비주얼 쇼크(베스트 퍼포먼스 상)				
2002	익스프레션(우승 : 아시아 최초)	프로젝트소울(우승)	홍텐(준우승)		리버스크루(2위) 갬 블 러(3위)
2003	익스프레션(준우승) 갬블러(3위)	프로젝트소울(2위)			
2004	갬블러(우승)	프로젝트소울(우승)	피직스(우승) 홍텐(준우승)		
2005	라스트 포 원(우승) 갬블러(3위)	프로젝트소울(우승)	홍텐(준우승)	홍텐(준우승)	
2006	라스트 포원(준우승) 드리프터즈(3위)	드리프터즈(2위)		홍텐(우승)	

(서일호 · 최혜원 · 나혜진, '우리가 날나리 춤꾼이라고요? 천만에요!', 『주간조선』, 1959호, 2007년 6월 18일자 기사 내용을 인용함)

"T.I.P의 다소 과격한 기선 제압으로 분위기가 험악해진 라스트 매스와의 두 번째 8강전, 매너선(배틀하는 양측 비보이들이 넘지 말아야 할 선)이 순식간에 무너지고 양측 비보이들이 뒤엉키며 춤판이 벌어졌다. 서둘러 사회자가 양측에 경고를 준다. 라스트 매스는 '조커'를 내세워 한껏 날을 세웠다. 신체가 닿지 않는 선에서 최대한 상대 팀 전열을 뒤흔들어 놓는 게임들의 임무다. ...(중략)... 결국 우승은 리버스 팀을 향해 웃었다. 그러나 양 팀은 서로를 부둥켜안으며 기쁨을 나눴다."

일반적으로 배틀의 승패는 관객의 호응도에 따라 결정되기도 하지만, 비보이들의 수가 늘어나고 비보잉이 대중적으로 인기를 끌자 규모가 큰 세계 대회의 경우 창의성과 독창성을 기준으로 심사하는 전문 심사위원단까지 구성된 축제 콘텐츠로 자리 잡았다. '배틀 오브 더 이어(Battle Of the Year)', '유케이 비보이 챔피언십(UK B-boy Championship)', '레드 불 비씨 원(Red Bull BC One)', '프리스타일 세션(Freestyle Session)' 등 4개의 세계 대회가 그 규모와 형식면에서 인정받아 매년 진행되고 있으며 우리나라의 비보이들도 참가하여 좋은 성적을 거두고 있다. 이렇듯 무브는 비보잉의 핵심이고 비보이들이 향유하는 콘텐츠의 기본이지만, 이것이 한국에 유입된 후 색다른 형태의 콘텐츠로 전이된다. 내적 성장, 팽창 이상의 발전을 경험하게 된 것이다.

알려져 있는 바와 같이 비보이는 힙합문화가 소개된 1980년대 처음으로 한국에 유입되었다. 초기 비보이는 미국의 태생적 성격과 다르지 않게 새로움과 저항에 대한 순수한 열망으로 시작되었고, 10대 청소년들에게 빠른 속도로 흡수되었다. 한국 사회의 획일화된 놀이 문화 속에서 다르게 '놀아'[120] 보려고 했던 이들에게 호락호락하지 않았던 지배문화 -게다가 한국은 '춤 문화'에 대해 상당히 부정적인 인식이 지배적이었다-

120 김영대 외, 『한국 힙합 (열정의 발자취)』, 한울, 2008, 185쪽.

는 이들을 거리로 내몰았고, 그래서 그들과 그들의 문화는 비주류였다. 힙합문화를 처음으로 대중음악에 도입시킨 서태지와 아이들이 처음으로 데뷔한 공중파 방송[121]에서 꽤 유명한 음악비평가의 심사평은 비주류문화권에 대한 당시의 비아냥거림을 대변한다고 볼 수 있다. 그러나 1990년 후반 미디어 환경의 발전을 통해 비보이문화는 흑인과 불량 청소년, 일부 춤꾼들만 향유한다는 '마이너컬처'의 이미지를 벗고 미국, 유럽, 아시아 등 세계 각국의 다양한 인종과 계층에 퍼져나가기 시작했다. 특히 한국은 독특한 한국적 맥락[122]을 바탕으로 반문화적 성격이 상당히 약화되어 수용되었다.

그 특징 중에 하나는 바로 비보잉의 무대 콘텐츠화이다. 2005년 '비보이를 사랑한 발레리나'를 시작으로 비보이를 소스로 하는 공연 콘텐츠가 다수 제작되어 무대에 올려졌다. 특히 2006년에 이르러서는 공연 업계에서 비보이는 빼놓을 수 없는 콘텐츠로 급성장하였고, 비보잉은 하나의 문화현상으로 자리 잡으며 한류의 한 영역을 차지하게 되었다. 2006년

---

121 1992년 4월 11일 MBC '특종 TV 연예!' 첫 회 '신곡 무대' 코너에서 방송 첫 데뷔를 한 서태지와 아이들은 함께 방송했던 팀들 중 최하위 점수를 받고 일부 심사위원들에게 혹평을 받았다.

122 서일호・최혜원・나혜진(2007. 6. 18일자 기사)에 따르면 b-boy가 한국에서 독특한 맥락을 형성을 다음과 같이 지적한다. 다음은 기사의 내용을 재정리한 것이다.
1. 연습 과정: 한국의 비보이들은 외국의 비보이와는 달리 직업군의 한 맥락으로 수용하기 때문에 피나는 연습을 통해 전문적인 비보이가 된다.
2. 매체 강국: 한국은 초고속인터넷이 잘 보급되어 온라인 매체를 통한 비보잉 동영상 자료 접근이 쉬어 전반적으로 실력 수준이 높다. 특히 국내에서 보기 힘든 비보잉을 인터넷을 통해 이러닝을 하는 케이스는 한국이 유일하다.
3. 신체 구조: 키가 크고 팔다리가 긴 서양인에 비해 한국 비보이는 상대적으로 무게중심이 낮아 무브가 안정적이다.
4. 민족성: 한국은 탈춤, 마당놀이 등을 통해 박자에 강한 민족적 특성이 있다.
5. 사회 담론: 한국의 억압적인 교육과 사회제도는 비보이의 태생적 정체성인 기존 질서를 부인하는 것과 맞아 떨어져 기성사회에 대한 저항의지를 가지고 있는 세대들에게 재빠르게 수용된다.
6. 외국 문화를 받아들이는 데 역동적이고 개방적이다.

에 제작된 비보이 공연의 수는 6개 가량으로 한 해 평균 제작되는 공연 편수에 비례하면 상당한 숫자이다. 'B-Show'를 제외한 대부분의 공연은 비보이를 주요 소재로 활용하여 타 영역과의 혼합을 시도했고 이 신선한 시도는 바로 흥행으로 이어졌다. 특히 주류문화의 상징이었던 클래식컬 뮤직, 고전무용 등과의 결합 또는 메인 타깃층을 어린이, 가족 등으로

〈표 6-1〉 비보이 공연 주요 작품[123]

작품명	작품특징	공연기획사 / 출연팀
비보이를 사랑한 발레리나	•한국 최초의 비보이 공연 •한국 최초의 비보이 전용극장에 오픈런 •넌버벌 뮤지컬 •브레이크댄스와 발레의 접목 •비트음악과 클래식 음악 접목	•기획: SJ B-boys •출연: 익스트림 크루
굿모닝 비보이	•브레이크댄스와 386가요 접목 •10대의 가장 큰 고민인 교육 문제를 내용으로 함. •댄서와 가수의 등장 비율이 비슷함	•기획: SBS프로덕션
비보이 코리아	•비보이와 전통/현대 타악 접목 •브레이크댄스와 전통무용 접목 •댄스팀과 연주팀 분리	•기획: PMC프로덕션 •안무: 팝핀 현준
비쇼	•서사제거, 비보이 춤에만 집중	•기획: (주)엔고마 미디어, 이근희 스테이지
비보이 동산의 백설 공주	•가족극 콘셉트 •미취학 아동을 타깃으로 설정 •동화를 독특하게 비틀어 교육적, 교훈적 내용으로 구성	•기획: 씽크타운(주) 짐월드
마리오 네트	•줄 인형극 •마술적인 분위기와 몽환적 음악 결합 •삽화와 내레이션 사용	•기획: (주)트라이프로 •출연: 익스프레션

123 강윤주 · 노명우, 「비보이 공연의 성공 요인 분석과 해외 진출 방안 연구」, 『인문콘텐츠학회』 제10호, 2007, 267쪽.

바꾸면서 수요자 층의 눈높이를 맞추는 등의 외적 변형을 통한 흥행 전략 코드는 비보이의 태생적 한계를 성공적으로 극복한 결과이다. 물론 비보이 전용관 개관, 인기 비보이 영입 등 공연 흥행을 위한 인프라를 구축하기 위한 이면의 노력도 한 몫을 거들었지만 세계적으로 비보이가 여전히 길거리 문화이며 한정된 향유 계층의 비주류, 즉 마이너 문화였던 것에 비한다면 대단히 이례적인 현상이다. 또한 서울예술종합학교의 '스트리트 댄스 학과'를 시작으로 비보이문화는 적어도 한국에서만큼은 주류권으로의 편입이 확실해졌다.

미국의 할렘에서 시작한 비주류문화는 태평양을 건너 아시아의 한 나라, 대한민국에서 탄생 이래 최고의 전성기를 구가하고 있는 것이다. 내적 팽창과 외적 변형을 통해서 말이다.

4. 비보이 콘텐츠와 글로컬 에너지

본 장에서는 비보이 콘텐츠가 가지고 있는 '글로컬[124] 에너지'를 추출해내는 작업을 할 것이다. 종류를 막론하고 문화콘텐츠의 콘셉트 설계를 수행하기 위해서는 유사 콘텐츠 분석이 선행되어 동일한 소재를 원천 소스로 설정하여 이미 개발되어 유통되고 있는 유사 콘텐츠의 콘셉트를 도출하여 차별화시킬 수 있는 방안을 모색해야 한다.[125] 필자는 비보이 콘텐츠가 글로벌 콘텐츠로 성장한 것을 확신하고, 이것이 일시적인 붐 현상으로 사그라지는 것을 막기 위해 이미 개발되어 있는 비보이 콘텐츠를 분석하여 그 내적 에너지

124 글로컬라이제이션(glocalization)은 세계화를 의미하는 글로벌라이제이션(globalization)과 지방화를 의미하는 로컬라이제이션(Localization)의 합성어로 세계화를 추구하면서 동시에 현지 국가의 문화적 풍토를 존중하는 신개념을 의미함.

125 백승국, 『문화 기호학과 문화 콘텐츠』, 다홀미디어, 2004, 79쪽.

를 도출할 것이다. 이를 위해 그레마스의 의미생성모델에 의지하고자 한다.

이것은 최고의 보편성과 효율성을 보여주는 모델로 모든 담론—텍스트, 이미지, 영화, 광고, 콘텐츠—의 의미가 생성(generation)과 서사(narration)에서 창출되고 있음을 논리적으로 설명하는 도식이다. 대부분의 문화콘텐츠들이 비주얼 이미지가 포착되는 표층구조에서 콘텐츠의 스토리텔링이 창출되는 서사구조, 그리고 콘텐츠의 핵심 콘셉트를 창출하는 원동력인 문화코드가 숨겨진 심층구조에서 추출[126]할 수 있는 바, 본 장에서 역시 이 분석의 도구는 효율적으로 기능할 것이다.

또한 앞에서 필자는 힙합문화를 '무언가'로 표출되고 의미화되기 위한 지표라고 정의한 바 있다. 이 정의는 힙합의 한 요소인 비보이가 다른 구조, 서사, 타 문화 등과 결합하는 것을 설득하기 위해 중요한 근거로서 기능할 것이다. 퍼스의 해석대로라면 지표는 아직은 코드화되지 않은 잠재적 영역을 일컫는다. 따라서 매우 하찮고 사소해 보이는 세부와 관련되어 결합의 가능성을 내포하고 있다. 물론 모든 것—그것이 유형이든, 무형이든 간에—은 이데올로기, 헤게모니 투쟁과 결부되어 있어 실존적 결합에 제약이 따를 수 있지만, 하지와 크레스는 '도상성(iconicity)이 직접 지각에 가까운 양태성을 갖는 이유를 지표성(indexicality)이 판단이나 추론 행위에 근거하기 때문[127]'이라고 주장한다. 역으로 말하면

---

126 백승국, 앞의 책, 80쪽의 내용을 재정리하면 '의미생성모델'은 다음과 같은 도식을 갖게 되고 본 장에서는 이 양식을 차용할 것이다.

1단계 : 표층구조(비주얼 이미지)

↓↑

2단계 : 서사구조(스토리텔링)

↓↑

3단계 : 심층구조(핵심 문화코드)

〈표 6-2〉 그레마스 의미 생성 행정[128]

	통사부문		의미부문
기호-설화구조 (혹은 기호-설화 계층)	심 층	기저통사	기저의미
	표 층	설화통사	설화의미
담화구조 (혹은 담화 계층)	담화통사 담 화 화 연기자화 시 간 화 공 간 화		담화의미 주 제 화 구 상 화

지표성은 추론 행위에 근거하기 때문에 양태성의 수준은 낮지만 자의성은 높다고 할 수 있다. 이는 2008년 현재가 '경계 허물기의 시대'라는 것과 맞물려 문화 영역 내 동종·이종 컨버전스, 문화 영역과 타 영역 간 컨버전스를 뒷받침할 수 있는 근거가 될 것이다. 또한 동시에 이 명제는 비보이 콘텐츠가 여타의 영역과 이합하여 표층구조를 이루고, 계급과 지역을 초월한 심층구조를 통해 글로컬 문화콘텐츠로서 자리하게 된 것을 입증하는 데 흡족한 근거가 될 것이다.

1) 배틀: 원형성을 보존한 콘텐츠

비보이문화를 향유하고 있는 대부분의 나라와 비보이들은 '배틀'을 매우 중요한 콘텐츠로 인식한다. 비보이 콘텐츠 중에서 비교적 원형을 그대로 유지하고 있는 배틀은 비보이들의 파워풀한 무브가 표층구조를 차지한다. 특히 배틀은 상대방이 보여주는 무브 기술보다 뛰어난 기량을 보여야 우승할 수 있기 때문에 표층구조가 매우 중요한 비중을 차지하는

127 대니얼 챈들러, 강인규 역, 『미디어 기호학』, 소명출판, 2006, 82쪽.
128 박인철, 『파리학파의 기호학』, 민음사, 2003, 120쪽.

콘텐츠이다. 비보이 황대균은 인터뷰[129]에서 "비보이의 우열을 나누는 기준은 100% 창의성이다. 누가 새로운 동작을 선보이는지가 판단의 근거다. 비보이들은 남이 하지 않는 자신만이 할 수 있는 동작 하나를 연마하기 위해 몇 년씩 노력한다. 정말 피나는 연습을 해야 성취할 수 있는 것이다. 그것이 춤꾼들의 가장 큰 자존심이다"라며 표층구조에 해당하는 무브의 중요성을 역설(力說)한다. 그러나 표층구조가 비중이 큰 반면 배틀은 서사구조를 가지지 않는 특수한 콘텐츠이다. 대결구도를 형성하고 있는 참가자들이 번갈아가면서 그들이 가지고 있는 기술을 단지 '보여줄 뿐'이다. 다시 말해 콘텐츠 자체가 가지고 있는 서사구조는 배재한 오로지 표층구조만이 부각되어 있는 콘텐츠가 바로 배틀이다. 그렇다고 해서 이것이 심층구조를 갖지 않는다는 말은 아니다. 심층구조는 힙합문화가 발생한 초기의 그것과 동일하게 '자기표현이고, 자유 의지'이다. 1970년 대 힙합문화의 태생적 정체성이 가지고 있는 '저항'이 2008년 현재 조금 수그러들었다는 차이가 있지만, 힙합문화가 가지고 있는 콘텐츠로서의 배틀이 상대방과의 우열을 가리기 위해 '저항'해야 한다는 의미

[그림 6-1] '배틀'의 의미생성 모델

1단계 : 표층구조 (비주얼 이미지)
파워풀하고 창의적인 무브
↓↑
2단계 : 서사구조 (스토리텔링)
배 틀
↓↑
3단계 : 심층구조 (핵심 문화코드)
저항, 자유 의지, 자기표현

129 김영대 외, 『한국 힙합 (열정의 발자취)』, 한울, 2008, 204쪽.

로 해석한다면 심층의 그것은 더욱 뜨거워졌다고도 볼 수 있다.

비보이문화의 핵심 콘텐츠가 배틀임에는 이견이 없을 듯하다. 그러나 비보이의 배틀은 대중에게 여전히 이질적이다. 비보이들의 몸동작은 단지 비주얼 이미지일 뿐, 그것을 통해 심층구조를 도출하고 공감하기에는 무언가 부족해 보인다. 대부분의 콘텐츠들은 생산자가 미리 계획한 서사구조에 따라 제작되고 그것이 표층으로 드러나서 수요자에게 전달된다. 그러나 배틀은 심층구조와 표층구조 사이를 이어주는 일종의 전략, 즉 서사구조가 부재하고 있다. 따라서 배틀 콘텐츠는 생산자와 일부 소수의 수요자에게만 향유되는 양상을 보이고 있다.

2) 비보이 공연: 원형을 활용한 OSMU 콘텐츠

비보잉이 한국에 유입되고 가장 큰 변화를 보이게 된 분야가 바로 비보이 공연이다. 전술한 바와 마찬가지로 비보이 공연은 2005년 '비보이를 사랑한 발레리나'를 시작으로 급물살을 타기 시작했다. 2000년대 초 때마침 '난타', '점프', '도깨비 스톰' 등 한국의 넌버벌 퍼포먼스가 글로컬 콘텐츠로 주목받기 시작하였고 비보이 공연도 넌버벌 퍼포먼스의 한 주류로 편입되면서 스타성과 드라마에 의존한 1차 한류의 한계를 극복하는 뉴 한류이즘의 아이콘으로 부상했다. 특히 2006년에는 비보이를 원소스로 활용한 대형 공연이 6편이나 무대에 올려졌고 크고 작은 축제에도 비보이는 활용되었다. 사실 비보잉의 공연예술화, 즉 비보잉에 극적 요소를 가미해 공연 예술로 만든다는 생각은 본래 비보이문화 자체의 자연스러운 결과물이 아니다. 그것은 비보잉이 한국에 정착되는 과정에서 생겨난 흥미로운 부산물이다. 그저 최고의 춤꾼이 되길 꿈꾸며 연습에 정진했던 한국의 비보이들은 어느 순간부터 자신들의 몸동작을 통해

'이야기'를 만들어내는 실험을 감행하기 시작했고, 이는 극장 공연이라는 전혀 새로운 형식을 창출했던 것이다.[130] 비보이 콘텐츠의 이 같은 변화를 두고 단순히 초고속 인터넷 발달을 통한 매체 접근 용이성이라는 인프라와 한국 사회의 닫힌 구조가 저항의 문화를 수용할 수밖에 없었다는 사회학적 접근으로는 설명해내기 어려울 것이다. 또한 이 같은 접근법은 비보이 문화가 유입된 다른 국가에서도 충분히 갖추어질 수 있는 현상일 뿐이다. 전술했다시피 논자가 초점을 두고 있는 것은 '한국 비보이 콘텐츠'이다. 이질적인 로컬 문화가 한국적 필터를 거쳐 글로컬 문화로 발전한 '한국 비보이 콘텐츠'.

본 장에서는 무대에 올려진 비보이 공연 중 의미 있는 두 편과 비보이 원소스를 활용한 광고 한 편을 골라 분석의 대상으로 제한하고자 한다.

■ 비보이를 사랑한 발레리나[131]

에스제이 비보이즈(주)가 기획과 극본, 연출을 맡고 한국의 대표적인 비보이 그룹인 익스트림크루가 출연하는 '비보이를 사랑한 발레리나'는 대사없는 넌버벌 퍼포먼스로 프리마돈나를 꿈꾸던 발레리나가 비보이를

---

130 김수환, 「문화의 상호작용에 대한 문화 기호학적 접근: 한국 비보이 문화를 중심으로」, 『한국기호학회』, 2007, 11쪽.

131 '비보이를 사랑한 발레리나' 개요
- 기획, 극본, 연출 : 에스제이비보이즈(주)
- 출연 : 비 보 이 - 익스트림크루
  힙 합 - 일루션, 스페셜게스트
  여성힙합 - EX-Girls, EX-Control
  발 레 - 유은혜, 박가원 외
- 공연 : 2005년 11월 27일 세계 최초의 전용공연장 비보이극장 개관 이후 2008년 현재 "비보이를 사랑한 발레리나" 오픈 런.

사랑하고 비보이로 동화되어 가는 과정을 그린 작품이다. 이 공연의 내러티브는 다음과 같다.

> 발레리나와 비보이들은 각자 '자신들과는 부류가 다른' 상대방에 대해 강한 거부를 느끼고 대결을 벌인다. 그러나 색다른 몸짓을 접하게 된 발레리나는 남몰래 비보잉을 연습하다가 머리를 다쳐 정신을 잃는다. 무의식의 상태에서 발레리나는 괴물의 공격을 받지만, 곧 비보이가 나타나 이를 물리쳐 준다. 정신이 든 발레리나는 비보이를 찾아가 화해를 구하지만 쉽지 않자, 마음의 상처를 입고 자신의 꿈이었던 발레를 접고 브레이크 댄스를 연마해 다시 힙합 광장을 찾는다. 발레리나의 화해 코드를 읽은 비보이는 그녀를 친구로서, 비보이 동료로서, 연인으로서 받아들인다.

이상에서 설명한 바와 같이 이 공연은 '이야기'를 가지고 있다. 다시 말해 스토리텔링된 서사구조를 가지고 있는 것이다. 그리고 표층구조에는 비보잉과 발레를 함께 가지고 있다. 언뜻 서로 어울릴 것 같지 않은 표층구조의 이 상이한 두 양식은 스토리텔링으로 구조화되어 한 공연 안에 어색하지 않게 공존한다. 또한 이 공연이 갖는 특별한 의미는 표층구조에 '관람객'을 포함시킨다는 것이다. 더불어 심층구조에는 '화해, 자기표현, 사랑' 등 보편적 감성을 내재하고 있어 혹시 있을지도 모를 표층구조에서의 심리적 거리감을 줄이는 데 일조한다.

[그림 6-2] '비보이를 사랑한 발레리나'의 의미생성 모델

1단계 : 표층구조 (비주얼 이미지)
비보잉, 발레 + 관객의 참여

↓↑

2단계 : 서사구조 (스토리텔링)
발레리나와 비보이의 갈등과 화해의 과정을 주요 플롯으로 설정

↓↑

3단계 : 심층구조 (핵심 문화코드)
화해, 사랑, 자기표현

■ 마리오네트

마리오네트는 단어가 가지고 있는 그대로를 재현한 퍼포먼스로, 꼭두각시 인형들과 인형사 사이의 갈등과 화해를 다루고 있는 이야기로 시작하였다. 이것은 전체의 플롯일 뿐 마리오네트가 초연되었던 2006년 3월 이후 계속해서 리뉴얼한 극을 준비하고 있으니 반드시 고정된 이야기라고는 할 수 없다. 2008년 현재 공연을 잠시 휴식 중이지만 최근까지의 공연에는 분명 서사구조가 포함되어 있는 콘텐츠였다.

마리오네트는 비보이들을 꼭두각시 인형으로 등장시킨다. 비보이문화가 가지고 있는 자유 의지와는 상반된 듯한 이 기획은 연출자와의 인터뷰를 통해 이해할 수 있다.

> 일단 인형이라는 소재가 극을 만들기에 참 좋았다. 인형은 다양한 표정이나 분위기를 연출할 수 있고, 보는 사람으로 하여금 여러 가지 이미지를 연상시킬 수 있다. 그중 마리오네트 인형은 다른 인형들과 달리

> 사람처럼 관절을 가지고 있기 때문에 춤으로 표현하기에 제격이었다. 또한 인형사와 인형간의 교감을 표현할 수 있고 누군가에 의해 조정된다는 점에서 자의식을 표현할 수 있다는 점이 상당히 매력적이었다.[132]

연출자에 의도는 심층구조에 포함시킬 수 있다. 인형사와 인형과의 교감, 그리고 자의식을 마리오네트를 통해 표현하고자 한 것이다. 또한 인형사의 죽음으로 자유를 얻은 인형을 성경구절 "주께서 나의 슬픔을 변하여 춤이 되게 하시며 나의 베옷을 벗기고 기쁨으로 띠 띠우셨나이다(시편 30:11)"에 투영시켜 복음 전파 의도[133]를 심층구조에 포함시키고 있다. 그리고 이 공연은 비보잉과 마법을 주요 표층구조로 채택하고 있다. 특히 막과 막 사이에 대형 일러스트 삽화를 통해 관객들은 스토리를 보고 느낄 수 있게 되었다. 공연에서 더구나 비보이 공연에서 일러스트 삽화를 이용한 것은 낯선 시도임은 분명하지만, 춤으로 표현하기 어려운 부분을 '말'과 '대사'가 아닌 '영상'과 '그림'으로 구현한다는 점에서 공연의 의미와도 부합하고, 다채로운 영상에 유머적 요소를 삽입하면서 공연의 질을 높이는 데 일조했다. 그리고 블랙 라이팅 아래 흰 마스크, 흰 장갑을 이용해 마법 같은 영상 효과를 내는 매직쇼를 표층에 배치하여 춤 이외에 볼거리가 없을 것이라는 관객의 우려를 씻어냈다. 이렇듯 어

132 마리오네트 공식 클럽 : http://www.club.cyworld.com/bboy-marionette에 실린 웹진 3호.

133 '국민일보' 2006.10.13자 기사는 마리오네트 연출자 이우석의 비보이로서의 삶을 다음과 같이 표현했다.

- 4막: 내 슬픔 변해 기쁨의 춤 추리

  사람들은 빠르게 잊었다. 인기를 경험한 뒤라 더 힘들었다. 교회로 달려가 기도를 드렸다. "하나님, 마지막으로 한번만 더 춤을 추게 해주세요." 가슴 속에서 한 목소리가 들렸다. "너는 무엇을 위해 춤을 추느냐." 답은 시편 30편 11절에 있었다. "주께서 나의 슬픔을 변하여 춤이 되게 하시며 나의 베옷을 벗기고 기쁨으로 띠 띠우셨나이다" 소년은 눈물을 닦고 웃을 수 있었다. 왜 내가 춤을 추는지 이제는 알게 됐으니까. 세상을 위해, 나 자신을 위해 추던 춤을 이제 하나님의 영광을 드러내기 위해 추기로 했다.

[그림 6-3] '마리오네트' 의미생성 모델

1단계 : 표층구조 (비주얼 이미지)
비보잉, 마리오네트, 마법, 일러스트 삽화, 블랙라이팅, 흰 마스크/장갑 +∝

↓↑

2단계 : 서사구조 (스토리텔링)
인형사와 인형들 사이의 갈등과 화해, 사랑을 주요 플롯으로 설정하여 현재 6막으로 구성

↓↑

3단계 : 심층구조 (핵심 문화코드)
사랑, 교감, 갈등, 화해 + 복음

느 하나 비보이스러운 게 없는 표층구조의 요소들은 스토리텔링의 전략하에 적절히 배치되고 구조화되어 가장 비보이스러운 공연을 만들어 냈다는 평을 듣고 있다. 그리고 의미생성 모델 도식에서 '∝'로 표현될 요소는 마리오네트가 계속해서 진보하는 유기체적 성격을 가지고 있기 때문이다. 마리오네트 3차 공연 때 아무도 생각하지 못했던 일러스트 삽화를 표층구조에 배치했던 것처럼 이 공연은 또 다른 요소들로 더욱 내실을 강화할 것으로 보인다.

■ 기업광고 : KB은행 - '대한민국 1등을 넘어' 편

거리에서 무대로, 이제 TV광고에까지 비보이가 원소스로 활용되었다. 게다가 보수적인 은행권 광고로는 다소 파격적으로 기업 PR광고에 비보이가 등장한 것이다. 30초가량의 짧은 광고시간 동안 비보이의 무브는 슬로 모션으로 보이고 내레이션이 다음과 같이 삽입된다.

[그림 6-4] 'KB광고'의 의미생성 모델

1단계 : 표층구조 (비주얼 이미지)
비보잉

↓ ↑

2단계 : 서사구조 (스토리텔링)
세계 최고의 비보이가 최선을 다해 무대에서 무브를 선보임

↓ ↑

3단계 : 심층구조 (핵심 문화코드)
최고를 향한 노력, 열정

비보이 내레이션 : 나는 춤을 추는 게 아니다. 대한민국 1등이 세계 1등이 될 수 있다는 것을. 난 보여줄 것이다.

BGN : 대한민국 1등을 넘어 KB국민은행

광고의 심층구조에는 KB국민은행의 도전정신과 최고를 향한 노력이 담겨져 있고, 이를 효과적으로 보여주기 위해 전세계에서 호령하는 한국 비보이들의 몸짓을 표층구조에 배치한 것이다. 표층구조에 단순히 비보잉만 배치한 것은 '배틀'과 다르지 않은 양상을 보이지만 이것이 배틀과 상이한 것은 전략적 스토리텔링으로 구성되었다는 점이다. 초당 720프레임의 초고속으로 촬영된 필름 속에는 비보이의 땀방울과 작은 근육의 움직임까지 세세히 비춰지고 BGM으로 사용된 음악은 땀방울, 열정과 어우러져 감성을 자극하도록 조작되었다. 이는 고전적인 서사구조에 의해 스토리텔링된 것은 아니지만 고도의 서사전략이 엿보이는 대목이다.

3) 글로컬 에너지 추출

이상의 분석을 종합하면 '배틀'을 제외한 모든 콘텐츠는 OSMU를 통해 성공한 사례이다. 그렇다고 해서 배틀이 실패한 콘텐츠라고 볼 수는 없지만 본 장에서 성공의 잣대에 매스(mass), 즉 대중적 향유를 포함시켰고, 이것은 글로컬 공감대를 형성하기 위해서임을 밝힌다.

'비보이를 사랑한 발레리나'에서는 표층구조에서 '비보잉, 발레 + 관객의 참여'라는 이질적 요소를 함께—병렬적 의미—배치한다. 특히 '관객의 참여'라는 표층 요소의 도입은 매우 이례적이다. 서구의 연극이 유입되기 이전, 한국의 전통극은 '마당극'이었다. 광대와 관객이 어우러져 '신명나게 한 판 놀아보는' 문화. 이것이 한국의 전통극이었다.

'비보이를 사랑한 발레리나'는 극중 일부분에 바로 이런 한국 전통극의 양식을 배치하여 관광객과 함께 표층을 구성한다. 마당극에 대한 노스탤지어를 자극할 수 있는 연령층은 이미 대한민국 어디에도 생존해 있지 않지만, '신명'이 있는 우리나라 국민 정서에 적중한 전략이었다. 따라서 생소한 비보이문화를 공연으로 조작하는 데서 발생하는 심리적 거리감을 좁히는 데 성공하고, 한국의 전통 문화가 생소한 외국인들에게는 발레와 어우러진 새로운 공연 양식이 흥미로웠을 것이다. 바로 이 지점이 '비보이를 사랑한 발레리나'가 글로컬 문화로 성장할 수 있었던 접점이라고 볼 수 있다. 또한 표층요소의 공존을 위해 원소스를 변형시키거나 억지로 융합—원소스의 융합, 즉 춤사위의 믹싱 등과 같은—시키지 않고 대신 효과적인 서사전략을 도입시킨다. 그리고 그 내면에는 로컬 유저와 글로벌 유저가 모두 공감할 수 있는 보편적 심층 요소를 배치한다. 이렇듯 원소스의 표층요소를 과감히 변형・활용하고, 심층요소를 통해 보편적 감성에 호소하며 마니아층보다 대중을 타깃으로 한 기획 전략은 로컬과 글로벌의 접점에서 만나 성공으로 이끄는 시너지 효과를 낸 것이다.

'마리오네트'는 표층구조에 '비보잉, 마리오네트, 마법, 일러스트 삽화, 블랙라이팅, 흰 마스크/장갑 +∝'를 함께—각 요소들이 도구로써 적절히 융합되었다는 의미—배치한다. 이 공연 또한 다른 요소들을 부각시키기 위해 원소스를 변형하는 일은 하지 않는다. 역으로 원소스를 부각시키기 위해 다른 요소를 도입시킨 사례로, '비보이를 사랑한 발레리나'가 비보잉과 발레라는 표층요소를 비슷한 비중으로 병렬 배치한 것과는 차이를 보인다. 그러나 이 공연 역시도 원소스를 그대로 활용하되, 다른 요소들을 도입하는 데 주저함 없이 과감한 기획에 도전한다. 또한 비보잉에서는 잘 사용하지 않는 몽환적 느낌의 음악을 사용하여 기획부터 비보이스럽지 않은 비보이를 시도하여 신선함을 준다. 여기에 비보이 공연으로는 장시간인 1시간 30분여를 무리 없이 채우는 짜임새 탄탄한 스토리텔링력은 '마리오네트'가 담화와 스토리 모두 성공한 것으로 보인다. 비보이 유닛에 초청되어 특별 공연으로 무대에 올려졌던 초연 동영상이 해외로 퍼져나가 폭발적인 반응을 일으키고 그 후에 공연장에서 오픈런—현재는 공연을 쉬고 있음—을 하고 있는 현실은 글로컬 문화콘텐츠로서 성공했음을 입증한다.

비보이가 등장한 TV 광고는 비보이가 주류 문화권에 편입했음을 보여주는 좋은 사례라고 생각한다. 게다가 금융권 광고에 비보이를 기용했다는 것은 기업이 이미지 혁신을 위해 '도전'을 한 것이고, 이는 혁신과 도전이라는 이미지를 비보이가 상징하기 때문이라는 또 다른 입증이기도 하다. 그런데 본 광고는 비보이를 가공하지 않은 원소스 그대로의 무브를 보여주고 있다는 점이 이채롭다. 대부분의 콘텐츠들은 원소스를 활용하거나 가공하려는 노력을 하는 데 비해 본 광고는 원소스를 그대로

콘텐츠에 도입시키고 있다. 이것은 비보잉이 가지고 있는 강력한 페르소나 때문이라고 보인다. 비보잉 그 자체가 갖는 '혁신, 열정, 노력' 등의 페르소나가 다른 요소를 표층구조에 함께 배치하는 등의 가공 없이 심층구조의 요소만으로도 충분히 강력하기 때문이다. 실제로 이 광고는 광고계와 대중들에게 모두 신선한 충격으로 다가왔고 기업 PR 및 이미지 혁신에 공헌한 바 크다.

[표 6-3] 분석 대상 좌표값

대상	소비자층 (x축)	비보이 콘텐츠의 원형과 가공 (y축)
배틀	마니아	원형
광고	대중	원형
비보이를 사랑한 발레리나	대중	가공
마리오네트	대중	가공

[그림 6-5] 비보이 콘텐츠의 글로컬 에너지 추출 그래프

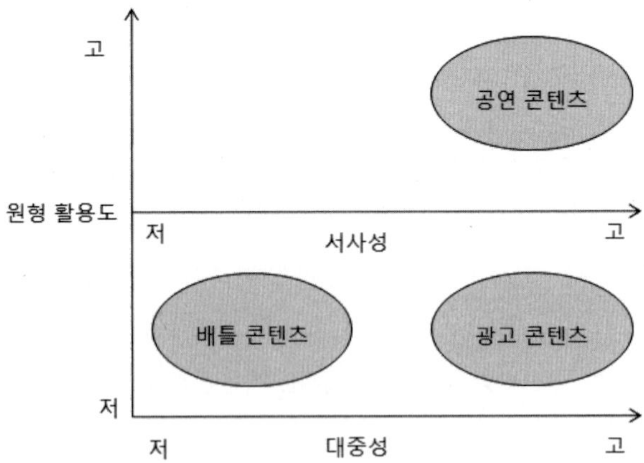

이상에서 분석되어 온 각각의 요소를 바탕으로 그래프를 작성하고자 한다. 이때 그래프의 x축은 비보이 콘텐츠의 향유 소비자를 기준으로 하여 가장 극단의 값에는 각각 일부 소수 마니아층과 일반 대중이 자리하고 있다. y축은 비보이 콘텐츠의 원형과 가공의 정도를 기준으로 하여 각각의 극단의 값에는 원형을 보존하고 이야기성 없는 스토리텔링 전략을 가지고 있는 비보이 콘텐츠와 원형을 활용한 스토리텔링 전략을 구사한 비보이 콘텐츠가 자리하고 있다. 본 연구에서 분석의 대상으로 삼은 4개의 비보이 콘텐츠는 다음의 표에 기초하여 좌표값에 안착한다.

이상의 분석을 통해 보면 로컬 문화와 글로벌 문화가 시너지를 내면 글로컬 문화로 발현되는 접점은 '심층구조를 드러내기 위한 표층과 서사구조의 적절한 변형'에서 찾아진다. 따라서 비보이 콘텐츠 기획에 있어 원소스에 대한 보존/활용의 이분법이 가능해 보인다. 활용의 경우 편의상 좌표에는 원소스 활용' 항목으로 표시했지만 표층, 심층, 서사구조 등 각 층위마다 다른 양상으로 발현될 수 있다. 또한 전술한 바대로 본 연구의 핵심은 비주류 문화가 글로컬 문화콘텐츠로서 성공한 지점을 추출하는 것이므로 비주류 문화를 일부 마니아 층 소비자・유저가 향유하는 것, 글로컬 문화를 대중 소비자・유저가 향유하는 것으로 전제할 것이다. 따라서 x축과 같이 콘텐츠 소비자・유저를 마니아 층/대중으로 양분하는 것이 가능해 보인다.

5. 비보이 콘텐츠에서 문화다양성으로

본 장은 문화의 다양성을 전제하고, 그 안에서 빈번히 일어나고 있는 동종문화, 이종문화 간 융합 현상의 하나인 '글로컬라이즈(glocalize)'에 초점을 두고 진행되었다. 특히 글로컬 문화의 대표적인 사례로 '비보이 콘텐츠'를 지목한 것은 매우 잘된 선택이었다. 미국 할렘에서 시작되어 여전히 '껄렁거리는 10대 불량 청소년의 뒷골목 문화'가 매체의 발달과 사회현상의 전이와 맞물려 한국에 유입되었고, 또 한국 내에서 매우 독특한 양식으로 수용되어 재수출되는 일련의 프로세스는 '글로벌 콘텐츠'로서 매우 적합한 사례였기 때문이다.

이를 효과적으로 설명하기 위해 그레마스의 의미생성 모델에 의지한 바가 크다. 이 모델은 각 콘텐츠를 심층, 표층, 서사구조의 세 가지 층위로 나누어 각 층위에 내포되어 있는 요소들을 추출해 내는 데 매우 용이했고, 그 결과물들을 취합하여 좌표값, 즉 '글로벌 문화'의 접점을 얻는 데 성공했다. 본 연구에서 결과로 도출된 요소는 반드시 원소스를 변형해야 한다는 의견에 귀결되지 않는다는 점이 흥미롭다. 연구의 대상으로 삼은 콘텐츠들을 의미생성 모델로 분석해 낸 요소들에서 심층구조를 잘 표현할 수 있는 표층구조를 취하고 있음을 확인했다. 아무리 화려한 비주얼이나 짜임새 있는 서사구조를 가지고 있다고 해도 표층, 심층, 서사구조의 3요소가 어우러지지 않으면 로컬문화로서도, 글로벌문화로서도 실패할 확률이 높다. 게다가 한국에서 기획, 제작된 비보이 콘텐츠들의 심층구조는 로컬문화의 수용자와 글로벌문화의 수용자 모두가 공감할 수 있는 보편적 요소라는 것도 흥미롭다. 이러한 콘텐츠들의 경우 보편적 감성에 호소하기 때문에 표층구조에 과감한 실험을 시도해도 따라오는 리스크가 크지 않음 또한 밝혀졌다.

2008년 현재, 문화의 경계는 사라지고 있다. 이데올로기, 형식, 지역적 경계는 이미 붕괴된 채 문화는 거대 담론 속에서 긍정적 의미의 마찰을 통해 또 다른 문화를 만들어 가고 있다. 문화를 생산하는 주체, 향유하는 주체, 소비하는 주체, 그리고 비평하는 주체들 모두 문화에 대한 인식의 폭을 넓혀야 할 시기인 것이다. 본 장은 비록 비보이 콘텐츠에 한정되어 나온 아주 소소한 결과물이지만 이를 통해 긍정적 의미의 문화 다원주의가 조성되는 초석이 마련되길 바란다.

Check Points

- ✓ 의미생성모델은 콘텐츠(텍스트)를 어떤 관점에서 해석하고 있는가?
- ✓ 힙합의 4대 요소 중 하나인 비보잉, 비보이는 구체적으로 어떤 개념으로 차별되는가?
- ✓ 글로컬 에너시란 무엇인가?
- ✓ 비보이문화에서 상대성을 인정해야 하는 이유는?
- ✓ 심층구조 속 문화코드는 어떻게 드러나고 있는가?

더 읽어야 할 책 소개

최용호, 『광고, 커뮤니케이션, 문화 마케팅』, 인간사랑, 2005. 소쉬르 전통에 속한 기호학의 기본 가설의 의미는 차이에서 발생한다는 전제하에 분석의 층위를 다양화시키고 광고와 인터넷 홈페이지 등에 나타난 기업의 커뮤니케이션 전략을 분석한 책으로 기호학을 실제 콘텐츠 분석 사례에 도입시킨 응용인문학 서적이다.

장마리 플로슈, 『기호학 마케팅 커뮤니케이션』, 김성도 역, 나남출판사, 2003. 그레마스의 수제자이며 시각 이미지 전문가인 장마리 플로슈의 저서 『Sémiotique, marketing et communication』의 한국어 번역본인 이 책은 기호학을 사변적인 성찰이 아닌 현장에서 발로 뛰어가면서 얻어낸 천부적 재능을 갖고 있는 기호학자의 산물이('역자의 말' 일부 인용)라 정의내리고 있다.

유리 로트만, 『기호계: 문화연구와 문화기호학』, 김수환 역, 문학과지성사, 2008. 이 책은 지난 2000년 러시아의 '이스쿠스트보-에스페베' 출판사에서 출간된 로트만 선집 『기호계』에 실린 논문 중에서 문화기호학과 관련된 논문 12편을 번역하여 수록하였다. 이 논문들에는 '공간적 모델링'을 비롯해 '비문화/반문화', '경계', '문화적 기억', '복수 언어주의', '대화' 등 로트만 문화기호학의 대표적인 이론적 개념들이 빠짐없이 논의되고 있다.

심상민, 『블루 콘텐츠 비즈니스』, 커뮤니케이션북스, 2005. 현재 콘텐츠 시장은 다양한 매체의 발전으로 그 폭이 넓어지고 있는 추세인데 반해 일부 영역으로의 집중 또한 심해져서 빈익빈부익부 현상이 두드러지고 있다. 이 책은 이같은 불합리한 시장경제에 대한 대안을 제시하기 위해 아직 개척되지 않은 거대한 잠재적 콘텐츠 영역, 즉 블루오션을 소개하여 독자들이 콘텐츠계에 심미안을 갖도록 유도한다.

최혜실 외, 『문화산업과 스토리텔링』, 다할미디어, 2007. 경희대학교 최혜실교수가 대학원 수업에 참여한 석 · 박사과정 연구생들과 함께 문화산업 전반 기저에 있는 스토리텔링을 분석해내고 이를 토대로 다양한—이야기와 어울릴 것 같지 않아 보이는 영역까지도, 포함한 의미의 다양성—장르 및 영역에 적용할 수 있는 대안을 제시하는 서적이다.

7

글로컬 마케팅의 두 얼굴

- 지역서사를 활용한 한류 마케팅의 정체성 확보

글로컬 문화콘텐츠

7

글로컬 마케팅의 두 얼굴

– 지역서사를 활용한 한류 마케팅의 정체성 확보

이 장은 '글로컬'이라는 방식으로 세계시장에 진출하려는 한류 콘텐츠의 제작과 마케팅 계획을 점검하는 글이다. 이 장에서 우리는 '글로컬라이제이션'이라는 단어가 지닌 두 가지 상반된 측면과 더불어, 한류가 계획하는 글로컬 마케팅이 어떠한 성격을 지니고 있는지를 살펴볼 것이다. 또한 프랑스 만화콘텐츠 '아스테릭스'의 사례를 통해, 특정 지역에 담긴 '지역서사'의 힘이 한류 마케팅에 보탬이 될 수 있음을 이해할 것이다.

1. 한류는 글로벌브랜드인가 로컬콘텐츠인가

강대국과 거대 자본의 틈새에 눌려 숨쉬기조차 힘들었던 국내 문화산업이 어느새 '한류'라는 붐을 타고 아시아와 전세계로 뻗어나가고 있다. 일부에서는 지역적인 코드를 이용해서 글로벌 시장을 공략하는 성공적인 글로컬라이제이션 사례로 꼽기도 하며, 한국문화콘텐츠진흥원에서는 '글로컬 문화 전략'이라는 이름으로 한류의 성공을 계획하고 있기도 하다.

> 최근 침체된 한류를 재점화하고 지속적으로 발전시킬 대안으로 제시되고 있는 것이 바로 '글로컬 문화 전략'이다. 고유한 전통문화와 첨단기술력, 상품의 기능이미지를 연결시키는 것이 바로 이 전략의 핵심이다. '글로컬 문화 전략'의 첫 번째 단계는 진입장벽이 낮은 '디지털 한류전략'이 될 것이며, 다음으로는 한국 전통문화의 브랜드화(한브랜드)를 통한 한류의 세계화 전략이 중요하다. 한복, 한식, 한지, 한옥, 한글, 한국학등 한(韓)브랜드를 생활화, 산업화, 세계화하여 한류를 확산하는 것이 이 전략의 골자이다.[134]

그러나 한류가 온전히 한국적인 특성을 기반으로 한 콘텐츠라고 말하기는 어렵다. 한류의 대표 상품으로 꼽을 수 있는 방송콘텐츠 중에 한국적인 소재를 품은 것은 '대장금' 등 일부에 불과하다. 오히려 글로벌 문화자본을 흉내내어 그 장점을 가미한 일종의 전략 상품에 가깝다고 하겠다. 이것은 이동연(2006)의 주장대로 과거 미국 문화가 한국 시장을 지배했던 문화제국주의의 역(逆) 재현에 가까울지도 모른다.[135]

국가가 나서서 문화 상품을 육성하려는 우리의 의욕과는 다르게, 아

134 한국문화콘텐츠진흥원, 「5. 전통소재(문화원형)의 현대적 가치 부활」, 『2007 한국 문화콘텐츠산업 10대 전망』, 한국문화콘텐츠진흥원, 2007, 59-60쪽.

135 이동연, 『아시아 문화연구를 상상하기』, 그린비, 2006.

시아 각국은 나름의 맥락 안에서 한류 상품을 소비하고 있다. 한국적인 색채가 호기심의 대상일 때는 우호적인 분위기 속에서 한류 상품 판매가 가능하지만, 때로는 일본의 '혐(嫌)한류[136]'나 중국의 '반(反)한류[137]'를 유발하기도 한다.[138] 기 소르망(2006)의 지적대로, 한국의 대중음악은 미국식 리듬에 아시아 식으로 포장한 것에 불과하며 한국의 드라마는 미국적 사랑 이야기를 아시아적 외형으로 포장한 것이 아니냐는 지적에 대해 진지하게 반성해볼 필요가 있다.[139]

글로컬라이제이션의 두 얼굴, 즉 '글로벌 기업의 지역 시장 공략'과 '로컬 콘텐츠의 세계 시장 진출'이라는 상반된 모습을 비교하며, 한류의 글로컬 마케팅이 어떠한 정체성을 확보해야 하는지 논의해보자.

2. 글로컬과 세계화, 무엇이 다른가

1) 세계화에서 출발한 글로컬 마케팅

'글로컬라이제이션(glocalization)'은 세계화를 뜻하는 '글로벌(global)'과 지역화를 뜻하는 '로컬(local)'이 합쳐져 만들어진 용어이다. 우리말로는 '세방화'[140], '지구지역화'[141], '현지세계화' 등으로 번역되기도 한다.

1960년대부터 "세계적으로 생각하고, 지역적으로 행동하라(think globally, act locally)"라는 문구가 등장하기는 했지만, '글로컬라이제이

136 山野車輪, 『マンガ嫌韓流』, 晋遊舎, 2005.
137 주호성, 『장나라의 횡행 천하』, 중앙대학교출판부, 2006, 78-95쪽.
138 이상우, 「반한류, 혐한류 그리고 포스트 한류」, 『한국을 팔아먹는 사람들』, 한국관광공사, 2006, 50-57쪽.
139 기 소르망, 「해외칼럼 : 글로컬로 가는 한국 문화」, 『중앙일보』, 2006년 9월 28일자.
140 한림대학교, 『세방화, 정보화, 그리고 문화충돌』, 정보통신연구진흥원, 2004, 11쪽.
141 이기상, 「지구지역화와 문화콘텐츠」, 『인문콘텐츠』 제8호, 인문콘텐츠학회, 2006, 8쪽.

〈표 7-1〉 지역화와 세계화의 이득에 따른 기업의 마케팅 전략

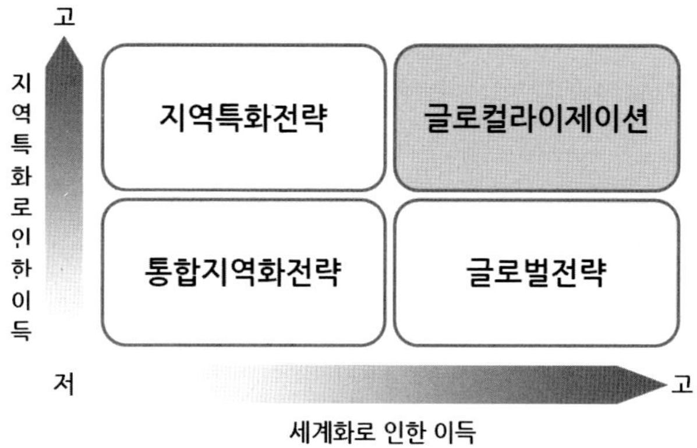

션'이라는 용어가 본격적으로 사용되기 시작한 것은 1980년대 말과 1990년대 초의 마케팅-경영 분야였다. 원래는 '목표 시장의 지역적 특성이나 현지 풍토를 제품이나 서비스에 적용시키는' 마케팅 개념에서 출발했다. 그룹 소니의 창업 멤버이자 회장인 모리타 아키오(1992)는 '글로벌 로컬라이제이션(global localization)'을 기업 슬로건으로 삼기도 했다.[142]

기업이 세계화를 추구할 것인가 아니면 반대로 지역화를 추구할 것인가의 문제는 그 기업의 장기적인 시장 경쟁력과 관련하여 검토되어야 한다. 세계화를 통해 표준화(standardization)를 이루고 '규모의 경제(economies of scale)'를 달성했을 때의 이득이 더 큰지, 아니면 지역특화로부터 발생하는 이득이 상대적으로 더 나은지를 평가해야 하는 것이다.[143] 조지 데이(1990)는 지역화 또는 세계화로 얻는 이득의 성격에 따라 기업의 마케팅 전략을 다음과 같은 4가지 경우로 구분했다.[144]

142 盛田昭夫, "日本型經營が危ない", 『文芸春秋』, 1992년 2월호.

143 서용구, 『시장에서 승리하는 마케팅 기술』, 시대의 창, 2006, 192쪽.

144 Day, G. S., *Market Driven Strategy: Processes for Creating Value*, Free Press, 1990. (앞의 책에서 재인용)

첫째, 세계화 및 표준화로 발생하는 이득이 상대적으로 작고 지역특화로 인한 이득이 큰 경우에는 '지역특화전략'이 적합하다. 식음료, 철강, 시멘트 등이 해당한다.

둘째, 세계화 및 표준화로 발생하는 이득도 크고 지역특화로 인한 이득도 큰 경우에는 합성전략(composite strategy)으로서 '글로컬라이제이션'이 적합하다. 글로벌 자동차 기업이 이에 해당한다.

셋째, 세계화 및 표준화로 인한 이득도 작고 지역특화로 발생하는 이득도 작은 경우에는 '통합지역화전략'이 적합하다. 국제화 초기의 많은 다국적 기업이 이에 해당한다.

넷째, 세계화 및 표준화로 인한 이득은 크고 지역특화로 인한 이득은 작은 경우에는 '글로벌 전략'이 적합하다. 건설기계, 의약품, 개인용 컴퓨터 등이 이에 해당한다.

이렇듯 '글로컬라이제이션'은 지금껏 '세계화(globalization)'를 이루기 위한 수단으로 사용되어 왔다. 자국 시장만으로는 만족하지 못한 거대 자본이 해외로 눈을 돌리면서[145], 전 세계에서 거대한 판매고를 기록하는 '글로벌 브랜드(global brand)'를 만들기 위해 수많은 기업들이 '세계화'를 부르짖었다.

2) 맥도날드화에 반기를 드는 새로운 글로컬

그러나 세계화의 격류는 때로 반인권적, 반인간적 문제를 야기했고 수많은 문제점을 남겨 놓았다. 조지 리처(1993)는 효율성, 계산력, 예측력, 인간통제 등 맥도날드의 경영원리를 '맥도날드화(McDonaldization)'

145 Magdoff, H., I*mperialism: From the Colonial Age to the Present*, Monthly Review Press, 1978, 117-147쪽.

라 부르며 세계화 과정의 부작용을 꼬집은 바 있다.[146]

말컴 워터스(1995)의 의견처럼, 세계화가 진행될수록 자유민주주의조차도 점점 맥도날드화 되어 가는 경향이 있다. 즉 지도자들도 대중매체에 의해 이미지화될 것이고 이슈는 완전히 단순화된 패키지화될 것이다. 그러나 소비문화 내에서 개인은 선택의 자유가 있으며, 패스트푸드점에 들어가지 않을 권리도 개인에게 있다.[147]

또한 무차별적인 세계화의 문제점을 해결하기 위해 '글로컬 포럼(glocal forum)'이 등장하기도 했다.[148] 글로컬 포럼의 목표는 '각국의 도시를 비정부적 차원에서 연계하여 지역성을 살린 채로 전세계적 발전을 이루고 평화를 정착시키는 글로컬라이제이션'이며, '세계화라는 통치 방식(governance)이 아닌 아래에서 위로 향하는 상향식 체계(bottom-up system)를 구축하는' 개념이라고 밝히고 있다.[149] 국내에서도 지역 주체(local actor)들 간의 연계를 통해 글로컬라이제이션을 이루자는 주장이 등장하기도 한다.[150] 기업의 마케팅 전략에서 시작된 용어가 이제는 세계화의 부작용을 치유하는 대안으로 떠오르고 있는 것이다.

그러나 강준만(2005)의 지적대로, 세계화로 인해 다국적 거대 기업이 지역 시장에 성공적으로 진입한 사례는 많아도 지역이 세계를 상대로 이름을 떨치는 경우는 희귀한 것이 사실이다.[151] 글로컬라이제이션 개념

146 조지 리처, 『맥도날드 그리고 맥도날드화: 유토피아인가 디스토피아인가』, 김종덕 역, 시유시, 2003.

147 말컴 워터스, 『세계화란 무엇인가』, 이기철 역, 현대미학사, 1998, 180쪽.

148 글로컬 포럼은 이스라엘 외교관 우리 사비르(Uri Savir)와 스웨덴의 기업가 얀 스텐벡(Jan Stenbeck)이 2001년 스위스 취리히에서 창립한 국제 조직으로, 이탈리아 로마에 본부를 두고 있다. 홈페이지는 www.glocalforum.org.

149 Glocal Forum, *Glocalization: Research Study and Policy Recommendations*, Glocal Forum, 2003, 14쪽.

150 홍성욱, 『네트워크 혁명, 그 열림과 닫힘』, 들녘, 2002, 134쪽.

151 강준만, 『나의 정치학 사전』, 인물과 사상, 2005, 413-420쪽.

을 이용해서 지역 주체들의 자립을 도울 수 있을까, 아니면 이러한 역방향적 글로컬라이제이션은 그저 허울뿐인 희망에 불과할까.

3) 문화콘텐츠의 글로컬 마케팅은 가능한가

'한류' 등의 문화콘텐츠는 아직 그 정체성과 원동력이 명확하게 밝혀지지 않았다. 아시아의 소비자들이 '한국적인 것'에 끌리는 것인지, 아니면 단지 더 좋게 포장하는 '선진 제작 기술'에 끌리는 것인지도 불분명하다. 심지어는 과연 '한국적'인 것이 무엇인지에 대한 토론도 쉽게 결론이 나지 않는다. 한류 콘텐츠를 미국 등지의 거대 문화 기업과 같은 방식으로 판매할 수 있을까.

글로컬라이제이션 마케팅은 지역특화로 인한 이득과 세계화로 인한 이득 모두를 놓칠 수 없을 때 취하는 전략이다. 그러나 표준화를 갖춘 완전한 글로벌 전략으로 성공할 수 있는 기업은 그리 많지 않다. 스타벅스 같은 일부 거대 기업이 전 세계에서 성공할 수 있었던 이유로는 표준화로 인한 시스템 개선도 있었지만, 글로벌 브랜드에 대한 지역 소비자들의 동경과 호기심 덕분이라고 볼 수도 있기 때문이다.

대다수의 문화 상품과 문화콘텐츠는 그 성공과 실패 여부를 미리 점치기 어려운 분야에 속한다. 넬슨(1970)은 이처럼 소비자가 구입을 하고 나서야 그 특성을 알 수 있는 재화를 '경험재(experience good)'라고 명명했다. 경험재는 다음과 같은 세 가지 특징을 지닌다. 첫째, 직접 구입해 경험해봐야만 물건의 품질을 알 수 있다. 둘째, 특정한 브랜드는 어떤 소비자에게는 잘 맞지만 다른 소비자에게는 잘 맞지 않기도 한다. 셋째, 소비자는 해당 시점, 해당 장소에서 단 한 가지 브랜드만을 사용할 수 있다.[152]

시장 요인을 기준으로 1995년부터 2005년까지의 국내 기업의 글로벌화 수준 변화를 살펴보면, 조선 분야와 반도체 분야는 이미 완벽한 글로벌화가 이루어졌음을 알 수 있다. 그 뒤로 휴대폰, 컴퓨터, 영상기기 등 디지털 제품 분야가 뒤따르고 있다.[153] 이러한 발전에 힘입어 일부 국내 업체는 중국과 인도 등 아시아지역뿐만 아니라, 유럽과 러시아 등 다양한 지역에서 글로벌 브랜드로서의 가치를 인정받고 있다.

그러나 문화콘텐츠가 과연 이러한 분야에 속하는지에 대해서는 논란의 여지가 많고, 또 쉽게 결정 내릴 문제가 아니다. 문화콘텐츠 제작자는 지역특화를 바탕으로 해서 콘텐츠를 제작, 판매할 것인지, 아니면 세계화와 표준화를 바탕으로 글로벌 기업을 따라갈 것인지 결정해야 할 것이다.

물론 글로벌 기업이라고 해서 언제나 성공하는 것은 아니다. 지역 소비자들이 가진 지역성(locality)과 생활양식(life style)을 무시했다가 실패한 사례도 많다. 반대로 지역성을 역이용해서 지역시장에 무사히 안착한 기업들도 있다. 이제 글로벌 브랜드의 지역시장 공략 사례를 살펴보자.

3. 지역시장을 공략하는 글로벌 브랜드

1) 까르푸와 월마트, 한국시장에서 철수하다

까르푸(Carrefour)는 매출이 100조원대를 넘어서는 세계 2위, 유럽 1위의 초대형 유통 업체다. 월마트(Walmart)는 2005년 기준으로 전세계 6141개 점포에서 323조원의 매출을 올리는 세

152 Philip Nelson, "Information and Consumer Behavior", *Journal of Political Economy* vol. 78 Issue 2 Mar/Apr, 1970, 311-312쪽.

153 이경숙, 「한국 주력산업의 글로벌화 수준과 글로벌 경쟁 강도 분석 및 시사점」, 『월간 KIET 산업경제』 2007년 8월호, 12쪽.

© 한국 까르푸

© 월마트

계 1위의 유통 업체로 까르푸의 3배가 넘는 규모를 자랑한다. 까르푸는 1993년 한국 까르푸 법인을 설립함으로써, 월마트는 1998년 한국 마크로를 인수하면서 한국 시장에 진출했다.

그러나 2006년 4월 24일, 까르푸가 한국 시장에서의 철수를 선언했고, 2006년 5월 23일에는 월마트가 그 뒤를 이어 철수했다. 세계 1, 2위의 유통업체가 한국을 무덤으로 삼은 것이다. 사업 실패 원인에 대해서는 의견이 분분하지만, 공통적으로 '현지화 전략의 부재'를 꼽는다.

한국의 소비자들은 온 가족이 할인점에서 함께 쇼핑하고 식사를 하는 '원 스톱 서비스'를 원하지만, 월마트는 이에 대한 대비책을 마련하지 못했다. 한국형 할인점은 물건을 쉽게 고르고 꺼낼 수 있도록 1.5-1.8m 높이의 낮은 선반 형태로 진열을 하지만, 까르푸는 2.2m 높이의 본토 진열대를 그대로 들여왔고 월마트는 물건을 천정까지 쌓아놓는 창고형 매장을 고집했다. 한국 소비자는 신선 식품을 할인점에서 구매하는 특성이 있다. 이마트는 입구부터 신선 식품을 넓게 진열해서 눈길을 끌지만, 까르푸는 동선의 마지막인 계산대 가까이에 배치했다. 신선 식품의 비중도 이마트에 훨씬 못 미치는 30%에 불과했다.[154]

2005년의 영업 성적을 보면 국내 시장 1위인 이마트가 영업이익률 8%, 매출 6조 6,130억원, 시장점유율 34.5%인데 비해, 까르푸는 영업이익률 1.48%, 매출 1조 6,680억원, 국내 시장점유율 8%로 업계 4위를

154 황선화, 「국내 유통기업의 성공전략과 외국계 유통기업의 국내 철수 원인 분석」, 『한국유통과학회 동계학술대회 자료집』, 한국유통과학회, 2006, 613-650쪽.

차지했고 월마트는 업계 5위였다.[155] 물론 까르푸는 한국 시장에서 철수하면서 1조원에 가까운 매각 차익을 챙겼지만, 이를 유통 사업의 성공으로 보기는 어렵다.

사실 한국 소재 외국계 할인점에 대한 인식은 그리 나쁘지 않았다. 각 할인점을 조사한 결과를 보면 내국계 할인점과 외국계 할인점의 점수가 큰 차이를 보이지 않는다. 그러나 '접근 용이성, 시설물의 미적 요소, 쾌적성, 편의성' 등 '물리적 환경' 점수는 내국계 할인점의 점수가 높지 않은 대신, '신뢰성, 반응성, 확신성, 공감성' 등 '서비스 품질 만족도'에 있어서는 내국계 할인점의 점수가 더 높게 나타난다. 이는 1996년 유통 시장의 완전 개방으로 인해 위기감을 느낀 내국계 할인점이 진열대 높이와 배열 방식까지 조절하는 고객 중심의 경영 기법을 도입한 덕분이라 하겠다.[156]

2) 마이크로소프트, 한글과컴퓨터 인수를 포기하다

'김치'라는 용어를 책 제목으로 사용해 화제가 된 책 「빅맥이냐 김치냐」의 서론 「김치를 알아야 한다」는 한국의 IT 시장에 대한 이야기로 시작된다.

> 세계화가 활발히 진행 중이던 1998년 여름, 마이크로소프트는 한국의 워드프로세서 시장을 지배하고 있던 '한글' 프로그램을 개발한 한글과컴퓨터사에 2,000만 달러의 자금을 투자할 계획이었으며, 그 대가로 한글과컴퓨터사가 프로그램의 개발을 중단하고 다른 제품에 주력할 것을 요구했다. (...) '한글'은 한국 워드프로세서 시장의 80%를 차지하고 있었다. 그에 반해 마이크로소프트 워드는 약 15%의 시장 점유율을 가

155 백풍렬, 「까르푸 철수가 남긴 교훈」, 『LG주간경제』 886호, LG경제연구원, 2006, 3-7쪽.
156 김본수 · 배무언, 「국내 대형할인점의 고객만족 향상 방안에 관한 연구」, 『경상논집』 제19집 제1호, 인하대학교 산업경제연구소, 2005, 1-36쪽.

© 마이크로 소프트

지고 있었다. 그러므로 계획대로 '한글'이 경쟁에서 제외된다면, 마이크로소프트사는 손쉽게 한국 시장을 거의 100% 차지하게 될 것이었다.[157]

© 한글과 컴퓨터

그러나 한글에 대한 한국인들의 사랑은 외국인들의 예상을 뛰어넘는다. 일제강점기에 한글 사용을 억압당했던 경험이 있기 때문에, 한글은 한국의 자존심이자 애국심의 상징물이 되었다. 이러한 민족의식의 지뢰밭으로 마이크로소프트사가 돌진한 것이다. 더구나 1900년대 이전의 고문을 표기하는 데 필요한 한글 조합을 지원하지 않겠다는 발표가 있자, 한글과 컴퓨터의 인수를 반대하는 신문 사설과 국민 운동이 끊이지 않았다.

결국 한글과 컴퓨터사는 마이크로소프트사와의 거래를 취소했다. IDC 코리아의 사장은 '정부에서 각개 시민에 이르기까지 나라 전체가 국내 산업체를 지키기 위해 단결한 최초의 사례'라고 평했다. 마이크로소프트사의 확장 전략이 뜻하지 않게 정치적인 반대 운동을 일으킨 것이다. 이후 한글과컴퓨터사는 '한글 815'라는 이름의 새로운 버전의 프로그램을 출시했다.

「빅맥이냐 김치냐」의 저자들은 '김치'라는 비유로 각국의 지역적 특성을 강조한다. 이는 세계 118개국에서 먹는 '빅맥'과 대비되어 세계화와 지역화의 대립이라는 테마를 돋보이게 한다. 세계화가 진행되고 있는 이 시대에도 지역정치와 국지적인 사건들을 그냥 지나쳐서는 안 된다는 것이다. "모두가 빅맥을 먹는다. 그렇다 하더라도 어느 때보다 김치를 잘 알아야 한다."[158]

---

157 마빈 조니스 · 댄 레프코비츠 · 샘 윌킨, 『빅맥이냐 김치냐 : 글로벌 기업의 현지화 전략』, 김덕중 역, 지식의 날개, 2004, 23쪽.

3) KFC, 중국시장에서 맥도날드를 누르다

중국이 자본주의에 대해 문호를 개방한 이후로, 수많은 외국 기업이 중국 시장에 뛰어 들어 시장 점유율을 높여가고 있다. 코카콜라(Coca-Cola) 와 펩시(Pepsi), 폭스바겐(Volkswagen)과 혼다(Honda), 애니콜(Anycall)과 모토로라(Motorola), 맥도날드(McDonald's)와 KFC 등이다. 그중에서도 주목해서 살펴볼 필요가 있는 분야가 패스트푸드점이다.

© 맥도날드

© KFC

맥도날드는 1951년 미국에서 첫 매장을 개설한 이후, 2006년 현재 전세계 119개 3만여 개 매장에서 160만여 명의 직원이 매일 5천만 명의 소비자와 만난다. 2005년 전세계 맥도날드 매출액은 205억 달러에 달하며, 세계 어느 곳에 가도 맥도날드 햄버거를 먹을 수 있다. 영국의 경제전문지 이코노미스트(The Economist)는 분기마다 빅맥(Big Mac) 햄버거의 가격을 통해 각국의 통화 가치를 비교하는 '빅맥 지수(Big Mac Index)'를 발표할 정도다. KFC는 1952년 미국에서 첫 매장을 열었고, 2005년 현재 전세계 80여 개국에 13,300여개 매장이 있다.

그러나 중국 진출은 KFC가 1987년으로 1990년 맥도날드보다 약간 빨랐다. 게다가 2007년 11월 현재 KFC는 중국 전체에 2,000여 개의 매장이 있는데, 맥도날드는 700여 개에 불과하다. 시장 점유율도 줄곧 KFC가 1등을 차지해왔다. 그 비결은 '철저한 현지화'에 있다는 것이 일

158 위의 책, 28쪽.

반적인 평가다.[159] 30여 종의 메뉴 중에서 절반 이상을 중국 사람의 입맛에 맞게 바꾸었으며, 쌀죽이나 유과처럼 글로벌 메뉴에는 존재하지 않는 아이템을 계속해서 선보이고 있다. 덕분에 KFC와 피자헛은 싸구려 패스트푸드이라는 이미지를 벗는 데 성공했다.

KFC의 모회사는 '얌(YUM) 브랜즈'라는 미국 회사이다. 피자헛(Pizza Hut)도 소유하고 있는 얌브랜즈는 2007년 중국에서 3조원이 넘는 매출을 올렸으며, 중국 내 영업 이익은 전년 대비 30%나 증가했다. KFC는 중국 적십자사와 더불어 '켄터키 음식 건강 펀드'를 조성하거나 '중국 켄터키 식품 건강정책 백서'를 내는 등 '더불어 사는 기업'이라는 이미지를 심어서 반외국인 정서를 가라앉혔다. 또한 현지 사정을 잘 아는 현지 인력에게 사업 총책을 맡겨서 시장 파악에 허점이 없도록 했다.[160]

이렇듯 과감한 본토화 전략 덕분에 중국인들은 패스트푸드에 대한 경계심을 풀고 이질감을 극복할 수 있었다. 인테리어 또한 중국과 서양의 스타일을 섞은 중서(中西)식으로 꾸몄다. 이제는 오히려 중국인들보다 외국인들이 더 많이 찾는 명소가 되었다. 맥도날드도 결국 2004년에는 쌀을 원료로 하거나 전병 등을 추가한 중국식 메뉴를 선보이며, 현지화 전략에 동참하게 되었다.

159 길호동, 「맥도날드 누른 KFC의 현지화 전략」, 『월간 광고정보』 2006년 1월호, 2006, 98쪽.

160 오광진, 「철저한 현지화공익마케팅 업고 Go Go!: 성공가도 달리는 KFC의 비결」, 『한국경제신문』, 2008년 8월 6일자.

4. 세계시장으로 진출하는 로컬 콘텐츠

1) 제작자와 소비자의 커뮤니케이션

글로벌 기업이 지역 시장을 공략하는 위의 사례가 있다면, 이와는 반대로 지역 콘텐츠가 세계 시장을 대상으로 판매량을 늘리는 방법도 있다. 이러한 '지역의 역습(逆襲)'은 글로컬라이제이션의 또 다른 모습이라고 하겠다. 현재 문화콘텐츠와 관련한 논의는 역방향의 글로컬 마케팅 전략을 이용하려는 내용이 대부분이다.

지역 콘텐츠를 이용해서 세계 시장을 공략하려면 우선 기업과 소비자의 커뮤니케이션 과정에 대해 살펴볼 필요가 있다. 기업과 소비자는 상품을 매개로 서로 연결된다. 여기에는 '상품을 판매하고 구매한다'는 단순한 논리 이외에 좀 더 복잡한 커뮤니케이션 과정이 포함되어 있다. 시장 규모가 급속도로 커진 자본주의 사회에서는 소비자들이 해당 기업의 광고와 브랜드 가치를 고려해서 제품을 구매하기 때문이다. 기업 활동에 있어 광고, 홍보, 마케팅 등의 커뮤니케이션이 중요한 위치를 차지한다.

섀넌과 위버(1948)에 따르면, 커뮤니케이션을 위해서는 'source, encoder, message, channel, decoder, receiver'의 6가지 요소가 필요하며,[161] 커뮤니케이션을 방해하는 잡음(noise)도 끼어든다.

〈표 7-2〉 섀넌과 위버의 커뮤니케이션 모델

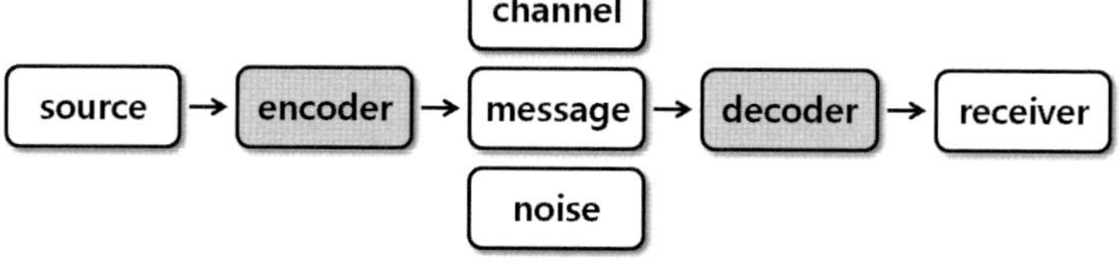

〈표 7-3〉 야콥슨의 커뮤니케이션 모델

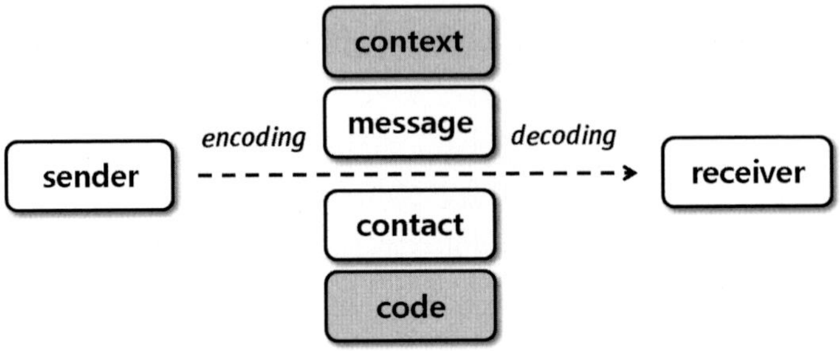

또한 야콥슨(1968)에 따르면, 수신자가 메시지를 제대로 해독하려면 문맥(context)을 고려해야 한다.[162]

이를 기업과 소비자의 관계에 적용시켜 보면 다음과 같다. 기업이 적절한 메시지 또는 코드를 제안하면 그것을 받아들여 암묵적인 동의를 한 소비자가 제품을 구매하게 되는데, 기업의 광고는 코드를 심는[encoding] 과정이고 소비자의 제품 구매는 코드를 푸는[decoding] 과정이다.

물론 이 과정에는 원치 않는 잡음이 섞여 들어가서 커뮤니케이션에 방해가 되기도 하는데, 기업의 의도가 소비자에게 제대로 전달되지 않는 경우가 해당된다. 그러므로 문화콘텐츠라는 상품을 소비자에게 어필하려면, 제작자는 시장 상황에 맞는 요소들을 적절하게 삽입해야 할 것이다. 기업이 자사 제품을 광고한다면 소비자가 처한 사회적 상황을 고려해야 한다.

---

161 Shannon, C., · Weaver, W., *A Mathematical Theory of Communication*, University of Illinois Press, 1948.

162 로만 야콥슨, 『일반 언어학 이론』, 권재일 역, 민음사, 1992.

2) 서사(narrative), 그 중에서도 지역서사를 활용하라

인간은 몇 개의 단어나 한 장의 사진만 접해도 머리 속에서 서사 장치(narrative schema)가 활성화되는 존재이다. 자신이 처한 문맥 내에서 여러 가지 의미를 상기시켜 코드를 해석하는 것이다. 그러므로 기업과 소비자, 제작자와 구매자 사이에는 자연스럽게 서사 층위가 발생하게 된다. 그레마스(1979)는 의미 생성 모델(generative trajectory of signification)을 통해 서사 층위를 강조한 바 있다.[163]

〈표 7-4〉 그레마스의 의미 생성 모델

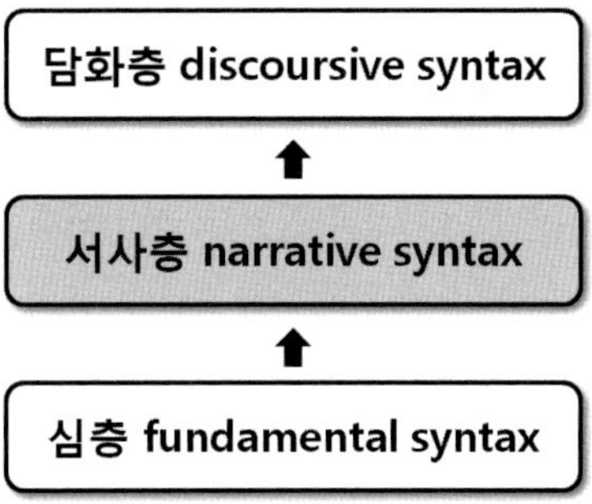

〈표 7-5〉 지역서사를 통한 글로벌 기업과 지역 콘텐츠의 마케팅 전략

기업의 사업 목표와 의도는 '심층'에 속하며, 소비자가 접하는 광고와 홍보물은 '담화층'에 머물러 있다. 코드화(coding) 작업에서 서사 층위를 제대로 이해하고 사용하지 않으면, 기업과 소비자 간의 커뮤니케이션은 원활히 이루어질 수 없을 것이다.

특정 지역에서 제작한 문화콘텐츠가 세계적인 경쟁력을 갖기 위해서는, 단순히 글로벌 기업의 전례를 따라가는 대신 유사한 지역성과 생활양식, 즉 '지역서사(local narrative)'를 지닌 지역 소비자들의 공감부터 얻어야 할 것이다.

마이크로소프트와 한글과 컴퓨터의 사례에서 보았듯이, 소비자들이 지닌 지역성은 서사(narrative)의 특징을 지닌다. 마이크로소프트는 단순히 사업을 확장하려 했지만, 한국인들이 지닌 '억압과 수탈의 역사'라는 지역서사의 역린(逆鱗)을 건드리는 바람에 호된 경험을 해야 했다.

까르푸와 월마트, 맥도날드와 KFC의 사례를 통해, 소비자들의 생활양식 또한 서사성을 띠고 있음을 알 수 있다. 선입견을 제거하거나 부담감을 줄이기 위해서는 담화층에 해당하는 광고물의 시청각 요소(sensory factor)만을 조절할 것이 아니라, 서사 층위와 지역서사에 대한 고려가 있어야 할 것이다.

3) 만화 '아스테릭스'의 성공

지역서사를 이용한 지역 콘텐츠의 성공 사례로는 만화 '아스테릭스(Astérix)'를 꼽을 수 있다. 프랑스의 작가 르네 고시니(René Goschinny)와 이탈리아 출신의 만화가 알베르 우데르조(Albert Uderzo)가 1961년 단행본으로 펴낸 '골족의 영웅 아스테릭스(Astérix le Gaulois)'는 민족주

163 쿠르테스 그레마스, 『기호학 용어 사전』, 천기석 · 김두한 역, 민성사, 1988, 155쪽.

의와 지역주의가 가득한 만화책이다. '미국에 미키마우스가 있다면 프랑스에는 아스테릭스가 있다'고 할 정도로 유럽을 대표하는 만화 가운데 하나이자 프랑스 국민들의 자존심이다.

> 때는 기원전 50년, 로마군이 골족의 땅 전체를 지배하고 있었다... 하지만 모두를? 천만에! 못 말리는 골족 전사들이 살고 있는 작은 마을 하나만은 아직도 침략자 로마군을 향해 끈질기게 저항하고 있었으니, 바바오룸, 아쿠아리움, 라우다눔과 프티보눔 접경지대에 주둔한 로마 수비대 병사들의 생활은 쉽지만은 않은데...[164]

언제나 이렇게 첫 페이지를 시작하는 만화 '아스테릭스' 시리즈는 지금까지 총 33권이 나와 전세계적으로 3억 부가 넘게 판매되었다. 또한 불어판으로 시작하여 영어, 이탈리아어, 독일어, 스페인어 등의 유럽 언어뿐만 아니라 한국어, 라틴어, 까딸란어, 힌두어 등 104개 언어로 번역되었다.[165]

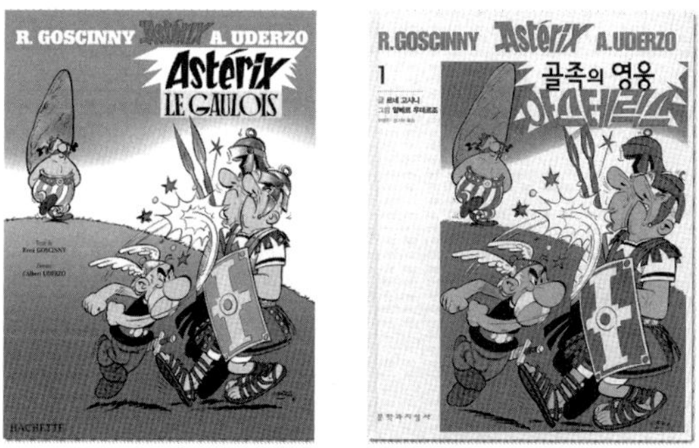

[그림7-1] 불어판과 한국어판 만화 '아스테릭스'

164 르네 고시니 · 알베르 우데르조, 『골족의 영웅 아스테릭스』, 오영주 · 성기완 역, 문학과지성사, 2001, 7쪽.

165 세계 각국의 아스테릭스 번역서 홈페이지는 www.asterix-international.de.

'아스테릭스'는 또한 원소스멀티유즈(OSMU, One Source Multi Use)의 대표적인 성공 사례로도 꼽힌다. 만화의 성공에 힘입어 지속적으로 애니메이션이 제작되고 있으며, 2006년에는 서울 국제애니메이션 페스티벌에서 '아스테릭스와 바이킹(Astérix & the Vikings)[166]'을 개막작으로 상영하기도 했다. 영화는 1999년 '아스테릭스(Astérix & Obélix contre César)'를 시작으로 2002년에 제2편 '아스테릭스 2 : 미션 클레오파트라

© 스튜디오 카날 플러스 (2002)

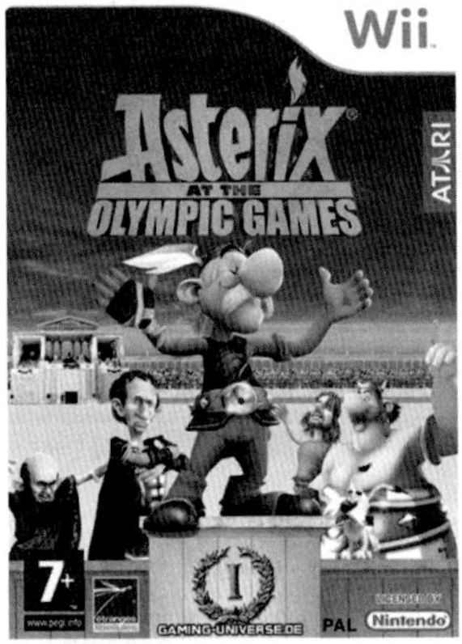

© Nintendo

© LES EDITION ALBERT-RENT / GOSCINNY-UDERZO

[그림 7-2] 아스테릭스를 소재로 만들어진 영화, 게임, 테마파크

166 애니메이션 '아스테릭스와 바이킹'의 홈페이지는 www.asterix.co.nz/movies/asterixandthevikings.htm.

(Mission Cléopatre)', 2008년에 제3편 '아스테릭스 앳 더 올림픽 게임(Astérix aux Jeux Olympiques)'이 개봉되었다. '아스테릭스 파크(Parc Astérix)[167]'라는 이름의 아스테릭스 테마파크는 파리에서 북쪽으로 30km 되는 지역에 1989년에 건설되었는데, 연간 200만 명 이상의 방문객이 다녀간다.[168]

[그림 7-3] 만화 아스테릭스의 OSMU 현황

그 외에도 게임, 문구류 등 다양한 분야에서 상품으로 활용되고 있으며, 아스테릭스에 대한 프랑스인들의 자부심 또한 대단해서 1965년에 쏘아 올린 프랑스 최초의 인공위성에 '아스테릭스'라는 이름을 붙이기도 했다.

4) 지역서사를 활용한 아스테릭스의 스토리

'빛나는 별'을 뜻하는 프랑스 '아스테리크(astérique)'에서 이름이 유래된[169] '아스테릭스'는 작품 내에서 로마군에게서 프랑스인의 조상 뻴인 골족을 지켜내는 영웅이지만, 실제로도 유럽문화를 급속히 침투해오고 있는 미국의 대중문화로부터 프랑스를 지키는 파수꾼이기도 하다.

---

167 테마파크 '아스테릭스 파크'의 홈페이지는 http://www.parcasterix.fr.

168 Laurence Hugon, *PARC ASTERIX; A Merchandising Success Story*, Euro Attractions Show, 2008.

169 Bell, A., *Asterix : What's in the Name*, British Coucil Literature Department. (http://www.literarytranslation.com/workshops/asterix)

또한 영국, 스페인, 벨기에 등의 여러 유럽 주변국은 물론, 중동이나 아메리카 대륙에 이르는 세계 곳곳을 배경으로 하면서 각 나라의 문화와 민족성이 녹아들어 있어 세계의 풍물과 역사를 이해하는데 적합한 교과서 역할이 되기도 한다.[170] 이렇듯 아스테릭스의 성공에는 다음과 같은 여러 이유가 있다.[171]

(1) '영웅담'이라는 서사적 특성
(2) '민족주의 코드'라는 문화적 특성
(3) '코미디 만화'라는 장르적 특성
(4) 언어, 풍습, 역사 등 '인문 교양서'로서의 활용적 특성

우리가 주목해야 할 것은 사회적, 문화적 문맥으로서의 서사 활용이다. 로마 제국의 강대함을 재현하기 위해 인류 역사 내내 수많은 열강들이 끝없는 침략을 감행했지만, 오히려 로마 제국에 용감하게 저항하는 이야기에 많은 사람들이 동감하고 호응한다. 전 세계 대부분의 국가는 민족을 기반으로 출발했으며, 외세의 침입에 대항해 싸워본 경험이 있다. 고유의 전통을 지키려는 지역성을 영웅담이라는 서사에 녹여 넣었으면서도, 슬프거나 절망적인 이야기 대신 '코미디 만화'라는 장르를 통해 유쾌하고 활기찬 분위기를 유지함으로써 부담 없이 즐길 수 있게 한 것이 '아스테릭스'의 특징이다.

만화 '아스테릭스'는 세계 시장 진출에 성공했지만, 앞서 소개한 글로벌 기업들과는 다른 길을 걸어왔다. 주인공 아스테릭스와 오벨릭스가 속해 있는 골족 마을 사람들은 로마군과의 전투에서 항상 승리하지만,

170 김연, 「문화콘텐츠의 다양한 현대적 재해석, 아스테릭스」, 『한국문화관광연구원 뉴스레터』 제90호, 한국문화관광연구원, 2008.

171 Dandridge, E. B., *Producing Popularity: The Success in France of the Comics Series 'Asterix le Gaulois'*, Blacksburg: Virginia State University, 2008.

로마 제국의 영토를 넘겨받아 패권을 차지하는 원대한 계획에는 관심이 없다. 치장과 과시에 안달하는 로마 사람들을 귀엽고 측은하게 여길 뿐이다.

이러한 기본 컨셉은 세계 시장을 무대로 사업을 확장하려는 글로벌 기업의 이념과는 확연히 다르다. 또한 슈바벤어, 까딸루냐어 등 각국의 지방 언어로 번역되어, 지역 주체들의 입지를 강화시키기도 했다.[172]

아스테릭스와 오벨릭스가 전 세계를 무대로 활약을 계속하는 동안, 만화 '아스테릭스'는 각 민족과 국가의 지역성을 무시하지 않고 오히려 이를 소재로 삼아 독자들에게 소개하는 전략을 취한다. 예를 들어 아스테릭스의 공식 홈페이지 첫 화면에서는, 만화 속에 등장했던 각 나라의 특징적인 인물들을 국기 대신 삽입해 놓고 언어를 선택하게 되어 있다. 소비자들은 아스테릭스라는 '글로벌 브랜드'에 함몰되지 않은 채 자신이 좋아하는 비주얼 요소를 고르고 그에 담긴 서사도 자연스럽게 받아들일 수 있는 것이다.

'아스테릭스'만의 독특한 특징은 "퓨전 사극 또는 현대 사극 등은 전통문화라는 특수성과 함께 세계 시장에 어필할 수 있는 문화적 보편성을 결합시킴으로써 해외에서도 충분히 각광받을 수 있는 글로컬(Glocal = Global + Local) 콘텐츠 시장에 활기를 불어넣을 전망"[173]이라는 한국 문화콘텐츠진흥원의 예측을 뒷받침하는 적절한 사례다.

그러나 한류콘텐츠는 아직 한국적인 소재에만 집착할 뿐, 타깃 시장의 지역서사를 활용하는 모습은 보이지 못하고 있다. 만일 현재의 한류열풍이 잦아들거나 한류가 글로벌브랜드로서 자리잡으면서 아시아 각국

172 앙드레 파브르, 「카탈루냐어와 한국어: 동일한 투쟁」, 미우라 노부타카(三浦信孝), 가스야 게이스케(糟谷啓介) 엮음, 『언어 제국주의란 무엇인가(言語帝國主義とは何か)』, 이연숙 · 고영진 · 조태린 역, 돌베개, 2005, 331-348쪽.

173 한국문화콘텐츠진흥원, 『2007 한국 문화콘텐츠산업 10대 전망』, 2007, 59쪽.

© LES EDITION ALBERT-RENT / GOSCINNY-UDERZO

[그림 7-4] 아스테릭스 공식 홈페이지의 언어 선택 화면

이 한류에 대해 반감을 가지기 시작한다면, 한류콘텐츠가 골족 아스테릭스가 아닌 덩치만 큰 로마군으로 비치는 것은 아닐까 우려되기도 한다.

아스테릭스 등의 지역 콘텐츠 성공 사례를 꼼꼼하게 벤치마킹한다면, 한국의 문화콘텐츠도 거대 글로벌 기업의 침략에 맞서 자신만의 영역을 당당히 지켜낼 수 있을 것이다. 또한 '또 다른 문화제국주의를 표방하는 것이 아니냐'는 한류에 대한 오해를 풀 수 있지 않을까 한다.

5. 한류 마케팅의 정체성 확보

세계화의 거센 파도에 휩쓸리던 시대를 벗어나 '한류'가 아시아를 비롯한 여러 지역에서 큰 성공을 거두고 있다. 민간에서는 문화 산업을 통해 세계적인 성공을 이루려 하고, 국가 차원에서는 한류를 전략적으로 육성하려는 시도를 진행 중이다. 이제는 문화콘텐츠 소비자에 불과했던 한국이 글로벌 시장을 공략하려는 역전 현상이 이루어지는 것이다.

이에 따라 글로벌 기업들의 마케팅 전략이었던 '글로컬라이제이션'을 180도 전환시켜 역방향으로 활용하려는 움직임이 일어나고 있다. 그러나 아직은 글로컬라이제이션에 대한 명확한 정의도 자리매김하지 못한 상태이다. '우리도 할 수 있다'는 희망의 메시지만 있을 뿐, 그 방법과 계획에 있어서는 체계성을 띠지 못하고 있다. 문화제국주의에 대한 경계, 문화콘텐츠의 지나친 상업화 등 논의되어야 할 사항도 산재해 있다.

한류 콘텐츠의 성공을 위해 우선 고려해야 할 질문은 과연 한국의 문화콘텐츠가 글로벌 수준인가 하는 것이다. 둘째로는 문화콘텐츠가 일반 글로벌 기업처럼 세계화와 표준화를 이루어서 얻을 수 있는 이득이 많느냐 하는 것이다. 셋째로는 각국의 지역 소비자들이 한류 콘텐츠에 대해 지속적인 충성도를 보여줄 것인지 하는 것이다.

한류의 성공 요인으로 '한국풍'을 꼽기에는 아직 증거가 부족하다. '지역적인 것이 세계적인 것으로 변화할 수 있다'는 것이 기존 문화콘텐츠 분야에서의 글로컬라이제이션 논의의 핵심이지만, '한국적인 소재가 적중했다'는 환호성을 외치기에는 석연찮은 구석이 있다. 각 국가는 나름의 '지역서사'를 지니고 있기 때문에 이를 무시하면 글로벌 기업도 무너질 수 있고, 잘 활용하면 지역 콘텐츠도 세계적인 성공을 거둘 수 있다.

글로컬라이제이션은 두 가지 얼굴을 가지고 있다. '글로벌 기업의 마케팅 전략'이라는 측면과, '지역 콘텐츠의 세계 시장 공략'이라는 측면이 그것이다. 그러므로 한류의 성공을 위해서는 두 개념을 명확히 구분하고 이해해서 새로운 문화콘텐츠 제작과 판매 전략을 짤 필요가 있다.

Check Points

✓ 한류는 글로벌 콘텐츠인가, 로컬 콘텐츠인가, 글로컬 콘텐츠인가?

✓ 한류의 글로컬 마케팅 전략이 문화제국주의와 닮아 있지는 않은가?

✓ 아스테릭스처럼 지역서사를 통해 성공한 문화콘텐츠 사례는 무엇이 있을까?

✓ 지역서사를 발굴하고 활용하는 방법으로는 어떠한 것이 있을까?

더 읽어야 할 책 소개

마빈 조니스, 댄 레프코비츠, 샘 윌킨, 『빅맥이냐 김치냐: 글로벌 기업의 현지화 전략』, 김덕중 역, 지식의 날개, 2004. 저자는 '맥도날드냐 아니냐'는 기존의 이분법적 세계화 논리를 비판하는 동시에, 지역성을 고려한 국가 교류가 필요하다고 주장한다. 우리 것을 지키느라 글로벌 브랜드의 침략을 막아내는 것이 좋을지, 세계시장을 무대로 우리 콘텐츠를 공격적으로 판매하는 것이 좋을지 갈피를 잡지 못하는 한류 마케팅 전략에 적절한 조언이 될 것이다.

『골족의 영웅 아스테릭스』 시리즈 민족주의를 소재로 활용한 대표적 원소스 멀티유즈 사례로 거론되는 프랑스의 시리즈 만화책이다. 로마제국에 대항하는 프랑스의 골족 이야기가 한국 및 각국 독자들에게 어필하여 세계적인 성공을 이루었다. 지역서사를 통해 공감을 얻어내고 각 지역의 특성을 활용하는 것이 문화콘텐츠에 있어 얼마나 중요한지 느낄 수 있다.

조지 리처, 『맥도날드 그리고 맥도날드화: 유토피아인가 디스토피아인가』, 김종덕 역, 시유시, 2003. 독일 사회학자 베버의 합리화 이론을 통해 맥도날드의 비인간화를 꼬집는 책이다. 효율성과 표준화를 통해 세계화의 첨병 역할을 하는 패스트푸드점이 로봇을 통제하듯 인간을 지배하고 조종하는 현실을 비판했다. 책의 결론에서는 무차별적 세계화에 대항하는 합리적 대안을 제시하며 지역 소비자들의 각성을 촉구하고 있다.

미우라 노부타카, 가스야 게이스케, 『언어 제국주의란 무엇인가』, 이영숙·고영진·조태린 옮김, 돌베개, 2005. 지배와 피지배의 통치 양태를 지닌 제국주의는 단지 자본과 영토의 점령을 가리키는 것만이 아니다. 제국주의 시대는 마치 오래 전에 역사 너머로 사라진 듯하지만 문화와 언어를 통해 지금도 많은 국가들을 옭아매고 있다. 각 나라 저자들의 주장을 통해 세계 곳곳에서 벌어지는 언어제국주의의 실태를 조망할 수 있다.

임문영, 『유럽통합과 프랑스』, 푸른길, 2005. 유럽통합의 과정을 살펴봄으로써 프랑스인들의 역사관과 세계관을 접할 수 있는 책이다. 한때는 제국주의의 길을 걸으며 수많은 식민지를 거느렸던 프랑스인들이 자신들과 닮은 로마제국에게 반기를 든 '아스테릭스'에 열광하는 양면성을 살펴볼 수 있다.

8

문화콘텐츠학과 **글로컬문화**

글로컬 문화콘텐츠

8

문화콘텐츠학과 글로컬문화

이 장은 문화콘텐츠학에서 글로컬문화가 어떤 위치에 있는가, 어떻게 사용되어야 하는가를 설명하는 총론이다. 우리는 글로컬이 어떤 철학적 함축을 갖고 있는지, 사회학적・문화연구적 맥락에서 자본 논리 중심의 맹목적 보편화로 귀결되는 세계화와 어떻게 맞설 수 있는지를 알 수 있게 될 것이다. 앞의 장들에서 소개된 여러 문화콘텐츠들을 글로컬문화콘텐츠로 왜・어떻게 이해할 수 있느냐에 대한 종합적 답변이 될 수 있으리라 본다.

1. 글로컬라이제이션이란 무엇인가?

'글로컬(glocal)'이란 단어의 사용이 국내는 물론 세계적으로 확산되는 추세다. 이 단어가 방송이나 신문 지상에 심심치 않게 등장하고 있으며, 광고 문구에 슬며시 끼워져 있기도 하다. 글로벌(global)과 로컬(local)로 구성된 이 합성어는 문자 그대로는 '세계적인 동시에 지역적이며, 세계성은 지역성에 의해 수정되고 변경된다'는 내용을 함축한다. 물론 이는 전 지구적인(global) 현재의 세계에서만이 가능하다.—먼저 분명히 해 두어야 할 것은 '세계적'(global)과 세계화(globalisation), 글로컬라이제이션(glocalisation)의 의미가 각기 다르다는 것이다. 지리상 발견 이후, 교통수단과 네트워크의 발달 등에 의해 세계가 가까워지고 한 가족처럼 되었다는 것을 의미하는 '세계적'은 어느 정도 가치중립적인 개념으로 생각될 수 있지만, 세계화는 경제적인 면에서의 세계단일화, 즉 경제적 세계화(mondialisation 혹은 economic globalisation)로 이해된다. 세계적으로 세계화가 장밋빛 환상에 불과하다는 사회 · 정치경제학자들의 비판(곧 제3세계에 대한 세계 공룡기업들의 착취 및 자본의 세계 지배로 이해되는 경우 및 세계화가 수십여 년간 계속 진행되어 왔지만 제3세계는 크게 개선된 면을 보이지 않고 있다는 면까지 포함)은 이미 유명하다. 그러나 국내에서는 전 지구적, 세계화, 글로컬 등이 명확하게 구분되지 않은 상태에서 편의나 어감에 따라 사용되는 경우가 많다. 또한 '세계화'를 '세계적 경쟁력을 갖추게 함'이란 말의 동의어로 쓰는 경향도 있다. 예를 들면, 김치의 세계 유행화 전략 혹은 김치의 글로컬 전략 등의 의미로 '김치의 세계화 전략'이란 말을 사용한다.

일반적으로 경영 · 마케팅에서 글로컬라이제이션(glocalisation)은 국제적 사업의 산물과 조직을 지역 상황에 맞추는 것을 의미한다. 로버트슨은 "[글로컬] 개념은 일본어 도차쿠가(어떤 사람의 소유지에서 산다는 도차쿠[土着]에서 나온)를 모방하였다. 원래 이것은 한 농작기법을 지역 조건에 적용하는 농업원칙을 말한다. … [이는] 세계의 지역화(global localization)를 위한 일본의 기업에 의해 채택되었으며, 이것은 지역조건들에 채택된 세계적 전망을 말한다"고 옥스퍼드 신조어 사전을 인용해 설명한다.[174] 한편 코헨과 케네디는

> 글로컬라이제이션은 전 지구적 압력들과 수요들이 어떻게 지역적 상황에 맞추어지는가를 기술하는 용어다. 힘 있는 회사들은 자신들의 생산품을 지역 시장들에 '맞춘다'고 생각하겠지만, 글로컬라이제이션은 정반대 방향으로 작용한다. 지역의 관계자들은 전 지구적 가능성들로부터 요소들을 선택하고 변형시켜, 지역적인 것과 전 지구적인 것 사이에서 어떤 민주적이며 창조적인 참여(engagement)를 이끌어낸다.[175]

라고 주장한다. 따라서 결국 글로컬라이제이션에는 '국제적 회사의 상품이나 전략이 지역에 맞도록 어떻게 변모하고 적응하느냐'라는 면과 '지역적인 것이 세계성을 갖도록 어떻게 변모되고 맞추어 지느냐'라는 면, 두 가지 모두가 용해되어 있다고 말할 수 있겠다.

사실 글로컬이란 단어에는 위 정의 외에도 나름의 묘한 매력이 있다. '글로컬'은 인도 봄베이(Bombay)와 미국 할리우드(Hollywood)의 합성어인 볼리우드(Bollywood)처럼 편안하게 이해될 수 있는 단어가 아니기 때문이다.—합성어는 이처럼 영역이 달라 어울려질 수 있는 두 단어가 합성되어 새로운 제3의 의미로 사용되는 것이 보통이다. 글로벌과 로컬

---

174 롤런드 로버트슨, 「세계지역화: 시간-공간과 동질성-이질성」, 윤민재 편역, 『근대성, 탈근대성, 그리고 세계화』, 사회문화연구소, 2000, 73쪽.

175 Cohen, R. & Kennedy, P., *Global Sociology* (2nd ed.), New York University Press, 2007, 62쪽.

은 선와 악, 전체와 부분, 정신과 육체, 좌파와 우파 등처럼 서로 상반되는 두 개념이지만, '글로컬'로 합쳐져 새로운 맥락에서 제3의 개념이 만들어져 사용된다는데 그 특이성이 있다.

이런 견지에서 글로컬은 기존에는 당연한 것으로 간주되어 왔던 일상 논리의 경계를 허물며, 단순 이분법적 논리가 더 이상 현실을 제대로 반영하지 않음—엄밀히 말하면, 현실을 반영해서는 안 됨—을 드러내는, 즉 전래의 논리 극복을 표상하는 단어가 될 수 있다. 글로컬에 지역문화와 세계문화의 혼합 또는 융합이라는 의미가 이미 들어 있는 까닭이다.—글로컬라이제이션은 전래의 논리를 극복하려는 행위가 될 것이다. 또한 글로컬이란 단어의 통용 자체가 이분법 중심적 패러다임이 서서히 쇠퇴하는 현실을 실제로 반영한다는 해석도 가능하다. 이런 상황들을 문화와 연결해서 학문적으로 정리한다면, 글로컬 및 글로컬라이제이션은 모순의 극복, 일방적 세계화에 대한 대안, 프랑크푸르트학파에 대한 비판이라 말할 수 있다. 이 장은 글로컬문화를 위 세 가지 시각에 맞춰 분해해서 이해하는데 주안을 둔다.

2. 전체와 부분, 보편과 개별, 절대와 상대를 넘어서

비트겐슈타인은 "삶의 문제들은 표면에서는 해결될 수 없고, 오직 심층에서만 해결될 수 있다"[176]라고 말한 바 있다. 이는 평소 일상에서 당연하게 받아들여지는 인간 삶의 표면에는 심층이 있음을, 나아가 삶에는 해석이 수반됨을 강조하는 말이다. 글로컬은 현대 인간과 사회에서 어떤 심층적 의미를 갖고 있을까? 먼저 주지해야할 부분은 철학-논리학적 차원의 관점에서 보면 글로컬이

176 루드비히 비트겐슈타인, 『문화와 가치』, 이영철 역, 천지, 1998, 158쪽.

모순적 개념이라는 것이다. 세계(global)와 지역(local)은 논리적 · 개념적으로는 서로 반대이므로, 둘 중에 하나만을 주장해야지 둘 모두를 동시에 주장할 수 없다. 그럴 경우 A와 -A를 동시에 주장하는 모순율이 발생하게 된다. 다시 말해 상식적인 통념으로만 생각해 본다면, 세계와 지역은 합성어로 사용하기에 어폐가 있는 단어이고 따라서 '글로컬'이란 개념 자체에 문제가 있다. 이는 전체-부분이라는 맥락을 고려해 볼 때 더욱 명확해 진다. 세계-지역의 관계는 전체-부분이라는 면에서 집합 이론의 집합-원소 관계와 비슷하게 생각될 수 있는 까닭이다. 원소들 하나하나가 모여서 집합을 형성하듯, 지역들 하나하나가 모이면 이를 세계라고 말할 수 있다. 문화의 경우도 마찬가지다. 일본 문화, 한국 문화, 미국 문화 등등이 다 모이면, 이를 세계의 문화라고 말할 수 있다.

하지만 일견 비슷해 보이는 이 집합-원소의 예는 좀 더 깊게 생각해 보면 세계-지역과는 꽤 다름을 알 수 있게 된다. 집합-원소의 관계가 단순히 전체-부분이란 논리적 차원의 이분법에 머물러 있다면, 세계-지역의 관계는 상황적 차원에서 전체-부분이란 이분법을 넘어설 수가 있다. 물론 이렇게 간주될 수 있는 직접적 이유는 집합-원소와는 달리 세계-지역에는 '동시성'으로 표상될 수 있는 '적인'이란 수식어 표현이 유의미하기 때문이다.[177] 쉽게 말해 지역의 어떤 무엇이지만 동시에 세계'적인' 어떤 무엇이 될 수 있기 때문이다. 반면 '집합적인 원소'는 성립이 될 수 없는 말이다. 그러므로 이 경우, 지역-세계는 상반되는 개념만이 아니라 동시적일 수 있는 개념이 된다. 종합해서 말하면, 부분적인 동시에 전체적이란 개념이 가능할 수 있다는 것이다.—이런 식의 개념이 모든 반대어에서 통하지는 않는다. 이를 테면, 좌파적인 우파, 우파적인 좌파

177 '적인'은 동시성을 강조하기 위한 하나의 표현이다. 즉 'A인 동시에 B'라는 의미인 것이다. 따라서 당연히 이는 시적인 표현으로서의 동시성, 예를 들면, "웃는 듯한 울음" 등을 말하는 것이 아님을 명확히 주지해야할 필요가 있다.

는 가능하나, 직선적인 곡선, 곡선적인 직선은 가능하지 않다. 어떤 경우에는 되고 어떤 경우에는 안 되는지가 명확하지가 않은데, 이는 결국 인간의 사유 습관이나 인간 사이의 합의 개념으로 해석될 수 있다.

대중문화의 예로 바꾸어 보면 이런 상황이 더 분명해진다. 글로벌 회사인 맥도날드는 한국에 불고기버거를 상품으로 내어 놓았다. 한국의 이 상품 개발자는 한국 고유의 지역성을 맥도날드 상품이라는 세계성에 맞추었을 것이다. 결국 불고기버거는 한국'적인' 세계적 햄버거 또는 세계'적인' 한국적 햄버거다.—물론 세계적인 한국의 햄버거가 아니라 한국적인 미국의 햄버거다. 한편, 이 상황은 전통적인 것에도 유사하게 적용될 수 있다. 한국의 전통 무술 태권도는 올림픽 종목으로 채택될 정도로 지명도 있는 세계'적인' 무술이 되었다. 세계적인 한국의 무술이 된 것이다. 이런 예들은 일본의 유도, 미국의 슈퍼맨, 중국의 만리장성, 프랑스의 에펠탑 등등 이루 헤아릴 수 없이 많을 것이다. 이들은 세계-지역이란 도식이 집합-원소 도식과는 다름을 명확하게 보여 준다. 모두 전체와 부분의 관계를 넘어서는 예인 것이다.

이것이 바로 글로컬의 심층에 있는 내용이다. 글로컬은 세계와 지역이 '동시적일 수 있다'는데 힘입고 있는 것이다. 그런 까닭에 이의 연장선상에서 고려될 수 있는 것이 보편-개별 문제가 될 수 있다. 보편-개별도 이 맥락에서는 전체-부분 개념과 유사하다. 본래 보편이란 개념에는 여러 부수적 개념들이 수반되는데, 통일이나 표준 등의 개념이다. 소크라테스의 보편주의 성향과 플라톤의 이데아론을 필두로 중세의 신 본위주의, 근대의 이성주의, 현대의 구조주의 등은 모두 다 보편 개념을 추구하는데 천착하고 있다.[178] 이는 또한 형이상학적 본질주의 맥락에 맞닿아

178 박치완, 「들뢰즈의 플라톤 비판과 시뮬라르크의 반란 또는 복수」, 『철학연구』 31집, 2006, 224-225쪽.

있다. 20세기 이전 인간 사유(특히 서양 철학)의 역사는 보편에 대한 추구였다. 보편에의 추구를 무의식적으로 사유의 중심으로 삼고 있는 사람들에게 구조와 본질이란 개념은 매우 자연스럽다. 대다수의 인간은 각각의 개별 상황이나 사실들에서 보편적인 구조와 본질을 뽑아내려 하는 사유 습관을 지니고 있다. 일종의 상식적 세계관이므로 보편-개별이란 이분법 도식이 성립 가능하다.

그러나 위 글로컬 개념에서처럼 동시성을 나타내는 '적인' 이란 수식어를 감안하면, 개별'적인' 보편 혹은 보편'적인' 개별이 가능하다고 말할 수 있다. 개별성 · 특수성을 가진 지역적인 어떤 것이 보편성을 가질—그것도 필연이 아닌 우연적으로—수 있다고 말하는 게 부자연스럽지 않은 것이다. 실제로 글로컬문화는 개별적인 동시에 보편적인 그리고 보편적인 동시에 개별적인 문화다. 문화의 속성 자체가 실상 애초부터 이렇긴 하지만,[179] 글로컬은 이런 문화의 속성을 더욱 심화시키는, 보편과 개별의 도식을 넘어서는 개념으로 간주될 수 있는 것이다. 사실 문화뿐만 아니라 역사도 보편-개별에 대해 생각해 보기 좋은 예다. 역사는 단순히 보편적 공간에서의 보편적 사건의 발생이 아니다. 보편적인 공간에서의 개별적 사건 발생에 따른 보편적 공간의 개별적 공간화, 개별적 공간에서의 보편적 사건 발생에 따른 개별적 공간의 보편적 공간화인 면도 있다. 그래서 역사와 관련된 사건이 영화나 드라마의 단골 소재로 사용될 수가 있게 된다. 예를 들면, 영화 〈공동경비구역 JSA〉는 공동경비구역이라는 개별적이고 특수한 공간이지만, 여기서 우정 · 인간애 · 동포애 등등의 보편적—보다 엄밀하게 말하면 인간으로서 보편적인—사건이 발생하므로 영화 속의 공동경비구역은 개별적인 공간이 보편화된 공간이 될 수 있게 된다. 이처럼 보편과 개별이 함께 할 때 입체적이고 심도

179 이기상, 『콘텐츠와 문화철학』, 북코리아, 2009, 80-81쪽.

있는 의미가 생겨난다. 또한 이것은 신화학자 엘리아데가 세속적인 공간과 거룩한 공간이 동일화될 수 있다고 하는 맥락에 맞닿아 있을 것이다.[180]—이런 이유로 세계적인 개별 상품들에서 어떤 보편적인 구조를 뽑아내려는 시도가 당연할 수 있다는 면도 있으며, 유명 할리우드 상업영화들에 성공 시나리오 문법이 있으리라 간주되는 것이 전혀 이상하지 않을 수 있게 된다. 비록 문법에 충실하다고 해서 인기있고 훌륭한 작품이 될 것이란 보장은 없지만 말이다.[181] 종합하자면, 글로컬에서는 보편성으로 표상될 수 있는 구조만으로는 불충분하고, 개별성이 이미 녹아들어가 있어야 한다. 곧 글로컬이 보편-개별 구분을 넘어선다는 면은 단순히 글로컬이 보편성을 폐기한다거나 개별성을 초극한다는 의미가 아니다. 또한 보편적 구조와 개별적 소재들의 결합도 아니다. 글로컬에서의 보편-개별은 '개념상(해석적 또는 설명적)으로는 분리될 수는 있으나 함께 붙어 있어야만 비로소 의미를 갖는다'는 의미로 이해하는 것이 가장 그럴 듯하다.

그런 까닭에 보편-개별은 글로컬을 절대-상대 개념쌍에서도 고려해볼 수 있도록 한다. 물론 이는 단순히 절대가 보편과 연결이 되고 상대가

---

180 이에 대해서는 멀치아 엘리아데, 『성과 속-종교의 본질』, 이동하 역, 학민사, 1983, 19-27쪽 참조.

181 허무주의자의 얼굴을 하고 있는 극단적인 포스트모더니스트들(또는 포스트구조주의자들)은 이런 시도를 애초부터 아무 의미 없는 공허한 연구라고 주장할 가능성이 높다. 그들은 '완전히' 반구조주의적이며 반본질적이기 때문이다. 반면 심리학자 거겐(Gergen) 등의 사회구성주의자들과 철학자 버나드 윌리엄스와 마크 색스 같은 포스트모더니즘의 비판적 수용자들(모더니즘과 포스트모더니즘의 중간 어딘가에 있는)은 그 구조와 구조에 대한 연구를 인정하지만 절대적(구조가 세계를 있는 그대로 100% 완벽하게 반영하고 있다든가 합리적인 가치가 인간 외부에 존재하고 있다든가라는 맥락에서의)일 수 없다고 생각할 것이다. 사회구성주의에 대해서는 Burr, V., *Social Constructionism*, Routledge, 2007, 2-5쪽을 참조하고, 버나드 윌리엄스 등의 사고 방식은 Williams, B., "Philosophy as a Humanistic Discipline", *Royal institute of philosophy, 2000*, http://www.royal institutephilosophy.org/articles/article.php?id=39 (2009.04.29 검색)를 참조.

개별과 연결이 된다는, 또 세계는 절대적 맥락에 가깝고 지역은 상대적 맥락에 가깝다고 하는 식의 맥락이 아니다. 글로컬과 더불어 반드시 생각해 봐야할 절대-상대 개념쌍은 글로컬 개념 자체가 절대적이냐 상대적이냐다. 글로컬은 절대-상대의 도식을 넘어서는데, 그 의미는 글로컬이란 단어의 성립 자체와 결부지어 생각해 볼 수 있다. 글로컬이란 개념은 20세기 후반 무렵까지는 존재하지 않았던 단어다. 쉽게 말해 글로컬 개념은 상대적 · 시대적 우연성의 산물이지만, 현대에 와서 어떤 절대성을 내포한 단어로 사용이 되고 있다. 즉 글로컬은 새롭게 발명되어 사용되는 보편화된 개념으로 이해될 수 있는 것이다. 비록 역사적으로 중국 비단의 세계적 유행, 미국에서 발견된 담배의 유럽 유행 등의 사례가 있지만, 이때 세계는 여전히 지역화 되어있었기에 글로컬이란 용어를 이런 역사적 사례들에 단순히 그냥 사용할 수는 없다. 앞서 언급한대로 글로컬은 전 지구적(global) 세계가 이미 성립되어 있음을, 그리고 세계-지역이 '적인'이란 수식어를 통해 함께 사용될 수 있음을 전제하고 있다.

결과적으로 글로컬은 퍼트남, 로티 등이 말하는 현대 영미철학의 신실용주의(neo-pragmatism) 경향을 설명하기 위한 좋은 예가 되고 있는 것 같다. 신실용주의에 의하면, "언어와 세계, 존재와 인식은 상호 작용적 · 상호 구성적인 전체이며, … 전래적인 일체의 이분법 · 이원론이 일면적 · 추상적인 것으로 배격된다. … 이 세계에서 의미있는 실재성이라고는 인간과 세계, 인간과 인간, 언어와 실제, 언어와 언어 상호 작용의 산물인 바 사회적 · 역사적인 실용성뿐이다."[182] 이는 곧 글로컬 개념의

182 신오현은 이를 실용주의적 실재론(pragmatic realism)이라 명명(신오현, 『절대의 철학』, 문학과 지성사, 1993, 54쪽)했으나, 이를 기존의 실재론-반실재론 도식에서 보면 반실재론에 훨씬 더 가까우며, 로티, 퍼트남 등을 공통으로 묶을 수 있는 신실용주의 경향이라 볼 수 있다. 물론, 이들의 세부적인 주장은 많이 다르고, 서로 간에 의견이 정반대인 면도 있다.

존립 근거가 될 수 있을 것이다.

3. 세계화에 대한 대안으로서의 글로컬라이제이션

문자 그대로의 '세계화(globalisation)'는 세계 여러 지역의 사회 및 그 사회 내 각 부분이 범세계적으로 서로 밀접하게 그리고 자유롭게 연결이 되는 상황내지 과정을 총칭하는 말이다. 정치 · 경제, 사회 · 문화, 과학 · 기술 등 모든 차원에서 세계화가 진행되어 왔다. 즉 세계화는 온 세계가 정치적으로, 경제적으로, 사회적으로, 문화적으로, 과학 · 기술적으로 하나가 되어가는 과정을 말하며, 이는 이제 우리 시대에 아주 당연한 상황으로 자리매김되어 있다. 이를 두고 기든스는 "세계화란 용어가 전 지구적으로 확산되어 있다는 것은 그 말이 가리키는 사태 그 자체의 증거가 된다."[183]라 설명한다.

하지만 이는 '세계화'란 용어의 표면에 불과할 따름이다. 보다 더 엄밀히 말하면 위 설명은 전 지구적인 세계(global world)를 만드는 과정, 또는 '세계단일화(global unification)'라는 표현이 더 맞을 것이다. 세계화의 심층에는 강대국 중심의 세계 질서 형성과 유지라는 속내막이 자리하고 있다.[184] 국가들 간 자유경제활동으로 세계 전체의 경제 효율을 높이자는 취지에서 세계화는 비롯되었지만, 세계화의 미명 아래 정치 · 경

183 앤소니 기든스, 『질주하는 세계』, 박찬욱 역, 생각의 나무, 2000, 38쪽.

184 일반적으로 세계화 옹호론자들은 이런 정치 · 경제적 상황을 간과하고, 정치적으로 국가 간 비이기적 · 비경쟁적으로 상호 협력하는 상황과 자유 시장에 대한 낙관론(시장체제에 대한 맹목적 신앙, 경제문제의 국가 개입 무용화, 시장은 개인 자유의 공간을 확대한다는 이해)을 염두에 둔다. 이들은 세계 각 국가들의 성장을 위해 세계화가 받아들여져 하며, 건전한 경쟁을 통해 세계 인류에게 고루 혜택이 돌아갈 것이라는 소박한 꿈을 꾸고 있는 경향이 있다. 한편, '세계화'를 위 본문의 내용처럼 다소 중립적으로 간주하고, 정치 · 경제 상황을 세계화의 부작용으로 생각하는 견해도 있으나, 결국 이는 단지 용어 이해와 선택의 문제일 것이라 생각된다.

제적 권력을 지닌 강대국들은 구조적으로 취약한 제3세계 국가들 및 약소국가들과 무역 장벽을 허물고 시장을 확대하여 제3세계와 약소국의 구조적 취약성을 더욱 강화시켜 영구화시키고 있다.—이는 새로운 형태의 종속이론으로 간주될 수 있을지 모른다. 더욱이 이런 모든 사항들은 현 상황에서 세계의 맹목적 미국화(Americanization)로 귀결되고 있다. 이는 단순히 미국이란 나라의 문제가 아니라 현재 세계의 최강대국이 미국인만큼, 미국의 다양한 정치·경제적 상황이 세계 시장에 반영되는 문제일 것이다. 이런 맥락에서 촘스키 등은 세계화를 미국의 모습대로 세계를 만들어 가려는 주의, 미국식으로의 통일화 또는 표준화와 동일한 의미라고 지적했다.[185]

세계화의 문제점은 신자유주의(neoliberalism)[186]에서 더욱 명확하게 부각된다. 본래 신자유주의는 대공황 이후 경제활동의 자유에 제한을 두었던 케임브리지의 케인즈 학파에 대한 반동으로 경제 활동에 거의 무한대의 자유를 주자고 주장하는 시카고 학파의 이론에서 출발하였다. 신자유주의는 자유로운 경제·사회 활동을 통해 인간 자아의 실현, 사회의 끊임없는 발전을 주장하며, 이는 일견 타당해 보인다. 이는 동물의 한 종으로서의 인간이 본성적으로 상호 경쟁하는 존재이므로 강한 종족 혹은 개체가 살아남아 인류를 영속시킬 것이라는 스펜서의 사회진화론(Social Darwinism)에 맞닿아 있기도 하다. 이런 견지에서 보호무역의 철폐를 이상으로 하는 현재의 신자유주의는 1980년대 대처-레이건 시대를 거치면서 소련 붕괴로 이어졌던 좌파적 사고방식의 비능률·무능력

185 Noam Chomsky, "Noam Chomsky debates with Washington Post readers", *Washington Post*, 2000년 5월 16일자.

186 자유주의에는 정치적·문화적·경제적·사회적 등 여러 자유주의 유형이 있다. 신자유주의는 과거 애덤 스미스의 고전적 자유주의(classical liberalism)와 맥을 같이하는 자유방임적경제주의의 새 버전이라고 볼 수 있다.

경제활동 문제를 효과적으로 지적하며 현 세계화의 원동력으로 완전히 자리를 잡았다.

그러나 신자유주의의 심층에는 사회진화론에서 비롯된 강자의 논리, 곧 강자들이 자신들의 지위와 세력을 보호하고자 하는 힘의 논리가 숨어 있다.[187] 부르디외, 촘스키, 기든스 등 세계 수많은 학자들은 신자유주의가 인간에게 실존적이고 능동적인 삶에 대한 희망을 북돋아 주기 보다는 불평등을 완전히 당연한 것으로 받아들이게 만드는 결과를 초래한다고 강조한다. 경쟁논리를 적극적으로 수용하는 신자유주의의 논리는 단기적으로는 개인과 사회에게 건전한 경쟁을 유도하며 바람직한 효과를 줄지 모르지만, 장기적으로는 강자는 계속 강자로 약자는 계속 약자로 남을 수밖에 없는 세상을 창조 · 유지한다는 면에서 역효과를 낳는다. 쉽게 말해, 인간은 모두 불평등하게 태어나서 경쟁을 하고 살아야 하긴 하지만, 경쟁을 아주 당연시하는 논리로만 세상을 보면 인간 세계의 경쟁과 불평등은 더욱 심화될 수밖에 없다는 것이다. 이런 견지에서 사회진화 · 적자생존 개념은 국제적 역학 관계에서의 승자제일주의 및 정글의 법칙과 직결되며, 엘리트주의, 차별주의, 인종주의, 식민주의, 제국주의 등을 옹호하는 결과가 된다.

이 맥락을 감안하면, 세계화는 신자유주의라는 기치 아래 강대국 간의 이해와 소통에서 만들어진 법칙이라 해도 과언이 아니다. 약소국은 강대국들과 소통하며 강대국의 입지에 준할 수 있도록 노력을 경주하게 된다. 이는 세계 현상 곳곳에서 발견될 수 있다. 좋은 예는 G7정상회담이 G8정상회담으로 최근에는 G20정상회담으로의 확대일 것이다. 강대

187 기든스에 의하면, "신자유주의자들도 경쟁적 개인주의가 무제한 확장가능하다고 보지는 않는다." 그들은 이에 대한 해결을 단순히 가족과 종교에서 찾는데, 그것은 가족과 종교의 역할이 '품위 있는 사회의 필수 불가결한 중심체'라고 생각하기 때문이다. 이에 대해서는 앤소니 기든스, 『좌파와 우파를 넘어서』, 김현옥 역, 한울, 1997, 44-50쪽.

국에 준하는 국가들이 늘어나고 국가들 간 자발적 · 호혜적인 협력이 더 활성화되었다고 볼 수 있지만, 이를 역으로 생각해 보면 그만큼 현 세계화에 순응을 잘 하고 보조를 잘 맞춰가는 국가들이 늘었다고 볼 수도 있다.—현재의 최강대국은 미국이므로 신자유주의는 미국이 원하는 세계를 만들어 가기 위한 도구라고 촘스키는 강조한다.[188] 물론 국제 사회의 안녕과 평화를 위해 순응을 잘 하고 협력하고 보조를 잘 맞춰나가는 것은 중요하다. 그러나 현재의 세계화로 표준화된 내용에 맹목적으로 따르는 것은 바람직하지만은 않다. 상대적으로 이는 세계화에 쉽사리 따라가지 못하는 국가들의 지속적 · 영구적 고립으로 이어지게 될 수밖에 없다.

이것이 세계화의 역기능에 대한 논의를 여러 방면에서 광범위하게 지속적으로 행해져 오게 만든 이유다. 신자유주의와 세계화는 "실업의 대량화, 빈부격차 확대, 자본의 횡포, 강대국에 대한 종속성 심화, 국가주권의 위축, 기아 · 자살 · 이혼 · 폭력 · 매춘 · 범죄 유발, 가계부도, 외국인에 대한 증오 및 공포, 종교마찰, 심지어 지구환경의 파괴, 생태계의 훼손, 부존자원의 남획, 생존기반의 붕괴 등등을 초래한다"[189]고 지적되어 왔다. 요시미 순야는 그간 문화연구에서 "다국적기업의 초국가적 자본의 전략과 세계동시적인 미디어가 문제시되고, 다른 한편에서는 각지에서 동시다발적으로 대두해온 반(反)세계화와 로컬리즘, 신자유주의가 문제시되었다"고 역설한다.[190]

최근의 현 상황은 위 세계화의 문제점을 어느 정도 잘 드러내는 면이 있다. 세계 많은 나라의 정권이 신자유주의적 정책을 적극적으로 채택한 결과이기도 하다. 자본의 지나친 전횡으로 국가 간(국내적 차원에서는

188 노엄 촘스키, 『그들에게 국민은 없다』,강주현 역, 모색, 1999, 102-137쪽.
189 신현종, 「세계화의 본질과 특징」, 『산경연구』 제6집, 영남대 산경연구소, 1998 참조.
190 요시미 순야, 『문화연구』, 박광현 역, 동국대학교 출판부, 2008, 149쪽.

개인 간) 빈부격차는 확대되었으며, 경제적 약소국은 강대국의 지원을 수년간 계속 받았지만 큰 변화가 없으며, 세계 실업 사태는 감당하기 어려워졌다. 세계적으로 범죄는 더 흉폭해지고, 인종주의 · 환경파괴 등의 문제는 날로 심각해져 가고 있다. 또한 작년부터 시작된 국제적 경제 · 금융 위기 문제도 간과할 수 없다. 신자유주의에 근거한 세계화가 확실히 옳았다면, 작금의 상황들은 어째서 생겨난 것일까? 세계화를 통해 상호 긴밀히 협력하고 있는 국가들은 왜 이런 문제점들을 완전히 해결하지 못하는 것일까? 결과적으로 이것은 그간 진행되어 왔던 세계화에 많은 문제가 있음을 말하는 증거가 되고 있다.

이런 세계화의 문제점을 해결할 수 있는 하나의 방편으로 글로컬 개념이 생각될 수 있다. 글로컬이 세계화의 대안일 수 있는 것이다. 기본적으로 글로컬은 세계만이 아니라 지역 역시 중심이 되며, 맹목적인 표준화 · 보편화 논리를 거부할 수 있도록 하는 원동력으로 작용한다. 특히 이는 글로컬의 과정, 글로컬라이제이션에서 잘 드러난다. 글로컬라이제이션은 세계적 차원과 지역적 차원이 다양한 가치 아래 서로 소통하는데 중점을 두지 세계화처럼 세계 모든 지역들이 지구촌이라는 통합적 캐치프레이즈 아래 신자유주의적 사고로 묶이는데 중점을 두지 않는다. 로버트슨에 의하면, 글로컬라이제이션은 대규모적이고 소규모적인 여러 지역들이 서로 연결되는 과정이 아니라 문화적 다원주의에 의해 다른 향유 가능한 문화들을 지속적으로 생산할 수 있도록 하는 과정을 말한다.[191]

이것은 "세계적으로 생각하고 지역적으로 행동하라(think globally and act locally)"라는 격언[192]과도 연결된다. 도시 개발 및 조경 사업, 환경 운동, 경영 등에서 두루 사용되는 이 격언은 지역 개발 및 사업에서

191 롤런드 로버트슨, 앞의 글, 8쪽.

192 이 말은 스콧 플래너(Scots Planner)와 패트릭 게디스(Patrick Geddes)가 1905년에 그들의 저서 『도시의 진화』에서 처음 사용했다고 알려져 있다.

는 세계적으로 다양한 상황을 고려해야 한다는 내용으로, 환경 운동에서는 지역 보호가 세계 환경 보호에 영향을 준다는 내용으로, 경영에서는 비지니스 마인드를 단순히 지역 환경에만 둘 것이 아니라 세계 환경에 두어야 한다는 내용으로 각기 적용되어 사용되고 있다. 이 내용들로 미루어 볼 때 글로컬라이제이션은 세계인들 모두가 맹목적 표준화나 보편화의 환상에서 어느 정도 벗어나려 노력할 때 더욱 구체화될 수 있을 것이다. 예를 들면, 세계화로 대표될 수 있는 각종 프랜차이즈 문화에 대해 어느 정도 거리를 두고, 지역적 · 개별적인 것들에 좀 더 관심을 기울일 때, 글로컬라이제이션은 세계적으로 확대되고, 이로 인해 세계화의 폐해를 줄이는데 실제로 일조할 수 있을 것이다.

그러므로 글로컬의 길은 멀고 험하다. 첫째로, 이미 세계화에 익숙해져 버린 많은 세계인들에게, 또는 세계화가 사회 곳곳에 침투되어 있는 상황에서 글로컬라이제이션을 위한 위와 같은 예로서의 직접적 실천은 그렇게 쉽지만은 않다. 둘째로, 정치적 스펙트럼으로 볼 때 글로컬은 좌파와 우파를 모두 아우르는 차원이며, 이는 비이기주의, 호혜성, 상호의존성을 함축하는 자율성에 근거한다. 기든스는 "사회적 연대성의 재건은 이기적 시장을 중심으로 한 사회적 응집성을 보호하는 것이 아니다. 그것은 사회적 경제 영역을 포함한 다양한 삶의 영역에서의 조화로운 자율성과 상호 의존성을 결합시키는 것으로 이해되어야 한다"[193]고 말한다. 이는 현재의 과열 경쟁적 사회 구도에서는 거의 이상에 불과하다. 셋째로, 글로컬라이제이션이 만능일 수 없다는 면도 있다. 글로컬라이제이션 나름대로의 한계점이 분명히 있는데, 이는 세계가 이미 전 지구화되어 있기 때문에 어쩔 수 없이 발생하는 문제다. 글로컬라이제이션의 문제라기보다는 여행 · 통신 등으로 세계가 축소되어 있기 때문에 발생

193 앤소니 기든스, 『좌파와 우파를 넘어서』, 김현옥 역, 한울, 1997, 26쪽.

하는 현대의 문제인 것이다. 워터스는 "우리는 세계 질서의 관점에서 군사적 · 정치적 쟁점들을 재정의하며, 또는 국제적 경기후퇴의 관점에서 경제적 쟁점들을 재정의하고, 세계생산품(예를 들어서, 월드 카)의 관점에서 시장쟁점들을 재정의한다. 그리고 [범세계적으로 기독교파간 협력 운동인] 에큐메니즘의 관점에서 종교적 쟁점들을, 그리고 인권의 관점에서 시민권의 쟁점들을, 또한 '지구 구출'의 관점에서 환경오염과 정화의 쟁점들을 재정의한다"[194]라고 지적한다. 이는 단순히 세계화의 문제가 아닌, 세계를 위한 보편적 시각의 문제일 것이다. 때문에 글로컬라이제이션이든 세계화든 세계를 위해 어떤 것이 옳고 그른지에 대한 격론으로 쉽게 비화될 수 있다.

결국 '글로컬'의 효과적 확대를 위해서는, 또 세계와 인간을 위해서는 실용주의적(혹은 더 나아가 공리주의적) 차원의 논의와 결정을 고려하게 되는 길을 피할 수가 없다.[195] 세계 속 인간 보편의 합리성은 개별 인간 · 국가 · 사회 상호간의 대화와 합의 속에서 모색될 수밖에 없게 되는 까닭이다. 결과적으로 세계-지역 문제의 핵심은 지역 간의 상호 이해와 소통으로 귀결이 되고 있는 셈이다. 이 맥락에서 톰린슨은 로버트슨의 견해를 빌려 글로컬라이제이션이 자신의 영역에 맞게 살며 타자와 대화하는 것이라 강조하며, 더 나아가 이것이 윤리적 글로컬리즘으로서의 범세계주의(cosmopolitanism)가 요구할 내용이라고 주장한다.[196] 톰

194 말콤 워터스, 「놀라운 신세계: 최근 이론들」, 윤민재 편역, 『근대성, 탈근대성, 그리고 세계화』, 사회문화연구소, 2000, 43쪽.

195 실용주의적, 공리주의적 논의 역시 사실 문제가 있는 개념이다. 대중적 포퓰리즘이나 결과론적 윤리주의로 간단히 쉽게 비화될 수 있기 때문이다. 합리주의자들은 인간의 합리성이 인기영합주의로 전락된다고 비판하고, 동기주의자들은 결과만을 중시하게 되므로 동기는 주요 고려 대상이 아니게 된다고 비판한다. 그러나 필자들은 이를 소통의 부재에서 일어나는 부작용이라고 생각한다. 결국 인간 공통의 합리성은 인간들간의 합의에 의해서, 결과는 동기까지 함께 고려될 때 비로소 정당성을 얻을 수 있기 때문이다.

린슨에게 있어서 범세계주의는 "비엘리트주의적, 비자민족중심주의적, 비가부장적, 그리고 비'세계주의자적'—세계화된 세상에서 살고 있는 인류가 계발해야할 문화적 성향의 일종으로서—관점에서 부활할 수 있을 것으로 판단된다." 또한 그는 "코스모폴리탄은 윤리적으로 문화적으로—세계적으로도, 지역적으로도 동시에 살 수 있는 사람을 말한다. 코스모폴리탄들은 그들 자신의 문화적 성향을 인식하고 가치를 부여하며 자율적인 다른 지역인들과 동등한 자격으로 교섭할 수 있다"[197]고 말한다. 이것은 장차 글로컬라이제이션이 나아가야 할 길이며, 현재 세계화가 추구하는 길과는 정반대다. 앞서 이미 살펴보았듯이 세계적인 것과 지역적인 것은 서로 영향을 주고받으며 상호침투적(interpenetrating)—로버트슨의 용어에 따르면—일 수 있다.

웰멘의 글로컬라이제이션 정의에서 이는 더 분명해진다. 그는 사회조직망(network)을 '작은 상자 [그림 8-1]', '글로컬라이제이션 [그림 8-2]', '조직망으로 연결된 개인주의 [그림 8-3]'로 구분한다. 작은 상자는 친한 사람들만의 소집단에 대한 은유이며, 글로컬라이제이션은 소집단들 상호간에 의사소통이 있는 상황이며, 조직망으로 연결된 개인주의는 개인이 특별한 소집단에 속하지 않고 여러 사람과 연결되어 있는 것을 말한다.[198]

이 논리는 포스트모던 철학자—보기에 따라서는 극단적인—이자 신실용주의자며 문예비평가인 로티의 견해에서도 찾아볼 수가 있다. 로티는 아이러니하게도 자문화중심주의(ethnocentrism)라는 용어로 이에 대

196 존 톰린슨, 『세계화와 문화』, 김승현 · 정영희 역. 나남출판, 2004, 279쪽.
197 위의 책, 277-278쪽.
198 Wellman, B., "Little Boxes, Glocalization, and Networked Individualism", 11-25쪽, *Digital Cities II: Computational and Sociological Approaches*, (ed.) Makoto Tanabe, Peter van den Besselaar, and Toru Ishida. A volume in *Springer Lecture Notes in Computer Science: The State of the Art Series*, Springer-Verlag, 2002.

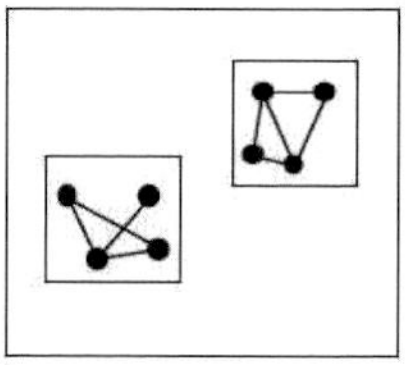

[그림 8-1]

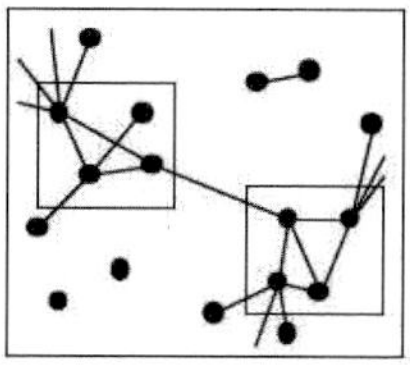

[그림 8-2]

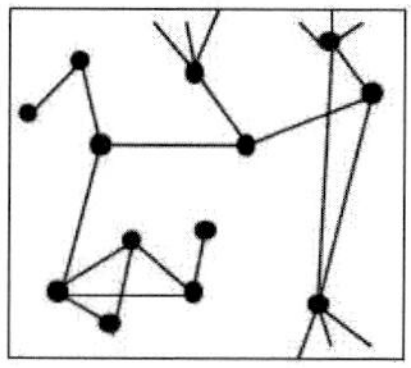

[그림 8-3]

해 말한다. 그가 사용하는 '자문화중심주의'란 용어는 자기 자신의 문화가 제일이므로 이를 맹목적으로 옹호하고 타문화를 배척하겠다는 의미로서 사용된 것이 전혀 아니다. 그의 자문화중심주의는 민족들 각각이 자기 문화의 중요성을 절실하게 깨달아야 하고, 그 깨달음 이후에 타문화와의 대화에 적극적으로 나서라고 역설하는 이론이다.[199] 이것은 그가 주장하는 아이러니(irony) 사상의 정수 중 하나며, 이 견지에서 로티는 하버마스처럼 '상호의사소통(intercommunication)'을 주장한다.[200] 글로

199 Rorty, R., *Objectivity, Relativism and Truth*, Cambridge University Press, 1991, 204-210쪽.

200 하버마스는 인간간의 관계에서 언어가 중요한 매개체라는 점을 중시한다. 하지만 언어는 단순한 의사소통을 위한 도구만은 아니다. 언어는 인간에게 있어서 사회적 관계를 맺어가게 하는 힘이다. 그러므로 그는 언어에 의한 의사소통의 과정 속에서 여러 문제들이 자유롭게 논의되어야 하며, 그 결과가 필연적인 사회적 정당성과 타당성으로 이어져야 한다고 본다. 이것이 하버마스가 제창하는 '의사소통적 합리성'의 사회다. 한편, 로티에게 있어서 언어는 매개체나 도구가 아니라 인간(혹은 개인)을 실제로 의미있게 존재하도록 만드는 것 그 자체다. 이 맥락에서 로티는 하버마스가 말하는 의사소통 자체에 대해서는 찬성하나, 하버마스가 주장하는 의사소통적 합리성에는 찬성하지 않는다. 하버마스의 의사소통은 인간의 보편적·공통적 이성을 이미 전제하고 있으며 언어를 매개체로 보기 때문이다. 로티의 의사소통은 하버마스식이 아닌 어떤 견해든 합의에 의해서 통할 수 있다는 문화적·표현적 자유주의 사회와 연결된다. 하버마스와는 달리 로티에게 있어서 합리성은 시대적·문화적·우연적 산물이다. 이 맥락에서 로티는 비합리적인 견해(예를 들면, 나치 옹호)가 포퓰리즘으로 인정될 수 있는 사회를 옹호하고 있다고 비판받는다. 하지만 로티는 각 개인들이 가지고 있는 고유하고 상대적인 판단을 믿으며, 이는 존중되어야 마땅하고, 설령 이것이 문제된다 하더라도 결국에는 사회의 합의로 정화시킬 수 있을 것이라는 낙관론을 펴고 있을 뿐이다. 이 면에서 로티는 엘리트주의적이라고도 비판받기도 한다. 일반 현대인들에게 이

컬라이제이션은 사회 · 문화 각 영역에서 이미 진행되고 있다. 문화콘텐츠산업에서도 글로컬라이제이션은 두각을 보이고 있는 실정이다. 통일화 · 표준화로 표상되는 세계화적인 대중문화들이 계속 형성되고 재생산되고 있긴 하지만, 지역적인 것과 세계적인 것이 상호 소통하면서 글로컬 대중문화는 기존 방식에 새로운 분위기를 조성하고 있다.

4. 글로컬 대중문화 시대의 도래

글로컬 대중문화는 현재 세계 곳곳에서 등장하고 있다. 비서구권 혹은 제3세계—엄밀히 말하면 글로컬라이제이션적 관점에서는 이 용어가 더 이상 타당하지 않다—의 대중문화가 전 세계적으로도 유행되고 있으며, 세계적 표준화와 대량화를 거부하는 독립영화와 인디밴드도 등장해서 유명해지고 있다. 술과 음식문화는 이미 대중에게 친숙해진지 오래다. 영국에서 가장 잘 팔리는 대중 음식은 중국 음식이다. 일본의 아사히 맥주나 프랑스 보르도 와인은 좋은 예다. 소재 빈곤을 느끼는 할리우드 영화사들의 리메이크 사업에서부터 아일랜드, 호주, 한 영화들의 세계적 성공, 또는 합작 영화 제작 등에 이르기까지 지역적인 것과 세계적인 것이 소통하며 영화로서의 글로컬 대중문화를 생산하고 있다. 뮤지컬이나 연극, 오페라 공연에서도 글로컬적 요소가 자주 도입되어 나타나고 있다. 이는 지역색, 국가색에 맞게 시대 설정이나 내용이 개작된다거나 무대나 분위기 연출을 바꾼다

런 사고와 행동을 거의 기대할 수가 없다는 이유에서다. 그러나 이는 인간에 대한 비관론이라고 생각될 수 있다. 인간의 법과 윤리는 상호간의 의사소통과 합의와 타협에 의해서 자유롭게 제정 · 유지 · 변화되어야 한다. 로티와 하버마스의 견해 차이에 대해서는 리차드 로티, 『우연성, 아이러니, 연대성』, 김동식 · 이유선 역, 민음사, 1989, 137-141쪽을 참조.

거나 하는 방식으로 드러나고 있다. 역동적 변화(dynamic alteration)—장르 혼합이나 혼용성까지 포함하는—가 글로컬 대중문화의 핵심이다.

사실 1960-1970년대 서구 비주류의 히피 문화도, 1980-1990년대 홍콩 느와르 영화 장르와 일본의 재패니메이션도, 현재 우리의 한류까지도 모두 글로컬문화의 한 형태로 이해될 수 있다. 또한 엄밀하게 말하면, 할리우드, 코카콜라, 디즈니랜드 테마파크 등 미국의 현재 주류 대중문화도 하나의 글로컬문화로 이해될 수 있다. 글로컬의 관점에서는 미국의 대중문화가 세계적인 대중문화가 되어 있는 상황인 셈이다.—예를 들어 세계영화계에서 미국 할리우드 영화가 주류 상업영화가 된 것은 50년대를 지나면서부터다. 최근 주류와 비주류, 예술과 대중문화의 경계가 희박해지는 현상도 글로컬의 관점에서 보면 쉽게 이해될 수 있으며, 이 맥락에서는 사실 글로컬이란 개념 자체도 아주 새로운 것이라고만은 볼 수 없다.—다만 이제야 이런 형태의 문화가 '글로컬문화'라는 이름으로 불리며 각광받기 시작하고 있는 것이다. 지역적인 문화는 전 지구화되어 있는 현실에서는 언제—물론 세계적이 될 수 있는 여러 요소들이 동시에 작용해야겠지만—든지 변화되어 세계적 문화로 인정받고 유명해 질 수 있는 가능성을 갖고 있다.

에덴서는 현재의 세계화 상황에서 또 포스트모던 시대 상황에서 국가적 · 민족적 정체성은 점점 파편화되고 분열된다[201]고 진단한다. 이 상황을 단적으로 보여주는 증거는 세계 주요 국가들이 모두 다문화사회 성향을 어느 정도 띄고 있다는 것이다. 예전에는 다문화사회의 대표 나라로 쉽게 미국을 꼽았지만, 현재 영 · 독 · 불 등 유럽 주요 국가들 모두가 다문화사회에 진입한지 오래다. 특히 영국의 경우 1960-1970년대를 지나면서 대영제국은 해체되고, 현재와 같은 다문화성향의 사회가 성립되

201 팀 에덴서, 『대중문화와 일상, 그리고 민족 정체성』, 박성일 역, 이후, 2008, 74-75쪽.

었으며 정부는 다문화주의를 지속적으로 추진하고 있다.[202] 모든 이민자들에 의해 국가 구성원들이 교체되고 있으며, 세계 여행과 인터넷이 대대적으로 활성화되면서부터 정보가 지속적으로 생산·재생산·교류되고 있다. 따라서 국가와 민족의 정체성을 더 이상 영토나 과거의 역사 등에만 두는 것은 의미가 없게 되었다. 에덴서는 이와 같은 현실이 대중문화에 그대로 반영된다고 지적한다. 그는 "대중문화 안에서 마돈나나 마이클 잭슨 같은 스타들은 변화무쌍한 정체성을 가지고 있다. 더구나 단지 몇 개의 국영방송만 있던 시절과는 아주 다르게 텔레비전에는 지역적·국가적·세계적 자원들로 제작되는 더욱 다양한 채널들이 존재한다"[203]고 강조한다.

위 설명은 현재 대중문화의 표면에 드러나고 있는 글로컬 대중문화에 대한 의미있는 진술이다. 다문화사회의 성립에는 이민이라는 직접적 요소가 있지만, 글로컬문화라는 간접적 요소도 있다. 국가 내 동화주의가 아닌 다문화사회, 즉 한 국가 내에서 여러 다문화가 평화롭게 공존하기 위해서는 국내에서도 글로컬적 요소의 활성이 매우 중요하다.—이는 지방과 도시의 맥락에서도 유사하게 적용될 수 있을 것이다. 현재 세계 각 국가—일부 폐쇄적 국가는 예외겠지만—는 세계적인 것들을 자국 내에 소개하고, 또 자국 내에 있는 여러 가지 것들을 세계에 소개하는 다양한 문화사업을 펼치고 있다. TV 프로그램, 영화, 예술 전시회와 공연, 문학과 출판, 의·식·주와 관련된 산업, 각종 박람회 등 다양한 문화사업이 진행되고 있는 중이다. 이 역시 넓은 의미에서는 모두 글로컬 문화 정책의 활성화라 말할 수 있겠다. 단순히 세계 거대 기업이 특정 지역에 맞게 상품의 형태를 변화시킨 결과로 나온 대중문화, 또 자국

202 이에 대한 자세한 내용은 김성수·박치완, 「영국의 다문화성향과 다문화주의」, 『EU연구』 23호, 2008, 71-75쪽 참조.

203 팀 에덴서, 위의 책, 75쪽.

내 고유문화를 이용하여 세계적으로도 유명해진 문화산업으로서 '글로컬 대중문화'가 아니라, 각 나라에서 해외의 문화를 자국의 문화에 맞게 가공하여 향유케 만드는 것도 글로컬문화의 일환으로 생각해 볼 수 있다.

그렇기 때문에 글로컬 대중문화 표면의 심층에는 글로컬 대중문화로부터 파생되어 인간과 사회에 영향을 미치는 다양한 현상들에 대한 분석도 가능할 수 있다. 일단 먼저 우선적으로 생각할 수 있는 내용은 글로컬 대중문화로 인해 문화 위계적 구분의 사고방식의 절대성에 대한 의문을 강하게 제기할 수 있게 된다는 것이다. 쉽게 말해 리비스 등이 말하는 고급문화와 대중문화의 구별, 선진문화와 후진문화의 구별은 글로컬 개념에서는 더 이상 크게 문제가 되지 않는다. 구별되지 않는다는 것이 아니라, 특정 기준과 해석에 따라 구별될 수 있으나 절대성이 없다는 것이다. 모든 대중문화는 결국 하나의 글로컬 대중문화로 간주될 수 있으며, 이는 대중문화소비자의 취향에 전적으로 달려있을 뿐이다. 파리의 고급 까페에서 비싼 와인을 마시는 것과 한국의 허름한 선술집에서 소주를 마시는 것은 글로컬문화 차원에서는 절대적 우열이 없다. 런던 웨스트엔드에서 일류 뮤지컬을 관람하는 것과 한국에서 마당놀이를 관람하는 것 역시 마찬가지다. 이는 각각의 문화소비자들이 갖고 있는 취향 문제며, 얼마나 인기(혹은 예술성, 작품성 등)가 있느냐의 문제일 것이다.

그래서 둘째로 글로컬 개념은 문화콘텐츠에서의 지역적 (더 나아가 쉽게 퓨전적이 될 수 있는) 다양성으로 열려져 있다. 여태까지 수차례에 걸쳐 직접·간접적으로 강조되었듯이 글로컬문화는 애초부터 정의상 변화와 적응의 속성을 갖고 있다. 지역적으로도 세계적으로도 또 시대에 맞추어 창의적으로 작품성이 있게 바뀌어야 하는 것이지 역사적 정통성이나 전래의 문법만을 반드시 고집해서는 안 된다. 예를 들면, 연극 춘향

전의 배경을 현대 뉴욕으로 옮겨 동경에서 공연하는 것, 한국의 타악기와 아프리카의 타악기의 합작 공연을 시드니에서 하는 것, 한국의 떡과 서양의 케이크로 퓨전 상품을 만드는 것 등등. 상황에 따라 소비자와 유행의 심리를 읽어나가면서 가능성을 무궁무진하게 열어 나갈 수 있는 것이다. 더 나아가 아예 오리지널에서 영감을 받아 완전히 새로운 상품을 창조해낼 수도 있다. 이런 까닭으로 인해 글로컬 대중문화는 '문화는 향유하는 동시에 창조하는 것'이란 원칙에 가장 충실할 수 있게 된다. 글로컬 개념이 바로 대중문화상품 제작의 배경이 되어야 한다.—모든 문화가 계속해서 변화하고 다양한 속성을 가지므로, 대중문화들은 단지 금전적 성공과 같은 동일 목표를 지향하는 경쟁만이 아닌 서로 다름으로서의 경쟁이 가능할 수 있게 된다. 자문화에 결여된 타문화의 속성 등을 보면서 시기나 질투를 과하게 할 필요가 없으며, 이에서 파생되는 소모적 경쟁도 필요조건이 아닐 수 있게 되는 것이다.[204]

이 모든 내용은 프랑크푸르트학파의 문화상품 획일주의 비판을 무력화시킬 수 있는 논의로 발전할 수 있다. 프랑크푸르트학파의 아도르노와 호르크하이머는 "오늘날 문화는 모든 것을 동질화시키기 때문이다. 영화와 라디오와 잡지는 개개 분야에 있어서나 전체적으로나 획일화된 체계를 만들어 내고 있다"[205], "전 세계는 문화산업이라는 필터를 통해 걸러진다"[206], "문화산업은 하자 없는 규격품을 만들 듯이 인간을 재생산하려 든다"[207] 등등 이라고 말한다. 이들은 사회와 인간이 동일한 문화상품,

204 이는 개인의 차원에서도 마찬가지일 것이다. "나는 너와 다름으로, 그러므로 나는 너와의 관계를 통해 진정한 존재의 의미를 갖게 된다"는 마르틴 부버의 사유를 떠올릴 수 있게 된다.

205 M.호르크하이머 · Th.W.아도르노, 『계몽의 변증법』, 김유동 역, 문학과 지성사, 2001, 183쪽.

206 위의 책, 191쪽.

207 위의 책, 193쪽.

천박한 대중문화에 매료되어 몰개성화되고 획일화되는 것에 대해 심하게 반발했다.

이처럼 획일화라는 차원에서만 보면 문화상품에 대한 프랑크푸르트 학파의 우려는 타당하다.[208] 동일한 대중문화상품에 침잠되어 개성을 잃고 자신도 모르게 물신을 숭배하고 맹목적으로 보편화된 인간이 되어버릴 수 있기 때문이다. 앞서 논의한 세계화 내용을 떠올려 보면 모든 상황이 더 명확해질 수 있다.

그렇지만 이들의 논리는 글로컬문화의 논리 앞에서는 힘을 잃는다. 그것은 이들이 바르니에의 말처럼 문화산업과 문화산업이 전통 문화들과 갖는 관계에 대한 분석을 제공하지 않았으며, 인간의 마음 깊숙한 곳까지 도달하는 문화가 아닌 모방, 가짜, 천박한 표준화로 일컬어질 수 있는 근·현대 문화산업의 부정성만을 지적한 듯 하기 때문이다.[209]

스콧 래쉬와 셀리아 러리는 세계 문화산업에서 산물들은 기획만큼이나 우연적으로 움직이고 의도하지 않은 결과들도 낳으며, "생산과 소비는 차이 건설의 과정들이다"[210]라고 말한다. 또한 에덴서는 "[프랑크푸르트학파는] 대중문화의 변화무쌍하고 역동적인 특징을 완전히 무시하는 것이며 대중문화생산을 돈벌이를 위해 대중에게 문화를 파는 [폄하적 의미의] '문화산업'으로만 국한해서 생각하는 것이다. 여기에는 문화가 일상적으로 생산된다는 이해가 없으며, 문화가 일상생활에서 유포되면서 변화한다는 인식이 빠져있다"[211]고 말한다. 이어 그는 사람들이 유사

208 더 나아가 이들은 "즐긴다는 것이 의미하는 것은 항상 무엇인가에 대해 더 이상 생각하지 않는 것, 고통을 목격할 때조차 고통을 잊어버리는 것이다. 즐김의 근저에 있는 것은 무력감이다. 즐김은 사실 도피다. (…) 오락이 약속해주고 있는 해방이란 '부정성'을 의미하는 사유로부터의 해방이다."—M.호르크하이머·Th.W.아도르노, 같은 책, 219쪽. 필자들의 의견으로는, 이는 사람들에게 청교도적 사유를 지나치게 강요하는 획일성이다.

209 장 폴 바르니에, 『문화의 세계화』, 주형일 역, 한울, 2000, 28쪽.

210 Lash, S. & Lury, C., *Global Culture Industry*, Polity Press, 2007, 5쪽.

한 습관과 전제와 일상성을 공유하면서 민족정체성을 가지며 지역화된다[212]는 말도 덧붙인다.

이들의 말을 모두 종합하면, 대중문화가 역동적으로 계속 개발된다면 획일화의 늪에 빠지지 않고 사회에서 충분히 긍정적 역할을 할 수 있다는 것이다. 계속해서 변모를 요구하고 있는 글로컬 대중문화의 정의를 감안한다면, 이들의 비판은 지극히 당연하다. 프랑크푸르트 학파의 문화산업 비판은 이처럼 글로컬문화의 역동적 변화 논리로 부정될 수 있다.

5. 글로컬라이제이션은 상호간의 소통과 이해로 연결

이제까지의 논의를 종합해 볼 때, 기본적으로 글로컬은 동시성('적인')을 나타내는 바 형용사적인 단어라고 간주될 수 있다. 그렇지만 더 나아가 '글로컬'은 '문화'와 마찬가지로 명사적인 단어가 아니라 동사적인 단어[213]이기도 하다. 글로컬—'글로컬라이제이션(glocalisation)'라는 단어의 '-sation'부분을 감안할 때도—은 지역적인 것과 세계적인 것이 계속 소통해야 한다는 의미이므로 당연히 인간의 한 행동 양식이다. 또한 바로 위에서 설명한 것처럼 역동적 변화로 표상될 수 있다. 따라서 글로컬은 문화콘텐츠산업의 측면에서 자국의 문화산업을 어떻게 육성하고 콘텐츠 개발에 노력을 경주해야 하는가에 대한 하나의 '이론적 토대'가 될 수 있다. 비록 힘이 있는 세계

211 팀 에덴서, 앞의 책, 46쪽.
212 위의 책, 57-60쪽.
213 반 퍼슨은 문화를 단순히 예술 작품이나 책, 생활 도구 등 문화유산의 집합이나 박물관, 대학 건물 등 문화가 모여 있는 장소라는 맥락에서의 명사적 단어로 보지 않으며, 도구와 무기 제작, 춤과 육아법, 성애와 파티 등 인간의 다양한 행동 양식과 관련된 동사적 단어로 봐야 한다고 주장한다.
반 퍼슨, 『급변하는 흐름 속의 문화』, 강영안 역. 서광사, 1994, 21쪽 참조.

기업이 자사의 상품을 지역에 맞추는 것과는 달리 지역 문화가 세계 문화로 발돋움하기란 쉽지 않아도 말이다.

더릭은 '지역적인 것은 역사와 전통과 연결되고 과거의 이념과 연결되어 있을 뿐 불확실하다'[214]고 말하는데, 이는 분명한 사실이다. 불확실성을 없애고 세계적인 것이 될 수 있느냐의 여부는 전통적인 것을 현대적 맥락에서 어떻게 이용할 수 있는가와 관련될 수 있으리라 본다. 세계적 콘텐츠 개발을 위해서는 세계 소비자들의 기호에 대한 흐름을 읽어낼 수 있는 시각과 더불어 자국의 고유한 콘텐츠를 세계 시장에 내 놓을 수 있을 정도의 가공 능력이 요청된다. 쾨니히스베르크의 일곱 개 다리 문제를 노드(node)와 링크(link)의 위상수학으로 환원시켰던 수학자 오일러처럼 전래의 생각에서 나아가는 '발상의 전환'이 계속 필요하다. 이것은 글로컬문화에서 역동적 변화를 가능하게 하는 정신인 동시에, 글로컬문화가 풀어야할 가장 큰 숙제다.

현재 통용되는 전 세계의 주류 대중문화를 글로컬문화의 일종으로 이해할 때, 즉 글로컬 대중문화가 어떤 논리 · 구조로든 세계적 인기를 얻어 주류 문화가 되었다고 이해할 때, 그 밖의 여러 다른 나라의 문화들도 열등감에서 해방되어 새로운 변신과 도약을 꿈꿀 수 있을 것임이 틀림없다. 아이러니하게도 글로컬의 논리는 종국적으로는 국가들 간의 문화 무한 경쟁으로 이어지게 될 것이 거의 확실하다. 그러나 세계화의 경우와는 달리 변화와 다양성을 추구하는 글로컬라이제이션의 경우는 충분히 건전하게 수행될 가능성이 많다. "선의와 인품을 무한 경쟁하는 것은 좋다"는 탈무드에서의 잠언처럼 말이다. 상호간의 소통과 이해에 대한 노력이 경쟁적이게 될 것이기 때문이다.

---

214 Dirlik, A., "The Global in the Local", Wilson, R. and Dissanayake, W., (eds.) *Global Local*, Duke University Press, 1996, 23-24쪽.

Check Points

✓ 글로컬문화는 어떻게 보편-개별, 절대-상대의 이분법을 넘어설 수 있는가?
✓ 인간간 · 문화간의 상호 소통이 중요한 이유는 무엇인가?
✓ 세계화의 결정적인 결점은 무엇인가?
✓ 글로컬라이제이션이 세계화에 대한 하나의 대안이라고 생각할 수 있는 이유는?
✓ 프랑크푸르트학파 문화산업비판의 논리는 어떻게 극복될 수 있는가?

더 읽어야 할 책 소개

이기상, 『콘텐츠와 문화철학』, 북코리아, 2009. 한국의 문화콘텐츠와 문화콘텐츠학에 대한 깊이 있는 고민이 필요한 현 시점에서 가뭄의 단비와 같은 책이다. 문화에 대한 의미 반성으로부터 시작해서 한국 문화의 우수성과 문화콘텐츠학의 중요성까지 문화콘텐츠학과 관련된 원론적인 내용을 거의 모두 담고 있다. 문화콘텐츠학의 입문자와 연구자들 모두를 위한 배려가 돋보인다.

팀 에덴서, 『대중문화와 일상, 그리고 민족 정체성』, 박성일 역, 이후, 2008. 영국 일상문화에 대한 세밀한 분석을 바탕으로 현대 대중문화의 특징 전반에 대해 잘 고찰하고 있다. 또한 세계 문화와 민족 문화에 대한 이론과 사례, 두 측면 모두를 명확하게 비교 설명하고 있으며, 이를 바탕으로 현대 문화산업에 대한 이해를 병행하고 있다. 일상생활이 문화와 연결된다는 점에 대해 주목할 필요가 있다.

롤런드 로버트슨 외,『근대성, 탈근대성, 그리고 세계화』, 윤민재 편역, 사회문화연구소, 2000. 세계화 및 세계 정치 · 사회 현상과 관련되어 있는 각종의 논의들을 풍부하게 담고 있는 논문모음서다. 글로컬라이제이션 개념을 둘러싼 다양한 논의에 대해서도 상당 부분이 할애되어 있다. 글로컬 개념의 학문적 이해를 위한 필독서다.

장 폴 바르니에,『문화의 세계화』, 주형일 역, 한울, 2000. 기든스의 견해에 비견될 수 있을 정도로 세계화에 대한 문제점들이 깔끔하고 명확하게 정리되어있다. 특히 문화적 측면에서의 세계화의 문제점들을 다루고 있지만, 기본적으로는 자본논리를 중심으로 하고 있는 기존 세계화에 그간 무슨 문제가 있어 왔는지, 이를 해결할 수 있는 방안은 없는지 등을 논의하고 있다.

Cohen, R. & Kennedy, P., *Global Sociology* (2nd ed.) New York University Press, 2007. 지구촌의 정치, 사회, 현상에 대한 각종 담론들이 거의 교과서적 수준 및 배열로 설명되어 있다. 저자의 관점이 명료하게 표명되어 있는 책이라기보다는, 복잡하고 어려운 많은 개념들이 비교적 쉽게 객관적으로 상술되어 있는 까닭에 영미권 대학의 사회학과에서 교재로 채택하는 책이다.

에필로그
:시대의 '다름'은 '다양성'이어야 한다

> 우리는 시대사와 더불어, 먼 나라에서 일어난 사건과 더불어 또는 우리와 가까이 있는 사람의 정신 속에서 일어난 것과 더불어 앞으로 나아가는 것이다.
>
> \- 빌헬름 딜타이

문화콘텐츠의 근본적인 출발점은 문화다. 문화콘텐츠는 단순히 산업이 아니라 인간의 문화가 공들여 빚어낸 창조물이며, 따라서 문화콘텐츠를 통해 문화적 다양성을 구현할 수 있고, 각 문화 정체성의 발현도 확인할 수 있다. 현대를 우리가 '문화의 시대'라고 정의할 수 있다는 것은 이제 문화가 사실 특별히 강조해야 할 것이 아니라는 뜻이다. 우리가 생활 곳곳에서 접하는 것들이 모두 문화(상품)이라고 할 정도로 우리는 소위 '문화세례'를 받고 있다. 단적으로 말해 문화의 정체가 의심이 되는 상황 속에서 우리는 살고 있는 것이다.

우리의 문화도 예외가 아니다. 이미 우리나라에는 우리의 과거 전통과는 다른 문화들이 만연하고 있다. 또한 이를 통해 다양한 세계와 접하고 소통하고 있다. 하지만 다양한 현대 서양 문화는 우리의 시장에 유입되어 우리의 전통 문화를 위협하고 있는 현실이다. 여기서 우리는 문화적 차이에 대해 고민할 필요가 있다. 문화적 차이는 각 문화가 다른 문화와 비교하여 '다름'이 있다는 뜻이다. 그 고유한 다름이 곧 각 문화의 특성이면서 핵이라고 할 수 있을 것이다. 그런데 그 다름을 스스로 포기한다거나, 외부적 강요에 의해서 위협을 받을 경우 문제가 발생한다. 우리는 후자의 경우를 세계화의 병폐로 생각할 수 있을 것이다. 지구촌의 모든 사람들이 동일한 제품의 구매 욕구를 자극하는 동일한 취미와 동일한 삶의 패턴을 선호하게 조작하는 거대 글로벌 기업들의 세계화 전략이 각 문화의 고유적 다름을 획일적 삶으로 변화시키고 있다.

철학적으로 부언하면, 이는 특수성을 무시한 보편성의 횡포나 다름없다. 비록 절대 다수에게 통용되는 보편성—이는 사회 윤리 문제에로 확대될 수 있을 것이다—이라고 해도 앞서 언급한 다름으로서의 특수성이 존중되지 않는다면 그것은 보편성이란 이름으로 다름을 억압하는 것이라고 할 수 있다. 미국의 현대 철학자 제이콥 니들먼은 『21세기 예측』이란 책에서 "생물학적 종이 하나 둘 파괴되는 것보다 우리가 더욱 걱정해야 할 것은 인류가 전수받은 다양한 가치 체계, 사상들이 사라져버리는 것이다"라며 보편성의 탈을 쓴 획일화에 대해 우려를 표한 바 있듯, 서양적인 것을 무조건 이성적인 보편 혹은 문화의 보편성처럼 생각해야할 시대는 이미 지나갔다.

문화적 보편성이란 인류 전체에 내재되어 있는 공통분모다. '지혜를 가진 인간(homo sapiens)', '유희하는 인간(homo ludens)' 등 인간을 지칭하는 보통명사들의 밑바탕에는 문화적 인간으로서의 보편성이 있다. 그러나 이런 생물학적 종으로서 문화적 인간으로서의 보편성은 사실 문화의 다양성을 오히려 이미 전제하고 있는 것이다. 인간은 문화를 창조하고 향유하고 전파하는 존재이므로 다양한 여러 형태의 문화가 실질적으로 가능할 수 있다는 말이다.

문화와 문명이 나뉘어져 생각되던 과거의 서양에서는 사회의 일부 특권 계급들만이 문화—야만에 반대되는 맥락에서의—를 향유할 수 있었지만, 이제는 대중이 문화를 향유하는 시대가 되었다. 문화와 야만의 구별에 더 이상 큰 의미를 부여할 필요가 없는 시대가 된 것이다. 계급뿐만 아니라 국경도 무너졌다. 국경과 나라로 구분되던 각 지역의 문화는 세계 모든 나라에로 열리게 되었다. 문화는 일정 시간을 두고 특정한 생활체계에서 살아나가며 만들어낸 성과물이므로 과거에는 하나의 권역을 자연스럽게 이루고 있었지만, 이제는 그 권역을 이루는 벽이 허물어진 것이다.

각 문화의 '고유한 다름의 중요성'이 여기에 있다. 문화는 그 문화권의 세계관, 인간관, 가치관을 바탕으로 이루어지는 것이고 문화적 차이가 바로 이것이다. 문화의 특수성이 문화적 보편성에 못지않게 중요하다는 점을 명심해야 한다. 그러므로 특정 문화를 모델로 삼아 문화의 획일화를 도모하려한다는 것은 문화의 종말을 의도하려는 것이라고 해도 과언이 아니다. 문화의 차이로 인한 충돌과 전쟁의 비극은 단지 이해와 소통의 부재에서 촉발된 것일 뿐이다. 서로의 소통을 위한 보편성도 중요하지만, 타 문화를 무시한 채 자신의 문화만을 고집한다면 이는 시대착오적인 태도임이 분명하다. 보편성이라 일컬어질 수 있는 인류 전체의 공통분모는 있겠지만, 바로 이 공통분모가 문화에 적용되지는 않는다.

문화는 다른 문화와의 접촉을 통해 그 스스로 변화하는 것이다. 문화는 인위적으로 유지하려는 의도로 유지되지 않으며, 강제로 쇄신되지도 않는 것이다. 사람의 성격과 운명과 마찬가지로, 문화는 그 자체로 변화하는 생동체일 것이다. 그러므로 성숙한 사회를 위해서 인간간 서로에 대한 존중과 소통과 역지사지의 이해가 요청되듯, 성숙한 지구촌을 위해서는 문화간 서로에 대한 존중과 소통과 역지사지의 이해가 반드시 필요하다. 두 말할 나위 없이 타자와의 대화를 진정으로 원한다면, 먼저 유아론적인 자기도취 상태에서 벗어나야 하고, 자신만이 제일이라는 과한 자존심과 자기 자신의 말만이 옳다는 헛된 망상을 버리는 것이 중요하다.

바로 이것이 대화론적 문화론의 핵심이며, 글로컬라이제이션과 직결되는 원리이다. 비행기로 하루 안에 세계 어느 나라로든 갈 수 있으며, 책상 앞에 앉아 컴퓨터 스위치를 켜는 것만으로도 실시간으로 세계를 접할 수 있는 21세기는 문화가 '교류되고 융합'되면서 새롭게 계속해서 변화할 수 있다는 사실을 말한다. 따라서 타자와의 차이를 배려하는 것으로서의 문화적 차이는 곧 '문화적 다양성'에 다름 아니다. 그래서 딜타이의 말대로, 다른 나라나 다른 문화에서 일어나는 일들이 우리와 무관하지 않는 시대라고나 할까?

우리나라 속담에 '우물 안 개구리'라는 말이 있다. 이는 자신의 견해나 관점에만 사로 잡혀있는 사람을 일컫는 말이다. 문화의 경우에도, 우물 밖으로 나와 다른 문화권의 문화를 만나 더 많은 정보를 얻고, 경험의 범위를 확장시켜, 문화의 내용을 더욱 풍부하게 만들어야 한다. 문화업계에 종사하는 사람만이 문화를 풍부하게 만드는 사람이 아니다. 우리 모두가 부지불식간에 일상생활에서 문화를 향유하고 즐기고 창조하며 살아가는 존재이다.

글로컬라이제이션과 관련 본서에서 다루지 못한 내용들이 너무나 많다. 독자들의 몫으로 이것들을 고스란히 열어두었다는데 송구스런 마음을 금할 길이 없다. 하지만 영역이 너무 넓어 우리가 다룰 수 있는 영역에 한계가 있다는데 아쉬움이 남는다. 후속 연구가 가능할 수 있도록 길을 열어두는 것으로 자족할까 한다. 지금도 세계 전역에서 다양한 형태의 글로컬라이제이션이 진행되고 있다. 우리 문화콘텐츠 산업의 경우, 드라마(방송), 애니메이션, 도서, 게임, 캐릭터 상품 등등이 2007년 문화관광부 자료에 따르면 주요 문화상품으로 자리잡고 있으며, 차후 글로컬라이제이션을 통해 더욱 성장 가능성이 예측될 수 있는 것들이다. 이 책을 발판 삼아 더욱 깊이 있는 후속 연구들이 나올 수 있기를 기대하며 기쁜 마음으로 글을 마무리 하고자 한다.

저자
(가나다순)

김기수는 한국외국어대학교 스칸디나비아어과를 졸업하고, 경희대학교 문화예술경영학과 석사과정에서 유럽문화정책을 전공했으며, 한국외국어대학교 대학원 국제관계학과 박사과정에서 유럽사회문화를 전공하고 수료하였다. 현재 민간연구소인 문화도시경영연구소에서 연구팀장을 맡고 있다.

김성수는 한국외국어대학교 철학과를 졸업하고, 동대학원에서 고대철학 전공으로, 영국 랭카스터대학교에서 사이버문화 전공으로 석사학위를 받았다. 케임브리지대학교와 에섹스대학교에서 문화이론과 문화철학을 수학했으며, 오마이뉴스, 대한항공 사보 등 여러 매체의 정기·자유기고가로 왕성하게 활동하기도 했다. 현재 한국외국어대학교 문화콘텐츠학과에서 박사과정을 밟고 있다.

김현정은 성결대학교 국어국문학과를 졸업하고 한국외국어대학교 교육대학원과 대학원 문화콘텐츠학과에서 석사학위를 받았으며, 현재 동대학원 문화콘텐츠학과 박사과정에 재학 중이다. '경기예술창작센터 설립과 운영'(경기문화재단), '종합직업체험관 전시 체험물 제작'(노동부), '진포해양테마공원 퇴역군장비 내 · 외부 전시물 제작'(군산시), 'DDP 유구 전시관 및 운동장 기념관 전시공간 설계'(서울시) 등의 프로젝트에 참여하였다. 지금은 인천도시계획관 전시기획(2009 인천세계도시축전)과 한국기호학회 일을 하고 있다. 2008년 교보문고 마케팅분야 베스트북인 『이야기를 파는 나라 일본』의 공저자이다.

박치완은 한국외국어대학교 불어과 · 철학과를 졸업하고, 동대학원에서 프랑스철학 전공으로 석사학위를, 프랑스 부르고뉴대학교에서 베르그송, 수사학 전공으로 철학박사학위를 받았다. 현재 한국외국어대학교 철학과 · 대학원 문화콘텐츠학과 교수로서 대동철학회, 영상예술학회, 프랑스문화예술학회, 해석학회, 수사학회 등에서 활발하게 학술활동을 하고 있다. 불교신문의 칼럼니스트, 『불교평론』의 편집위원도 역임하고 있다.

언규는 중국 베이징사범대학(北京師範大學) 사학과를 졸업하고, 한국외국어대학교 대학원 문화콘텐츠학과 석사과정에서 고운 최치원의 당나라 유학시절에 대한 스토리텔링을 전공했으며, 현재 동대학원 박사과정에 재학 중이다. 국립아시아문화전당 운영조직화사업(아시아문화연구소 운영기반 및 네트워크 구축)에 참여하기도 했다.

원지영은 국민대학교 국사학과를 졸업하고, 한국외국어대학교 대학원 문화콘텐츠학과 석사과정에서 역사문화자원의 콘텐츠화를 전공했다. 현재 동대학원 박사과정에 재학 중이며, 문화전략연구소 연구원, 한국궁중문화연구원 간사로 활동하고 있다. '충무공 이순신장군의 둑제 고증연구'(문화관광부), '정조대왕의 능행차 연시 재연 연구 · 궁중문화축제 행사 고증'(수원시), '전통무예 태격의 정체성 확립을 통한 발전방안 연구'(김제시) 등의 프로젝트에 참여하였다.

임동욱은 한국외국어대학교 불어과를 졸업하고, 동대학원 문화콘텐츠학과 석사과정에서 스토리텔링을 전공했으며, 박사과정에 재학 중이다. 방송, 출판, 잡지, 신문, 인터넷 등 여러 다양한 매체에서 방송작가, 칼럼니스트, 스토리텔러 등으로 활동한 바 있으며, 현재는 한국과학창의재단에서 융합문화 홍보카피라이터로 근무하고 있다.

조소연은 한국외국어대학교 일본어과를 거쳐 동대학원 문화콘텐츠학과에서 문화콘텐츠 인력양성 정책에 대한 논문으로 석사학위를 받았으며 현재 박사과정에 재학 중이다. 한국국악학회의 논문공모에서 전통공연기획과 스토리텔링에 대한 연구로 우수논문상을 수상했으며, 한국문화관광연구원 예술정책팀의 위촉연구원으로 근무하면서 '문화예술분야 희소인력 프로그램 운영방안 연구', '국 · 공립예술기관 · 단체 운영평가' 등의 프로젝트에 참여하였다.

최준홍은 동의대학교 의류학과를 졸업하고, 패션쇼 기획연출회사인 모델라인에 입사하여 패션쇼 연출가의 길을 걷게 되었다. 10여년 동안의 연출 경력을 바탕으로 현재는 (주)문앤초이 기획실에서 국내외 다양한 패션브랜드의 패션쇼 및 브랜드 프로모션을 기획 · 연출하고 있으며, 한국외국어대학교 문화콘텐츠학과에서 석사과정을 밟고 있다.

참고문헌

국내 단행본

A.J. 그레마스 · J. 쿠르테스, 『기호학 용어 사전』, 천기석 · 김두한 역, 민성사, 1988.

I.RI 색채연구소, 『어떤 색이 좋을까』, 영진.COM, 2006.

M. 호르크하이머 · Th.W. 아도르노, 『계몽의 변증법』, 김유동 역, 문학과 지성사, 2001.

강준만, 『선샤인 지식노트: 새로운 세상과 만나는 200개의 지식코드』, 인물과 사상, 2008.

강준만, 『나의 정치학사전』, 인물과 사상, 2005.

강준만, 『세계문화사전』, 인물과 사상, 2005.

강준만, 『한국 생활문화사전』, 인물과 사상, 2006.

강준만, 『한국인을 위한 교양사전』, 인물과 사상, 2005.

기어트 호프스테드, 『세계의 문화와 조직』, 차재호 · 나은영 역, 학지사, 2005.

김성곤, 『퓨전시대의 새로운 문화읽기』, 문학사상사, 2003.

김영대 외, 『한국 힙합 (열정의 발자취)』, 한울, 2008.

김진한, 『색채의 원리』, 시공사, 2006.
노엄 촘스키, 『그들에게 국민은 없다』, 강주헌 역, 모색, 1999.
뉘케트 바다르, 『글로벌 광고』, 윤계호 · 김유경 공역, LG애드, 1998.
대니얼 챈들러, 『미디어 기호학』, 강인규 역, 소명출판, 2006.
데이비드 시걸, 『성공적인 웹 사이트의 10가지 비결』, 조현각 옮김, 안그라픽스, 1999.
레이먼드 윌리엄스, 『문학과 문화이론』, 박만준 역, 경문사, 2003.
로만 야콥슨, 『일반 언어학 이론』, 권재일 역, 민음사, 1992.
로버트 보콕, 『소비』, 양건열 역, 시공사, 2003.
루드비히 비트겐슈타인, 『문화와 가치』, 이영철 역, 천지, 1998.
르네 고시니, 알베르 우데르조 (그림), 『골족의 영웅 아스테릭스』, 오영주 · 성기완 역, 문학과 지성사, 2001.
리차드 로티, 『우연성, 아이러니, 연대성』, 김동식 · 이유선 역, 민음사, 1989.
리처드 니스벳, 『생각의 지도: 동양과 서양, 세상을 바라보는 서로 다른 시선』, 최인철 옮김, 김영사, 2004.
마르코 마르티니엘로, 『현대사회와 다문화주의』, 윤진 역, 한울, 2007.
마빈 조니스 · 댄 레프코비츠 · 샘 윌킨, 『빅맥이냐 김치냐: 글로벌 기업의 현지화 전략』, 김덕중 역, 지식의 날개, 2004.
마시모 몬타나리, 『유럽의 음식문화』, 주경철 역, 새물결, 2001.
마크 턴게이트, 『스타일 중독자들』, 노지양 역, 애플트리태일즈, 2009.
마틴 개논, 『세계문화이해』, 최윤희 외 역, 커뮤니케이션북스, 2005.
말컴 워터스, 『세계화란 무엇인가』, 이기철 역, 현대미학사, 1998.
멀치아 엘리아데, 『성과 속 —종교의 본질』, 이동하 역, 학민사, 1983.
미우라 노부타카 · 가스야 게이스케, 『언어 제국주의란 무엇인가』, 이연숙 · 고영진 · 조태린 역, 돌베개, 2005.
박명석, 『커뮤니케이션과 세계 기업문화』, 태학사, 2003.
박인철, 『파리학파의 기호학』, 민음사, 2003.

박형기, 『세계경제의 뉴리더 친디아』, 미래에셋투자교육연구소, 2008.
반 퍼슨, 『급변하는 흐름 속의 문화』, 강영안 역, 서광사, 1994.
백승국, 『문화기호학과 문화콘텐츠』, 다홀미디어, 2004.
베네딕트 앤더슨, 『상상의 공동체』, 윤형숙 역, 나남, 2007.
서용구, 『시장에서 승리하는 마케팅 기술』, 시대의 창, 2006.
스도우 코지, 『비싸야 이기는 거꾸로 비즈니스』, 김영인 옮김, East & Sleep Well, 2004.
스티브 브라운, 『포스트모던 마케팅』, 엄주영 역, 비즈니스북스, 2006.
신오현, 『절대의 철학』, 문학과 지성사, 1993.
안토니 브라미스, 『야후 성공 방식』, 오문길 외 옮김, 물푸레(창현출판사), 2001.
알프레드 그로서, 『현대인의 정체성』, 심재중 역, 한울, 2002.
앙트완 반 아그마엘, 『이머징 마켓의 시대: 21세기의 새로운 경제지배자, 25개 신흥기업의 성장전략』, 김민주 역, 김영사, 2007.
앤소니 기든스, 『좌파와 우파를 넘어서』, 김현옥 역, 한울, 1997.
앤소니 기든스, 『질주하는 세계』, 박찬욱 역, 생각의 나무, 2000.
에드워드 W. 사이드, 『오리엔탈리즘』, 박홍규 역, 교보문고, 2007.
에릭 슐로서, 『패스트푸드의 제국』, 김은령 옮김, 에코리브르, 2001.
에릭 슐로서 · 찰스 윌스, 『맛있는 햄버거의 무서운 이야기』, 노순옥 옮김, 모멘트, 2007.
에릭 홉스봄, 『만들어진 전통』, 박지향 · 장문석 역, 휴머니스트, 2004.
오트프리트 회페, 『정의』, 박종대 역, 이제이북스, 2006.
요시미 순야, 『문화연구』, 박광현 역, 동국대학교 출판부, 2008.
요아나 브라이덴바흐 · 이나 추크리글, 『춤추는 문화』, 인성기 역, 영림카디널, 2003.
원융희, 『맥주의 세계』, 살림, 2008.
원융희, 『상큼한 맥주의 세계』, 보경문화사, 2007.

유네스코 한국위원회, 『세계화와 문화다양성』, 유네스코 한국위원회, 2001.
유리 로트만, 『기호계 (문화연구와 문화기호학)』, 김수환 역, 문학과 지성사, 2008.
이광숙 편역, 『타키투스의 게르마니아』, 서울대학교 출판부, 2000.
이기상, 『콘텐츠와 문화철학: 문화의 발전단계와 콘텐츠』, 북코리아, 2009.
이동연, 『아시아 문화연구를 상상하기』, 그린비, 2006.
이마스, 『마케팅 익사이팅(대한민국 20대 소비 트렌드)』, 미래의 창, 2007.
이만재 · 이상선, 『멀티미디어 교과서』, 안그라픽스, 1998.
이명천 외, 『글로벌시대의 광고와 사회』, 한울아카데미, 2002.
인문콘텐츠학회, 『문화콘텐츠 입문』, 북코리아, 2006.
장 보들리야르, 『소비의 사회, 그 신화와 구조』, 이상률 역, 문예출판사, 1991.
장 폴 바르니에, 『문화의 세계화』, 주형일 역, 한울, 2000.
장-루이 스파르몽 · 장-클로드 콜린 · 크리스티앙 드글라, 『맥주』, 김주경 역, 창해, 2001.
잭 골드 스미스, 『사이버 세계를 조종하는 인터넷 권력전쟁』, 송연석 옮김, NEWRUN, 2006.
잭 데이비스 · 수잔 메리트, 『The web design WOW! BOOK』, 황정숙 옮김, 안그라픽스, 1998.
전현창, 『세계 영화산업 규모 및 현황 연구』, 영화진흥위원회, 2004.
정동욱, 『방송영상디자인』, MJ미디어, 2007.
조관연, 『시각콘텐츠 들여다보기』, 다할미디어, 2006.
조지 리처, 『맥도날드 그리고 맥도날드화: 유토피아인가 디스토피아인가』, 김종덕 역, 시유시, 2003.
조지프 E. 스티글리츠, 『인간의 얼굴을 한 세계화』, 홍민경 옮김, 21세기북스, 2008.
존 몰, 『유럽의 기업문화와 이문화 관리』, 노명환 외 역, 고원, 2000.

존 톰린슨, 『문화제국주의』, 강대인 역, 나남출판, 1999.
존 톰린슨, 『세계화와 문화』, 김승현 · 정영희 역, 나남출판, 2004.
주호성, 『장나라의 횡행 천하』, 중앙대학교출판부, 2006.
질 리포베츠키, 『패션의 제국』, 이득재 역, 문예출판사, 1999.
토마스 슈뢰터, 『세계화?』, 유동환 역, 푸른나무, 2007.
팀 에덴서, 『대중문화와 일상, 그리고 민족 정체성』, 박성일 역, 이후, 2008.
페르낭 브로델, 『물질문명과 자본주의 I-1 일상생활의 구조 上』, 주경철 역, 까치, 1997.
피직스 김효근, 『춤으로 세계를 제패하다. 대한민국 B-boy』, 길벗, 2006.
한국외국어대학교 외국학종합연구센터, 『세계인의 의식구조 I』, 한국외국어대학교 출판부, 1997.
한국외국어대학교 외국학종합연구센터, 『세계인의 의식구조 II』, 한국외국어대학교 출판부, 1997.
한국정신문화연구원, 『세계화와 규범문화』, 한국정신문화연구원, 1997.
한스 페터 마르틴 · 하랄트 슈만, 『세계화의 덫』, 강수돌 역, 영림카디널, 1999.
헨리 젠킨스, 『컨버전스 컬처: 올드 미디어와 뉴 미디어의 충돌』, 김정희원 · 김동신 옮김, 비즈앤비즈 펴냄, 2008.
홍성욱, 『네트워크 혁명, 그 열림과 닫힘』, 들녘, 2002.
히라노 겐이치로, 『국제문화론』, 장인성 · 김동명 역, 풀빛, 2005.

국내 논문

강윤주 · 노명우, 「비보이 공연의 성공 요인 분석과 해외 진출 방안 연구」, 『인문콘텐츠학회』제10호, 2007.

강찬호, 「와인의 국가별 브랜드 포지셔닝에 관한 연구」, 계명대학교대학원 박사학위논문, 2006.

고재윤 · 정미란, 「와인 소비자 유형별 와인 레이블 정보의 중요도 인식차이에 관한 연구」, 『관광학연구』 제30권 제 1호, 서울: 한국관광학회, 2006.

김규진 · 김신규, 「체코의 맥주문화」, 『국제지역연구』 제3권 제1호, 한국외국어대학교 외국학종합연구센터, 1999.

김병훈 · 김준홍, 「우리나라 하위문화의 저항성에 대한 고찰-힙합문화를 중심으로」, 『리서치아카데미논총』 제5권, 2002.

김성수 · 박치완, 「영국의 다문화성향과 다문화주의」, 『EU연구』 23호, 2008.

김수환, 「문화의 상호작용에 대한 문화 기호학적 접근: 한국 비보이 문화를 중심으로」, 『한국 기호학회』, 2007.

롤런드 로버트슨, 「세계지역화: 시간-공간과 동질성-이질성」, 윤민재 편역, 『근대성, 탈근대성, 그리고 세계화』, 사회문화연구소, 2000.

말콤 워터스, 「놀라운 신세계: 최근 이론들」, 윤민재 편역, 『근대성, 탈근대성, 그리고 세계화』, 사회문화연구소, 2000.

박소현, 「'아시아'의 미적 소비: 제국주의적 문화예술정책의 原-풍경」, 『문화과학』 53호, 문화과학사, 2008.

박진숙, 「오리엔탈리즘을 넘어: 킹스턴의 『여인 무사』와 영화 『뮬란』에 나타난 뮬란의 변이」, 『현대영어영문학』 50권, 한국현대영어영문학회, 2006.

박치완, 「대화론적 문화론을 위한 방법론 모색」, 『인문학 연구』제 8집, 한국외국어대학교 외국학종합연구센터 부설 인문과학연구소, 2003.

박치완, 「들뢰즈의 플라톤 비판과 시뮬라르크의 반란 또는 복수」, 『철학연구』 31집, 2006.

방욱동, 「서양은 어떻게 동양화되었는가? -한국 영화 "추문(스켄들 -조선남여상열지사)"을 일례로-」, 『한국철학논집』 18호, 한국철학사연구회, 2006.

송병선, 「카리브 해의 혼종성과 정치적 의미」, 『외국문학연구』 제18호, 한국외국어대학교 외국문학연구소, 2004.
스튜어트 · 엘리자베스 유웬, 「블루진 패션 자본주의」, 성무량 역, 『문화과학』 제3권, 1993.
신현종, 「세계화의 본질과 특징」, 『산경연구』 제6집, 영남대 산경연구소, 1998.
심승구, 「군사사를 활용한 문화콘텐츠의 사례와 전망」, 『군사학연구』 제6호, 대전대학교, 2008.
안선아, 「인터페이스 디자인에 나타난 한국적 스타일 연구」, 『디지털디자인학 연구』 8, 한국디지털디자인협의회 · 한국디지털디자인학회, 2004.
우미성, 「근대성, 동양인들의 가지 않은 길: 19세기 말 유럽과 미국 드라마에 재현된 동양인과 동양문화, 그리고 20세기에의 영향」, 『현대영미드라마』 15권 1호, 한국영미드라마학회, 2002.
이지연, 「동아시아 영화의 서구에서의 순환과 오리엔탈리즘에 관련된 문제들」, 문학과 영상 8권 1호, 『문학과 영상학회』, 2007.
이지연, 「여행하는 영화들: 오리엔탈리즘, 셀프오리엔탈리즘, 내셔널리즘」, 『한국언론학회 학술대회 발표논문집』, 한국언론학회, 2006.
이철우, 「유럽 단일시장과 술의 문화정치」, 『현상과 인식』 2003년 가을호, 한국인문사회과학회, 2003.
이혜주 · 김계연, 「생활환경에 나타난 퓨전문화에 관한 연구」, 『생활과학논집』15집, 중앙대학교 생활과학연구소, 2002.
임학순, 「문화다양성 증진을 위한 만화산업정책 방향설정에 관한 시론적 연구: 문화권 접근방법을 중심으로」, 『만화애니메이션연구』 10호, 2006.
장희권, 「글로벌 세계의 혼종성과 민족주의 —복합문화 속의 문화적 정체성에 대해」, 『독일어문학』 39집, 한국독일어문학학회, 2007.
제이콥 니들먼, 「순수한 물적 위기는 존재하지 않는다」, 『21세기 예측』, 클라우스 슈밥 엮음, 장대환 감역, 매일경제신문사, 1996.

조관연, 「독일 맥주문화의 변천」, 『게르만어문학』Vol.10, 한국외국어대학교, 1999.
조관연, 「쾰쉬(Kölsch) 맥주의 지역 정체성 형성과정」, 『국제지역연구』 제8권 제4호, 한국외국어대학교 외국학종합연구센터, 2005.
조혜진, 「Web 2.0 환경에서의 효율적인 인터페이스 디자인에 관한 연구: 통합 커뮤니티 사이트를 중심으로」, 한양대 박사논문, 2007.
최성운 · 이락구, 「맥주광고에 나타난 감성이미지 분석」, 『산업경영시스템학회지』, Vol.23 No.54, 한국산업경영시스템학회, 2000.
홍일유 · 정부현, 「인터넷 웹사이트의 포괄적 평가모델에 관한 연구」, 『경영과학』 17권 3호, 2000.
홍지양, 「웹사이트의 정보 구조(information architecture)를 통한 효과적 내비게이션 구축에 관한 연구」, 『부천대학 논문집』제22호, 2001.

국내 관련 잡지 및 기사

강정구, 「기획특집기사②: 미국 인기 만화 차트를 통해 살펴 본 한국만화 외국 진출의 현재」, 『iMage』 창간호, 2007. 11.1. 서울 애니메이션센터 웹진 『iMage』 http://www.ani.seoul.kr/webzine/
권세훈, 「독일의 맥주축제 옥토버페스트」, 『GEO』1999년 8월호, 두비, 1999.
김낙호, 「기획특집기사①: 미국, 일본, 유럽에 발표된 한국 만화의 반응」, 『iMage』 창간호, 2007. 11.1. 서울 애니메이션센터 웹진 『iMage』 http://www.ani.seoul.kr/webzine/
김민회, 「대학로 비보이 공연연출가 이우성,꼭두각시 소재 공연통해 복음 표현」, 『국민일보』, 2006년 10월 13일.
김승호, 「'볼리우드'를 아시나요?-인도 영화시장의 자신감과 무한한 잠재력」, 2006.03.24. 대한민국 정책포털 http://www.korea.kr

노성래,「지구 수호자에서 이웃집 청년까지, 슈퍼영웅」,『과학동아』, 2003.
대한주류공업협회,「주류산업뉴스」, 2007년 12월호, 사단법인 대한주류공업협회, 2007.
리바이스 코리아,「리바이스 'LIVE UNBUTTONED' New 501® 글로벌 캠페인」 2008년 9월 12일, http://www.levi.co.kr/
서일호 · 최혜원 · 나혜진,「우리가 날나리 춤꾼이라고요? 천만에요!」,『주간조선』, 1959호, 2007년 6월 18일.
성훈,「130여년 전 국내 맥주 첫 선」,『스포츠칸』 2008년 6월 5일자.
신세계인터내셔날,「Diesel Company Profile 2008」, 신세계인터내셔날 마케팅실, 2008.
신세계인터내셔날,「Diesel Company Profile new 2009」, 신세계인터내셔날 마케팅실, 2009.
위정훈,「전격작전! 전세계 동시개봉 」, 2001.04.30. 씨네21 홈페이지 http://www.cine21.com
유재원,「만화풍의 오리엔탈리즘-영화 〈300〉」,『플랫폼』 3호, 인천문화재단, 2007.
이귀옥,「불꽃튀는 맥주시장 재미있는 맥주광고들」,『KOBACO 광고정보』 1999년 1월호, 한국방송광고공사, 1999
이상우,「반한류, 혐한류 그리고 포스트 한류」,『한국을 팔아먹는 사람들』, 한국관광공사, 2006.
임범,「전세계 동시개봉 〈매트릭스3 레볼루션〉」, 2003.11.07. http://www.cine21.com
정재환,「맥주에도 정체성이 있다」,『경인일보』 2008년 8월 16일자.
피터 매튜스,「더블린」,『GEO』 2002년 5월호, 두비, 1999.
한국문화콘텐츠진흥원,「2007 한국 문화콘텐츠산업 10대 전망」, 한국문화콘텐츠진흥원, 2007.
한림대학교,「세방화, 정보화, 그리고 문화충돌」, 정보통신연구진흥원, 2004.

「21세기가 궁금해? 청바지에게 물어봐」, 『조선일보』, 2009년 6월20~21일자, 위클리비즈 면.
「데님 에볼루션, 패션마켓 리더로」, 『패션비즈』, 7월호, 2008.
「영화상세정보 와일드와일드웨스트 1999」, 씨네21 홈페이지, http://www.cine21.com/Movies/Mov_Movie/movie_detail.php?s=base&id=3451

해외문헌

Singh. Arune, "A Brave New World: Gotham Studios Asia Talks New Launches", December 3rd, 2004. http://www.comicbookresources.com
Singh. Arune, "Eastern Swing: Sharad Devarajan talks Indian Spider-Man", June 23rd, 2004. http://www.comicbookresources.com
Bell, A., *Asterix, my love*, Telegraph.co.uk, 1999.
Berger, Peter L. & Huntington, Samuel P., *Many Globalizations*, Oxford Univ. Press, 2002
Burr, V., *Social Constructionism*, Routledge, 2007.
Chomsky, N., "Noam Chomsky debates with Washington Post readers", *Washington Post*, 2000. 5. 16.
Cohen, R. & Kennedy, P., *Global Sociology* (2nd ed.), New York University Press, 2007.
Cohen, Robin & Kennedy, Paul., *Global Sociology*, New York Univ. Press, 2000
Day, G. S., *Market Driven Strategy: Processes for Creating Value*, Free Press, 1990.
Dirlik, A., "The Global in the Local", Wilson, R. and Dissanayake, W.,

(eds.) *Global Local*, Duke University Press, 1996.

du Gay, Paul (ed.), *Production of Culture/Cultures of Production*, SAGE Publications, 1997

Glocal Forum, *Glocalization: Research Study and Policy Recommendations*, Glocal Forum, 2003.

Hampden-Turner, Charles M. & Trompenaars, F., *Building Cross-Cultural Competence*, Yale University Press, 2000

Hooson, David (ed.), *Geography and National Identity*, Blackwell, 1994

Inglehart, Ronald, *Modernization and Postmodernization*, Princeton University Press, 1997

Jordan, Terry G., *The European Culture Area*, Harper Collins, 1998

Kegley Jr., Charles W. & Wittkopf, Eugene R., *World Politics*, Thomson Wardsworth, 2004

Kurzer, Paulette, *Markets and Moral Regulation*, Cambridge Univ. Press, 2004

Lash, S. & Lury, C., *Global Culture Industry*, Polity Press, 2007.

Magdoff, H., *Imperialism: From the Colonial Age to the Present*, Monthly Review Press, 1978.

Nelson, P., "Information and Consumer Behavior", *Journal of Political Economy* vol. 78 Issue 2 Mar/Apr, 1970.

Rorty, R., *Objectivity, Relativism and Truth*, Cambridge University Press, 1991.

Shannon, C., & Weaver, W., *A Mathematical Theory of Communication*, University of Illinois Press, 1948.

Friedrich., Stefan, 『圖像時代:視覺文化傳播的理論詮釋』, 複旦大學出版社, 2005.

The Weinberg Group LLC, *An Independent Review of Issues Related to*

Alcohol Consumption in Europe, Le Val Duchesse, 2006

Wellman, B., "Little Boxes, Glocalization, and Networked Individualism", *Digital Cities II: Computational and Sociological Approaches*, (ed.) Makoto Tanabe, Peter van den Besselaar, and Toru Ishida. A volume in *Springer Lecture Notes in Computer Science: The State of the Art Series,* Springer-Verlag, 2002.

Williams, B., "Philosophy as a Humanistic Discipline", Royal institute of philosophy, 2000, http://www.royalinstitutephi losophy.org/articles/article.php?id=39

桂煜航,「麦当劳的全球化与本土化」,『中国物流与采购』, 2003年 第21期.

李佳,「浅谈麥當勞在中国的广告创意」,『湖南民族职业学院学报』, 2007年6月, 第3卷第2期.

山野車輪,『マンガ嫌韓流』, 晋遊舍, 2005.

盛田昭夫, "日本型經營が危ない",『文芸春秋』1992년 2월호.

余明陽,『品牌傳播學』, 上海交大, 2005.

王曉漁,『文化麥當勞』, 湖南文藝出版社, 2006.

张卫东,「文化全球化与本土化的互动-麥當勞与中国饮食案例分析」,『河北师范大学学报(哲学社会科学版)』,2006年1月,第29卷第1期.

참고 웹 사이트

http://kr.yahoo.com

http://krdic.naver.com

http://world.yahoo.com

http://www.archive.org

http://www.brewersofeurope.org

http://www.club.cyworld.com/bboy-marionette

http://www.comicbookresources.com

http://www.comscore.com

http://www.encyber.com

http://www.krrishthemovie.com

http://www.sjbboys.co.kr

http://www.ycc.co.kr

찾아보기-인명

찾아보기-주제어

ㅅ

ㅇ

ㅈ

ㅊ

글로컬문화콘텐츠, 어떻게 그리고 왜?
문화콘텐츠학 총서 04

초판 1쇄 발행 2009년 9월 30일
초판 2쇄 발행 2019년 10월 30일

지은이	박치완, 김성수, 조소연 외
발행인	김인철
총괄 · 기획	가정준 Director, University Knowledge Press
편집장	신선호 Executive Knowledge Contents Creator
기획 · 물류	이현진 Planning Expert
사전 · 도서편집	정준희 Contents Creator
전자책 · 도서편집	장혜린 Contents Creator
도서편집	이병철 Contents Creator
	이근영 Contents Creator
재무관리	강현주 Managing Creator
발행처	한국외국어대학교 지식출판콘텐츠원 02450 서울특별시 동대문구 이문로 107 전화 02)2173-2493~7 FAX 02)2173-3363 홈페이지 http://press.hufs.ac.kr 전자우편 press@hufs.ac.kr 출판등록 제6-6호(1969. 4. 30)
디자인 · 편집	(주)이환디앤비 02)2254-4301
인쇄 · 제본	네오프린텍 02)718-3111

ISBN 978-89-7464-566-3 (세트)
ISBN 978-89-7464-567-0 14000 정가 13,000원

* 잘못된 책은 교환하여 드립니다.